الإدارة المدرسية

(الواقع والمستقبل)

د.ابراهيم الزين هجو
رئيس قسم الإدارة العامة
كلية العلوم الادارية
جامعة نجران

د.فادية عبدالـلـه الضو الامين
تكنولوجيا التعليم
كلية التربية
جامعة نجران

مكتبة الرشد
ناشرون

الطبعة الأولى
1433هـ ـ 2012م

حقوق الطبع محفوظة

مكتبة الرشد
المملكة العربية السعودية – الرياض
الإدارة : مركز البستان – طريق الملك فهد -الدور الثاني
هاتف 4604818ص . ب 17522الرياض 11494 فاكس 4602497
Email: info@rushd.com.sa
Website : www.rushd.com.sa

فروع مكتبة الرشد

الرياض :المركز الرئيسي : الدائري الغربي – بين مخرجي 27 و28 هاتف 4329332
الرياض : فرع طريق عثمان بن عفان هاتف 2051500
الرياض : فرع الدائري الشرقي هاتف 4971199 فاكس 4961599
فرع مكة المكرمة : شارع الطائف هاتف 5585401 فاكس 5583506
فرع المدينة المنورة : شارع أبي ذر الغفاري هاتف 8340600 فاكس 8383427
فرع جدة : مقابل ميدان الطائرة هاتف 6776331 فاكس 677635
فرع القصيم : بريده – طريق المدينة هاتف 3242214 فاكس 3241358
فرع أبها : شارع الملك فيصل هاتف 3217307فاكس 2242402
فرع الدمام : شارع الخزان هاتف 8150556 فاكس 8418473
فرع حائل : هاتف 5322246 فاكس 5662246
فرع الإحساء : هاتف 5813028 فاكس 5813115
فرع تبوك : هاتف 4241640 فاكس 4238927
فرع القاهرة: شارع ابراهيم ابو النجا -مدينة نصر : هاتف 22728911- فاكس 22713625

مكاتبنا بالخارج

القاهرة : مدينة نصر : هاتف 2744605- موبايل 0116286170
بيروت : بئر حسن موبايل 03554353 تلفاكس 05/462895

الإهداء ،،،،

إلي روح أبي وأمي ،،،،
العزيزين ،،،،
إلي شقيقي حسن الزين،،،،

اهدي هذا الجهد المتواضع

د.إبراهيم الزين هجو

الاهداء .....

الي روح والدي العزيز,,,,
الي ,,,,,والدتي العزيزة
الي ,,,,,,اخواني واختي
الي ,,,,,,زوجي وبنتي

اهدي هذا الجهد

د.فادية الضو الامين

مقدمة الكتاب

إن المتتبع لتطور المجتمعات الإنسانية في العالم يستطيع أن يلمس التغير الذي حدث في هذه المجتمعات في كل من فروع المعرفة بما في ذلك التربية والتعليم ويلمس أيضاً النمو والتطور الذي كانت تهدف إليه المجتمعات من أجل تطويرها ونموها في شتى مجالات الحياة . ومما لاشك فيه أن على رأس هذه التطلعات للمستقبل الأفضل كان التطلع إلى تطور ونمو التربية والتعليم فيها.

وقد بدأت الإدارة التعليمية تستقل عن الإدارة العامة منذ أن عرفت المدارس والمعاهد والكليات النظامية الحديثة في القرن العشرين والمقصود هنا المدارس والمعاهد والكليات التي تأسست على الدراسة والبحث العلمي والتجريبي من قبل العلماء والباحثين الذين ألفوا الكتب ووضعوا النظريات ، وأوضحوا المعالم لهذا الفن - فن الإدارة التعليمية - ومهدوا البحث والمعرفة في هذا الميدان إيماناً منهم بضرورة وأهمية الإدارة في أي مجال من مجالات الأعمال المهنية التي تتطلع دائماً إلى التطور والتقدم والازدهار لأن أي عمل ناجح بدون شك له إدارة واعية ناجحة تستطيع أن تخطط وتنظم وتنفذ له تخطيطاً وتنظيماً وتنفيذاً ناجحاً.

جاء هذا الكتاب ليكون مساهمة متواضعة في مجال الإدارة المدرسية, تطرقنا فيه لمفهوم الإدارة والإدارة العامة وكذلك لمفهوم الإدارة التربوية والنظريات الحديثة في هذا الحقل وتناول الكتاب الأساليب الحديثة في الإدارة المدرسية والقيادة التربوية الناجحة وختم بمهام العاملين بالمدرسة واهم المعوقات التي تواجه الإدارة المدرسية .

المؤلفان

الفصل الأول
مدخل للإدارة

❖   مفهوم الإدارة

❖   تعريف الإدارة

❖   أهمية الإدارة

❖   هل الإدارة علم أم فن

❖   نشأة الإدارة

مقدمة

حظيت الإدارة باهتمام كبير مع أنها حديثة النـشأة كعلـم مـستقل، ويعـزى هـذا الاهـتمام إلى طبيعتهـا، ووظائفها، وغاياتها، فمن حيث طبيعتها تُعد الإدارة فرعاً من فروع العلوم الإنسانية، وتتسم بالحتمية بمعنـى أن إنجاز الأعمال في المنظمات لا يتأتى إلا بها، وبذلك فليس للمنظمة الخيار في أن تأخذ بها أو ترفـضها، ومـن حيث وظائفها تنطوي الإدارة على مجموعة من الوظائف هي التخطيط والتنظيم والتوجيه والرقابة، وتتـسم هذه الوظائف بالتشابك والتداخل، فمع أن لكل وظيفة خصوصية معينة، وتستهدف تحقيق أغراض محددة، إلا أن هذه الأغراض تجتمع معاً لتحقيق أهداف المنظمة.

بناءً على ما سبق يتبين أن الإدارة وسيلة تنشد تحقيق غايـات معينـة وأغـراض محـددة لتحقيـق أهـداف المنظمة، فهي تعمل على استثمار القوى البشرية والإمكانات المادية المتاحة من أجـل الوفـاء بتطلعـات الفـرد والجماعة، فالإدارة هي المرتكز الرئيس في تطوير الأفراد والجماعات، والعامـل الحاسـم في تحقيـق التنميـة في المجالات كافة.

مفهوم الإدارة:

أصل كلمة إدارة (Administration) لاتيني بمعنى (To Serve) أي (لكي يخـدم) والإدارة بـذلك تعنـي "الخدمة" على أساس أن من يعمل بالإدارة يقوم على خدمة الآخرين .

وفي ظل الاهتمام الذي حظيت به الإدارة إلا أن تعريفاتها التي قدمها العلماء والرواد قد تباينت، شأنها في ذلك شأن كثير من مصطلحات العلوم الإنسانية، فكل منهم قد تأثر بمدخل معين.

تعريف الإدارة :-

وتعرف الإدارة

(بأنها هي عملية اجتماعية مستمرة تعمل على استقلال الموارد المتاحة استقلالاً امثل عن طريق التخطيط والتنظيم والقيادة والرقابة للوصول الى هدف محدد).

كما أن هناك تعريف آخر وهو **(ان الادارة هى ذلك العضو فى المؤسسة المسؤول عن تحقيق النتائج التى وجدت من اجلها تلك المؤسسات سواء كانت المؤسسة شركة او مستشفى او جامعة او مصلحة أو وزارة).**

ويمكن النظر للإدارة كوظيفة تختلف عن الوظائف الاخري لتأثيرها في سلوك الآخرين على ذلك عرفت بأنها :

(القيام بالأعمال بالاعتماد على الآخرين)

وتعريف آخر:

(أن الإدارة هي البحث عن الوسيلة التى تمكن من استخدام الاخرين لتحقيق المهام المطلوبة وهى نشاط ذهنى مستمر يعمل على استقلال الموارد المتاحة لتحقيق اهداف محددة اعتماداً على جهود الآخرين).

كما عرفت الإدارة العلمية :

(بأنها التي تستخدم الوسائل العلمية فى اتخاذ قراراتها من تقييم البدائل والتصرفات الممكنة والمطروحة أمامها).

فالمعرفة الإدارية موجودة بالفعل ويستخدمها كل المديرين فهذا الوجود لهذه المجموعة من المعرفة واستخداماتها واستكشاف المزيد من المعلومات الصحيحة المتعلقة بها كل ذلك ادى الى القول بأن هناك (علم الادارة)

كما أن الإدارة كنشاط متميز وفريد من نوعه من الممكن دراسته, وان المعرفة الخاصة بها يمكن اكتسابها وكذلك يمكن الحصول على المهارة عند تطبيقها ويرى بعض العلماء كل من وجهة نظره عدة تعريفات وهى :

عرفها بيتر داركر (Peter Rucker) أن الإدارة **(هي القوة المحركة للعمل وتمثل التنسيق الشخصي فيه، فهي عملية ضبط ومراجعة أداء المنظمة واعمال العاملين فيها).**

وفي رأي آخرين امثال مارش وسايمون (March&Simon) بأن الإدارة تعنى **(الاستخدام الامثل لعناصر الإنتاج الاربعة والتى تبدأ بحرف (M) (Materials) المواد،(Money) ، راس المال (Men) القوي البشرية (Machines) ، والمكائن والمعدات)**

يعرف قاموس أكسفورد :

(بأنها العملية التي يقوم بها المسؤولون في منظمات الأعمال بكافة أشكالها (التجارية ، الصناعية ، الخدمية , الخيرية والفكرية والتي تتضمن اتخاذ القرار ومراقبة الأعمال و التعامل مع القوى البشرية) .

كما أن الإدارة هي :

(عملية تجميع الموارد المادية والبشرية والمالية من أجل تحقيق الأهداف المشتركة للمنظمة وللعاملين فيها وخفظ التوازن فيما بين هذه الأهداف للوصول إلي الغايات بكفاية وفاعلية).

أن الإدارة لاتخرج عـن كونهـا ذلـك النـشاط الإنساني المـنظم والمرتـب الـذي يمكـن التنظـيم مـن تحقيـق أهدافـه عـن طريـق الإسـتخدام الأمثـل للفـرص و المـواد الماديـة

والبشرية المتاحة بأقل التكاليف والخسائر الممكنة عبر مجموعة من المبادئ و الأساليب العملية

كما عرفت الإدارة على إنها عبارة عن :

(عملية تخطيط وتنظيم وقيادة ومراقبة مجهودات الأفراد بالمنظمة وأستخدامات جميع موارد المنظمة الآخرى لتحقيق الأهداف الموضوعة).

ولذلك عرف حسن أحمد توفيق الإدارة بأنها :

(عملية توجيه وقيادة الجهود البشرية في أي منظمة لتحقيق هدف معين).

وهناك تعريفات أخرى نذكر منها تعريف الأستاذ كامبل الذي أورده في كتابه إصول التنزيل الصناعي حيث يقول :

(إن الإدارة تشمل جميع الواجبات والوظائف التي تخص أو تتعلق بإنشاء المشروع من حيث تمويله ووضع سياساته الرئيسية وتوفير ما يلزمه من معدات وإعداد التكوين أو الإطار التنظيمي الذي يعمل فيه وكذلك إختيار الرؤساء و الأفراد الرئيسين) .

كما عرفها الأستاذ نفجستون في كتابه هندسة التنظيم والإدارة حيث قال:

(أن وظيفة الإدارة هي الوصول الى الهدف باحسن الوسائل واقل التكاليف فى حدود الموارد المتاحة والتسهيلات المتاحة وبحسن استخدامها)

وتعريف آخر هو تعريف دائرة المعارف للعلوم الاجتماعية التى تصدر فى الولايات المتحدة الاميركية وتقول:

(يمكن تعريف الادارة بأنها العملية الخاصة بتنفيذ غرض معين والإشراف على تحقيقه)

كما تعرف الإدارة أيضاً من الناحية الانتسابية بأنها :

(الناتج المشترك لانواع ودرجات مختلفة من المجهود الانساني الذى يبذل فى هذه العملية كما ان اتحاد (مجموعة) هؤلاء الافراد الذين يبذلون سوياً هذا المجهود فى اى مشروع من المشروعات يعرف بـادارة المشروع)

كما عرفها بيتل Peatal وزملائه في كتابهم التنظيم والادارة الصناعية حيث يقول

(إن وظيفة مجلس المديرين التى غالباً مايشار اليه بـالادارة هـى ان يـضع السـياسات الخاصـة بنـوع السلعة المطلوب انتاجها وسياسات التمويل ومنافذ التوزيـع والخدمـة والافراد والعوامـل الاخـرى والادارة مسؤولة عن اعداد الهيكل التنظيمى الازم لتنفيذ هذه السياسات) .

وقد عرفها بعض الكتاب بأنها "النشاط الموجه نحو التعاون المثمر والتنسيق الفعّال بين الجهود البـشرية المختلفة العاملة من أجل تحقيق هدف معين بدرجة عالية من الكفاءة ".

وهناك من يعرف الإدارة بأنها " عملية توجيه الجهود البشرية بشكل منظم لتحقيق أهداف معينة "

ويمكن تعريف الإدارة بأنها "عملية اجتماعية مسـتمرة تـسعى إلى اسـتثمار القـوى البـشرية والإمكانـات المادية من أجل تحقيق أهداف مرسومة بدرجة عالية من الكفاءة"

ومن هذا التعريف يُمكن استخلاص العناصر التالية:

● أن الإدارة عملية تتضمن وظائف عدة هي التخطيط والتنظيم والتوجيه والرقابة.

- أنها اجتماعية فهي لا تنشأ من فراغ، بل تنشأ داخل مجموعة منتظمة من الأفراد وتأخذ في الحسبان مشاعرهم واحتياجاتهم وتطلعاتهم.
- أنها وسيلة وليست غاية فهي وسيلة تنشد تحقيق أهداف مرسومة.
- أنها عملية مستمرة.
- أنها تعتمد على استثمار القوى البشرية والإمكانات المادية المتاحة.
- أنها تسعى إلى تحقيق الأهداف بدرجة عالية من الكفاءة.

أهمية الإدارة :

- تودي الإدارة دوراً هاماً فى توجيه الجهود الجماعية على اختلاف مستوياتها وعلى اختلاف أنواعها وكلما ضم عدة افراد جهودهم الى بعضها البعض للوصول الى هدف معين تظهر اهمية الإدارة وتزداد هذه الاهمية كلما تزايد اعتماد المجتمع على الجهود الجماعية وتداخلت هذه الجهود فى علاقتها وتعقدت فى طبيعتها ، فالادارة لها دورها الهام على مستوى الاسرة وعلى مستوى جماعة العمل وعلى مستوى المجتمع لانها الاسلوب الذى يتولى به الوالدان رعاية شؤون الاسرة وهى الاداة التى توجه بها الجهود المتعاونة لافراد الجماعة وهى الوسيلة التى يستخدمها الحاكم او القائد للتوجيه ورقابة شئون المجتمع .
- للادارة ايضاً دور هام فى توجيه الجهود الجماعية المتنوعة فرغم ان الادارة ظهرت بطريقة عملية فى المصانع الاانها نمت وتبلورت واصبحت على ماهى عليه من مكانة وقوة تاثير فى ميادين متنوعة .
- الادارة هى الدعامة التى تعتمد عليها الانشطة الاقتصادية والاجتماعية

والحكومية والتعليمية والعسكرية لانها جامعة الموارد الاقتصادية النادرة لتشبع بها الحاجات الجماعية والفردية

- هى صائبة التقدم الاجتماعى ويعتمد عليها العصر فى تحقيق الرفاهية الانسانية
- -هى رائدة الحكومات الرشيدة ووسيلتها فى توجيه شئون الحكم من اجل تحقيق الاهداف الوطنية والقومية ،
- هى وجهة للمتعلميين والباحثين فى سعيهم لمعالجة مشاكل العصر ومواجهة التغيرات السريعة
- هى قوة المجتمع وحامية استقلاله وثرواته من الأطماع الخارجية .

الاسباب التي ذادت من أهمية الادارة :-

ان للادارة الناجحة اهمية فى الوقت الحاضر بسبب التغيرات الاجتماعية والاقتصادية والتكنلوجية نذكر منها على سبيل المثال :

1/ كبرى حجم المنظمات وزيادة الحاجة الى التخصصات المختلفة الامر الذى يظهر اهمية التنظيم والتنسيق والرقابة .

2/وجود انفصال بين المنظمات وملاكها الامر الذى يظهر اهمية الرقابة والتنظيم لضمان مصالح الاطراف المختلفة .

3/ التغيرات التكنولوجية والاقتصادية والاجتماعية الامر الذى يظهر اهمية التخطيط والتنظيم والتنبؤ لمواجهتها والتأقلم معها .

4/المنافسة الشديدة في الأسواق الامرالذي يتطلب التجديد والإبتكار في طرق الإنتاج وفي أدواته لتحقيق الوفرات الإقتصادية .

5/الندرة المتزايدة في الموارد المادية والبشرية الأ مر الذي يتطلب الترشيد والإقتصاد والبحث عن الوسائل وطرق تحقيق الفاعلية .

6 / القوة المتزايدة للمجتمعات التي تدافع عن المستهلكين ومصالحهم الأمر الذي يظهر أهمية وضع السياسات الخاصة بتحسين الجودة والأسعار وغيرها .

7/ تزايد قوة تجمعات العمالية الأمر الذي يتطلب وضع سياسات مقبولة للإجور وظروف العمل وشروطه .

هل الإدارة علم أم فن ؟

الإدارة مزيج من العلم والفن، فهي علم لأن لها مبادئ وقواعد وأصول علمية متعارف عليها، وتقوم على توظيف مناهج البحث العلمي في استكشاف نظرياتها وفحصها، وفي الوقت ذاته هي فن لأنها تعتمد على القدرات الإبداعية والمهارات الابتكارية والمواهب الذاتية، وإذا كان هذا الموضوع مثار جدل بين المتخصصين في حقل الإدارة على اعتبار أن هناك من يرى أن الإدارة علم، وهناك من يرى أن الإدارة فن، ولأنصار كل اتجاه حججهم ومبرراتهم، فإن الفصل في هذا الموضوع هو القول إن الإدارة هي فن استخدام العلم، فهي علم له أصوله وقواعده، ويبرز الفن في القدرة على توظيف تلك الأصول والقواعد، والاختيار الواعي من بينها بما يتلاءم مع طبيعة الموقف.

وللإدارة أنواع متعددة تختلف باختلاف طبيعة انتمائهما، ومن جانب آخر توالت الفروع التطبيقية للإدارة في الظهور، بغض النظر عن طبيعة انتمائها سواء كان للقطاع الخاص أو العام، فهناك إدارة عامة (Public) وإدارة أعمال (Business)، والإدارة الصحية والإدارة التربوية والإدارة المدرسية والإدارة الأمنية ونحو ذلك هي فروع تطبيقية للإدارة تختص بالمجال الذي تنتمي إليه، وهي فروع تجمعها عناصر مشتركة تتمثل في المبادئ والقواعد الأساسية للإدارة، وفي الوقت ذاته يتميز كل فرع بخصوصية معينة استمدها من طبيعة المجال الذي ينتمي إليه.

نشأة الإدارة:

عند تناول نشأة الإدارة ينبغي التفريق بين ثلاث أمور هـي الإدارة كممارسـة , والإدارة كفكـر , و الإدارة كعلم مستقل

الإدارة كممارسة:

نشأت الإدارة كممارسة في العصور القديمـة، ولا غرابـة إذا قلنـا إنهـا كانت حاضرة منـذ بـدء الخليقـة، فالمجتمعات القديمة وإن كانت تتسم بالبساطة فقد كانت بحاجة إلى تنظيم العلاقات بين أفرادهـا لتحقيـق أهداف محددة، وظهرت بعض الممارسات الإدارية عندما أدرك الإنسان أن التعاون مع الآخرين أصبح ضرورة حيوية للبقاء والنماء.

وتعد الأسرة نواة العمليات الإدارية، فقد كانت منـذ الأزل تقـوم بعـدد مـن الوظـائف كتقسيم العمـل وتوزيع الأدوار واتخاذ القرارات والقيادة وممارسة السلطة.

الإدارة كفكر:

ظهر الفكر الإداري في الحضارات الإنسانية منذ آلاف السنين، ويبدو ذلك جلياً في التراث الإنسـاني القـديم، فقد ظهرت الأفكار وبعض التطبيقات الإدارية في الحضارة المصرية القديمة كالتخطيط الإداري والرقابة، وظهر التنظيم في الحضارة الصينية من خلال دستور الفيلسوف "تشاو" الـذي تـضمن المهـام والواجبـات الوظيفيـة لموظفي الدولة كافة، وظهر التنظيم المتـدرج (الهرمـي) وتفـويض الـسلطة والتقسيم الإداري وفقـاً للبعـد الجغرافي في الإمبراطورية الرومانيـة، وقـدمت الإمبراطوريـة اليونانيـة الكثير مـن الأفكـار والتطبيقـات حول التخصص واختيار الموظفين وتفويض السلطة.

الإدارة كعلم مستقل:

تعد بداية القرن العشرين مرحلة فاصلة في نشأة الإدارة كعلم قائم بذاته يستند إلى مقومات شأنه في ذلك شأن بقية فروع العلم والمعرفة، فظهرت النظريات والتجارب والدراسات التي استخدمت الأسلوب العلمي، وأصبح التخصص في دراسة هذا الحقل أمراً مألوفاً، وشهد القرن العشرون العديد من الإسهامات، ومال المتخصصون إلى تصنيفها في مدارس عدة، ومن الجدير بالذكر أن هذه التصنيفات التي وردت في الدراسات الإدارية العربية والأجنبية قد انطوت على بعض القواسم المشتركة، إلا أنها في الوقت نفسه تباينت في جزء أو أكثر، وهو ما تسبب في وجود بعض اللبس والغموض، وخصوصاً لدى حديثي العهد بدراسة الإدارة.

الفصل الثاني
مدخل للإدارة العامة

❖ مقدمة في الإدارة العامة

❖ مفهوم الإدارة العامة

❖ طبيعة الإدارة العامة

❖ علاقة الإدارة العامة بالعلوم الأخرى

❖ فروع الإدارة العامة

❖ مدخل لدراسة الإدارة العامة

❖ مدارس الإدارة العامة

❖ الإدارة في الإسلام

الإدارة العامة

مقدمة في الإدارة العامة :

الإدارة العامة كميدان للدراسة ذات تاريخ طويل يعود إلى العصور القديمة عندما قامت محاولات فى مصر الفرعونية وفى الصين القديمة لتلقين المبادئ الصحيحة للإدارة ولكن بوادر دراسة الإدارة العامة بصورتها الحالية نشأت خلال العصور الوسطى .

وتعتبر نشأة العلوم الكاميرالية Cameral Sciences فى بروسيا ، والتى سبقت العلوم الإدارية Administrative ، بداية التطور الحقيقى فى دراسة الإدارة العامة وذلك حين شعر أمراء الإقطاع باحتياجهم للأموال وظهرت لهم أهميه الإدارة السليمة والحاجة إلى دراسة الأسس للممارسة مهنة الإدارة ، أى العمل الحكومى ، وكان ينظر إلى الإدارة العامة فى ذلك الوقت على إنها الوقوف على بعض أسرار المهنة وحيلها .

وتتابعت التطورات وزاد الاهتمام بالإدارة حتى وصل ذورته عندما انشأ فردريك وليم الأول إمبراطور بروسيا أول كرسى للدراسات الإدارية عام 1727 م ، واستمرت التطورات فى ألمانيا وفرنسا وبلجيكا وأسبانيا وإيطاليا ويوغوسلافيا وتركيا والبرازيل والولايات المتحدة ، ومصر منذ عهد محمد على, إلى إن وصلت الإدارة العامة – كميدان للدراسة والبحث – إلى ما نعرفه اليوم.

مفهوم الإدارة العامة :

يقصد بالإدارة العامة Public administration جميع العمليات أو النشاطات الحكومية التي تهدف إلى تنفيذ السياسة العامة للدولة. فهي موضوع متخصص من الموضوع الأكثر شمولاً وهو «الإدارة»، والإدارة هي تنفيذ الأعمال

باستخدام الجهود البشرية والوسائل المادية استخداماً يعتمد التخطيط والتنظيم والتوجيه، وفق منظومة موحدة تستخدم الرقابة والتغذية الراجعة في تصحيح مساراتها، وترمي إلى تحقيق الأهداف بكفاية وفعالية عاليتين. وتفيد في ذلك من العلوم النظرية والتطبيقية، وحين تتعلق هذه الأعمال بتنفيذ السياسة العامة للدولة تسمى الإدارة «إدارة عامة».

فالإدارة العامة تشمل كل هيئة عامة، مركزية أو محلية أوكلت إليها <u>السلطة</u> السياسية وظيفة تلبية الحاجات العامة، على اختلاف صورها، وزودتها بالوسائل اللازمة لذلك، وتشمل أيضاً أسلوب عمل هذه الهيئات وطابع علاقاتها فيما بينها وعلاقاتها بالأفراد.

ولقد تطور مفهوم الإدارة العامة بتطور المجتمعات وتقدمها وبتطور وظيفة **الدولة** الحديثة وتحقق هذا التطور بتأثير عوامل متعددة منها: متطلبات التقدم الاقتصادي، والأزمات الاقتصادية وانتشار الأفكار الاشتراكية وظهور النظم السياسية الاشتراكية، مما جعل **الدولة** محركاً أساسياً للتطور الاقتصادي والاجتماعي ومسؤولة عن تحقيق العدالة الاجتماعية واستمتاع الجماهير بثمرات هذا التطور والتقدم.

وتجلى هذا التطور، على الصعيد الإداري، بإضافة أعباء جديدة تنهض بها الدولة، فضلاً عن الأعباء التقليدية السابقة،مما دعا إلى إحداث أجهزة إدارة جديدة أو تطوير الإدارات القائمة و الوسائل التي تستخدمها وانعكس ذلك على نطاق تدخل الإدارة العامة، فلم يعد دورها يقتصر على تنفيذ السياسة العامة للدولة وتحقيق أهدافها بل اتسع نطاق تدخلها أيضاً ليشمل المجال التشريعي.وذلك عن

طريق إشراكها في رسم السياسة العامة للدولة في كثير من المجالات والنشاطات العامة والخاصة ولاسيما الاقتصادية منها.

طبيعة الإدارة العامة :

إختلف كتاب وباحثي علم الإدارة حول طبيعة الإدارة العامة ، أي ماهية وجوهر وكيان الإدارة العامة ، هل هي علم ؟ أم فن ؟ ويعود سبب ذلك إلى أن الإدارة قد نشأت في بداية أمرها مستندة إلى الخبرات والمهارات الخاصة بالأشخاص أكثر من إعتمادها على المبادئ والحقائق العلمية .

فهل الإدارة علم بالمعنى الذي توصف به العلوم التطبيقية ؟ أي تتميز بخصائص ثابتة يمكن قياسها أو التنبؤ بها ؟ أم أن الإدارة فن له خصائص مثل المهارة والإبتكار والإبداع ، ومن ثم تتدخل فيه درجة الذكاء والموهبة والإلهام ؟؟ أم أن الإدارة ليست علماً فحسب ، وليست فناً فحسب ، وليست فناً وعلماً ، وإنما هي شيءآخر يمكن أن نطلق عليه فلسفة ، على أساس أنها مزيج مجموعة من العلوم والعناصر مثل القيادة والإستراتيجية والإدارة ، ... .

ولكن ما أجمع عليه معظم كتاب وعلماء الإدارة بالقول أن طبيعة الإدارة تجمع بين العلم والفن ، فهي علم عندما تعتمد على خطط البحث العلمي في كثير من مجالاتها ، وفن لأنها تحتاج إلى الذكاء والإلهام وسعة الأفق عند الحديث عن الرؤية المستقبلية .

علاقة الإدارة العامة بالعلوم الأخرى :

ان علاقة الإدارة كعلم اجتماعي كغيرها من العلوم الاجتماعية علاقة وثيقة وبالتالي لا بد من دراسة هذه العلوم والاستفادة منها في تنظيم وإدارة المشروعات العامة والخاصة . ومن العلوم التي لها علاقة وثيقة بعلم الإدارة كل من علم

الاقتصاد والعلوم السياسية وعلم الاجتماع وعلم النفس والعلوم الرياضية وعلم القانون وعلم الأخلاق

1- علاقة الإدارة العامة بعلم إدارة الأعمال :

إن إدارة الأعمال تعني إدارة أوجه النشاط الإقتصادي الخاص الهادف على الربح ، مثل إدارة المشروعات الخاصة ، أما الإدارة العامة فهو علم يهتم بالعلاقات الإنسانية وهو علم وثيق الصلة بالعلوم السياسية .

ونلاحظ أن كلا النوعين من الإدارة يتشابهان في عدة نواحي ، حيث تتماثل المفاهيم والعمليات والطرق المستخدمة في أحيان كثيرة كما أن كلا النوعين من الإدارة قد أثر في النوع الآخر ، فالتأثير بينهما متبادل ، ولكن الإدارة العامة أقدم بكثير من إدارة الأعمال حيث سبقتها بآلاف السنين ، بينما إدارة الأعمال كعلم فهو قد بدأ في الوجود عند ظهور الثورة الصناعية وظهور المشروعات الإقتصادية .

2- علاقة الإدارة العامة بعلم الاقتصاد :

العلاقة بين الإدارة العامة و الاقتصاد تتوافق دراسة الاقتصاد مع دراسة الإدارة العامة في كثير من الوجوه ، إذ أن المالية العامة و الميزانية و الحساب الختامي و الإدارة المالية مثلاً تعتبر موضوعات أساسية حيث يشترك في دراسة هذه الموضوعات دارسو الإدارة العامة و الاقتصاد على حد سواء .

فالدولة تقوم بإرساء القواعد الأساسية للاقتصاد العام و توكل مهمة التنفيذ إلى الأجهزة الإدارية ، و عليه فالإدارة الحديثة تمارس نشاطات ذات طابع اقتصادي مثلاً تحديد مصادر الإيرادات و أوجه الإنفاق و الحسابات الختامية و الرقابة المالية.. إلخ

كما يبحث علم الاقتصاد في كيفية استغلال الموارد الاقتصادية بما في ذلك الموارد البشرية والمادية بأقصى درجه من الكفاية الإنتاجية لإشباع حاجات الإنسان في مجتمع ما . والإدارة تهدف لتنسيق الموارد والجهود لتحقيق أفضل استغلال اقتصادي لهذه الموارد بقصد تقديم الخدمات بفعالية وبأقل كلفه ممكنه . ويلاحظ ان هدف الإدارة متفق مع أهداف الإقتصاد في هذا المجال.

3- علاقة الإدارة العامة بعلم السياسة :

يبحث علم السياسة في وضع السياسات العامة للدولة وبشكل الحكم والمعتقدات الفكرية السائدة . والإدارة تتأثر بالأيديولوجية السياسية التي تسير عليها الدولة . ففي ظل النظام الديمقراطي يأخذ النظام الرأسمالي مجالاً أوسع منه في ظل الأنظمة الإشتراكية أو الأنظمة التي تعتمد الاقتصاد المختلط . ويسود في ظل الفكر الديمقراطي التخطيط اللامركزي او التخطيط المركزي والتنفيذ اللامركزي بينما يسود في ظل النظام الاشتراكي التخطيط المركزي . والإدارة العليا في أجهزة الدولة وفي المشروعات العامة تتأثر بدرجة الغموض السياسي . ويلاحظ ان الاتجاه الفكري الذي يدعو الى فصل السياسة عن الإدارة قد تعرض للكثير من النقد نظراً لتعذر مثل هذا الفصل في الواقع العملي.

4-العلاقة بين الإدارة العامة و علم النفس :

تركز دراسات علم النفس على الاهتمام بالعنصر الإنساني فدارسو علم النفس تنصب اهتماماتهم على دراسة الفرد و انطباعاته و مشاعره ، فالمفاهيم الشخصية ، و الدوافع و الإدراك ، و سيكولوجية النمو ، و القيم و الاتجاهات و العوامل البيئية و الوراثية في نمو الفرد و سلوكه ، هي مفردات علم النفس و تلعب هذه الأنماط السلوكية دوراً أساسياً في التأثير على سلوك الفرد وإنتاجيته داخل

المنظمة فأهداف علم النفس مثلاً تساهم في خدمة الإدارة العامة و منها زيادة الكفاءة الإنتاجية و الانسجام ، إيجاد نوع من الاستقرار الوظيفي عن طريق حل الصراعات و المنازعات و مصادر الشكاوي ، تحسين نوعية العمل بشكل لا يفقد الموظف الاهتمام و الحد من قدرته و أخيراً معرفة النمط الثقافي و خاصة القيم

والاتجاهات السائدة في داخل التنظيم .

5- العلاقة بين الإدارة العامة و علم الاجتماع :

يركز علم الاجتماع اهتماماته في المشكلات المتعلقة بالمجتمعات الإنسانية و يعتبر أحد الروافد الرئيسية في العلوم السلوكية و المفاهيم المتعلقة بالسلوك الإداري . و يعتبر دراسة المجتمع و الجماعات و الأسس التي تقوم عليها و علاقاتها ببعضها البعض ، و لذلك أهمية كبيرة لكون الجماعات ذات تأثير كبير على تفكير الإدارة و سياساتها و برامجها و نشاطها .

فإن علم الاجتماع ذو صلة وثيقة بالإدارة و التنظيمات الاجتماعية فهو يهدف إلى دراسة و معرفة القواعد و التقاليد التي تحكم العلاقات بين الأفراد داخل المنظمة ، مما سهل على المدراء معرفة أمور كثيرة عما يدور أو يحكم عمل الجماعة أو الفرد و خاصة عن التنظيمات غير الرسمية و علاقاتها بالتنظيمات و أي مفاهيم أخرى لها صلة تؤثر على الجماعة بما يخدم أهداف التنظيم و العاملين .

6- العلاقة بين علم الإدارة العامة والعلوم الرياضية :

تعتمد الإدارة حالياً على الأسلوب العلمي في اتخاذ القرارات الإدارية ويشمل ذلك الإدارة العامة وإدارة الأعمال . وتشكل الأساليب الكمية جانباً هاماً من عمل الإدارة العليا وتستعين الإدارة ببحوث العمليات والرياضيات والإحصاء في هذا المجال . وتعتبر المدرسة الكمية ممثلاً لهذا الاتجاه الحديث في الإدارة .

7- علاقة الإدارة العامة بعلم القانون :

يحكم عمل الإدارة قوانين وأنظمة وتعليمات وقرارات إدارية . وعمل الإدارة العامة محكـوم بـالقوانين الإدارية أما إدارة الأعمال فيحكمها القانون التجاري في اغلب الأحيان . وأما القطاع العام فيطبـق فيـه قواعـد القانون الإداري والقانون التجاري كما في عمل المؤسسات الإقتصادية والقانون عبارة عن قواعـد للـسلوك كمـا تصفه السلطة التشريعية العليا في الدولة فتبين السلوك الصحيح وتحـرم الـسلوك غيـر الـصحيح . ورغم ان القانون يأتي وليد حاجه تسبقه بزمن فان الإدارة تضطر للتعامل مع الحاجات المستجدة للمجتمع بالرغم من عدم وجود قانون ينظم هذه الحاجات وحتى صدور تشريع على شكل قانون من قبـل الـسلطة التـشريعية . وهنا يبدأ عمل الجانب الأخلاقي للإداري .

8- علاقة الإدارة العامة بعلم الأخلاق :

يحدد علم الأخلاق الإطار الخلقي للعمـل الإداري داخل المـنظمات وذلك في تعاملها مـع البيئـة ويتم الرجوع لعلم الأخلاق في حالة غيبة القوانين أو الأنظمة أو التعليمات أو تقاريرها بحيـث تصبح غيـر صـالحه للتطبيق . وفي مثل هذه الحالات فإن الإداري يحكم ضميره بما يعرض عليه من حالات ويكون الإطار المرجعي له قواعد الأخلاق العامة والتي لا تكون مكتوبة في معظم الأحيان باستثناء مـا جـاء في المواثيق الأخلاقيـة ولا يعد ذلك عن كونه قواعد عامه ليست مفصله .

وقد تصاعد الاهتمام في السنوات الأخيرة بموضوع أخلاقيات الإدارة العامـة (Ethics of Public Administration) باعتبارها تمثل من ناحية الأداة المناسبة للحيلولة دون حدوث الظواهر المختلفـة للفـساد الإداري ، من قبيل الرشوة ، والمحسوبية ، والتربح الشخصي ، كما أن الأخلاقيـات الإيجابيـة مـن ناحيـة أخرى

تسهم في تحقيق أهداف المنظمات المختلفة بكفاءة وفاعلية .

والأخلاقيات (Ethics) بصفة عامة هي محاولة متعمـدة ومنتظمـة لإضفاء الطـابع الأخلاقي (Moral) علـى السلوكيات المختلفة ، بطريقة تحدد القيم التي يتعين أن تحكم هـذه السـلوكيات وعليـه ، فإن الأخلاقيـات تعنى بالعملية التي يتم عن طريقها تأكيد الالتزام بقيم أخلاقيـة معينـة وتحديـد الـصواب والخطـأ ، وهكـذا فالأخلاقيات هي عملية البحث عن المعـايير الأخلاقيـة . ولـذلك عـرف الـبعض الأخلاقيـات بأنهـا "مجموعـة المعايير أو قواعد السلوك التي تم تنميتهـا مـن خـلال الممارسـة أو الخبرة الإنسانية ، والتي يمكن في ضوئها الحكم على السلوك باعتباره صواباً أو خطأً، خيراً أو شراً من الوجهة الإنسانية " .

وهذه القواعد الأخلاقية (المقبولة من العقل الإنساني عامة دينياً ومجتمعيا) ً تـؤثر في سـلوكيات الأفـراد ، وأسلوبهم في اتخاذ القرارات ، كما أنها تحقق جلب النفع أو دفع الضرر .

تطور دراسة الإدارة العامة :

الإدارة العامة كميدان للدراسة ذات تاريخ طويل يعود إلى العصور القديمـة عنـدما قامت محاولات فى مصر الفرعونية وفى الصين القديمة لتلقين المبادئ الصحيحة للإدارة ولكن بوادر دراسة الإدارة العامـة بـصورتها الحالية نشأت خلال العصور الوسطى .

وتعتـبر نـشأة العلـوم الكاميراليـة Cameral Sciences فى بروسـيا ، والتـي سـبقت العلـوم الإداريـة Administrative ، بداية التطور الحقيقي في دراسة الإدارة العامة وذلك حين شعر أمراء الإقطاع باحتيـاجهم للأموال وظهرت لهم أهميه الإدارة السليمة والحاجة إلى دراسـة الأسـس للممارسـة مهنـة الإدارة ، أى العمـل

الحكومي ، وكان ينظر إلى الإدارة العامة في ذلك الوقت على إنها الوقوف على بعض أسرار المهنة وحيلها .

وتتابعت التطورات وزاد الاهتمام بالإدارة حتى وصل ذروته عندما انشأ فردريك وليم الأول إمبراطور بروسيا أول كرسي للدراسات الإدارية عام 1727 م ، واستمرت التطورات في ألمانيا وفرنسا وبلجيكا وأسبانيا وإيطاليا ويوغوسلافيا وتركيا والبرازيل والولايات المتحدة ، ومصر منذ عهد محمد على ، إلى إن وصلت الإدارة العامة – كميدان للدراسة والبحث – إلى ما نعرفه اليوم .

وأصبح التخصص العلمي للإدارة العامة موجودا فى كل الجامعات الغربية الكبرى وكافة الجامعات العربية ، ولعل إنشاء قسم للإدارة العامة بكلية الاقتصاد والعلوم السياسية بجامعة القاهرة يمثل تطورا طبيعيا في مجال الإرتقاء بمستوى الاهتمام بالعلوم الإدارية إذ تمثل الكلية الوعاء الأكبر الذي يغذى تخصص الإدارة وينميه وهذا هو الاتجاه السائد في معظم النظم الجامعية في الولايات المتحدة الأمريكية .

دراسة الادارة العامة في المنطقة العربية

وتجدر الإشارة هنا إلى إن الإدارة العامة كحقل دراسي دخلت حديثا " المنطقة العربية " ، فكان أول مقرر دراسي هو الذي قدمه الدكتور / محمد توفيق رمزي عام 1954 ودخلت فى برامج كليات الحقوق عام 1955 ولكن من منظور القانون الإداري ، ثم أدرك بعض فقهاء القانون الإداري تميزها عنه بعد ذلك بقليل ، ثم أدخلت في برامج كليات التجارة في أواخر الخمسينات وبعدها في برامج أقسام العلوم السياسية ، وتفرد لها اليوم بعض الجامعات العربية أقساما" متخصصة ويدخلها البعض الآخر فى برامج أقسام إدارة الأعمال وأقسام العلوم السياسية .

فروع الإدارة العامة

وقد توسعت الإدارة العامة – كعلم وميدان للدراسة – وتطورت حتى أصبحت تضم فروعـا" مختلفـة أهمها : أصول ومبادئ الإدارة العامة ، التنظيم ، أساليب العمـل ، إدارة المـوارد البـشرية وتنميتهـا ، تخطيط وإدارة الموارد المالية ، الدراسات السلوكية ، إدارة المدن والبلديات ، الإدارة العامة المقارنة ، مناهج البحـث في الإدارة العامة ، التخطيط الإقليمي ، إدارة الأزمات والكوارث، تحليل السياسات العامة ... وغيرها .

هل تخصص الادارة العامة تخصص مستقل

ولا تخلو جامعة الآن من وجود تخصص الإدارة العامة وتصبح القضية المثـارة هـي هـل يـصبح مدرسـة مستقلة ؟ أو يكون مدرسة للدراسات العليـا فقـط ؟ أو يتمثـل في قـسم ضـمن أقـسام مدرسـة ؟ وفي الحالـة الأخيرة جرى العرف أن يكون ضمن مدرسة اكبر للشئون العامة وهي في مفهومنا الاقتصاد والإحصاء وعلـوم الحاسب، وهى أهم الحقول المرتبطة بالإدارة العامة . وفي كل الأحوال فإن الإدارة العامـة تـدرس اليـوم في الجامعات بإحدى الآليات التالية:

1 - ضمنا خلال الدراسات التي لها صله بالإدارة العامة ، مثل إدارة الأعمال، ولعـل هـذه هـي أولى صور دراسة وتدريس الإدارة العامة .

2 - مادة مستقلة ولكن في إطار برامج وكليات أو معاهد غـير كليـات ومعاهـد لـلإدارة العامـة مثـل تدريس الإدارة العامة في كليات التجارة أو الاقتصاد اوالعلوم الإدارية .

3 - في كليـات لـلإدارة عـلى المـستوى الجـامعي بحيـث تكـون الإدارة هـي مجـال الدراسـة العـام وموضوعاتها وفروعها المختلفة مجالات التخصص .

4 - في مدارس أو كليات للإدارة العامة في نطاق الدراسات العليا بالجامعات وهى تقبل خريجي بعض الكليات المختلفة وتمنح درجه الماجستير والدكتوراة في الإدارة العامة .

5 - في مدارس متخصصة في الإدارة العامة خارج نطاق الجامعات الهدف منها تخريج العاملين بالأجهزة الحكومية ، ويلتحق بها الدارسون بعد تخرجهم من الجامعة .

6 - في معاهد للإدارة العامة تجمع بين الدراسة والتدريب كما تقوم بأبحاث في مجال الإدارة ، مثل معهد الإدارة العامة في مصر ، معهد الإدارة العامة في السعودية ، المعهد الدولي للإدارة العامة بفرنسا .

7 - ضمن برامج تنمية إدارية للقادة الإداريين على المستويات العليا Development Programs Executive ومن ابرز أمثلها برامج القادة الإداريين التي بدأت في مصر عام 1963 ، وبرامج المنظمة العربية للتنمية الإدارية التي بدأت عام 1969 وهى - وان كانت تنصب أساسا" على التدريب - لها انعكاسات واضحة على إثارة الاهتمام بدراسة الإدارة وعلى تدعيم البحث الإداري

وهكذا يمكن القول بان دراسة الإدارة العامة قد تطورت .حتى استقلت وأصبحت ميدانا متخصصا في الدراسة .

مداخل دراسة الإدارة العامة :

تعددت المداخل أو المناهج المتعلقة بدراسة مادة الإدارة العامة بتعدد المدارس التي عنيت بدراسة هذا العلم ، إذ ترتب على إختلاف النظر لمشكلات الإدارة وتحديد طبيعتها إختلاف مماثل في طريقة بحثها وتحليلها ، ومن ثم إختلاف في طرق ومناهج دراستها . فكما مرت دراسة الإدارة العامة بمراحل عديدة من حيث

نطاق ومجال دراستها والبحث فيها ، فقد مرت كذلك من حدث المنهج بمراحل يمكن أجمالها في ست : المنهج الأول ويمثله المدخل الدستوري القانوني التاريخي ، المنهج الثاني ويعبر عنه المدخل التنظيمي الوصفي ، المنهج الثالث هو المدخل الوظيفي ، والرابع الاجتماعي النفسي ، والمنهج الخامس هو المنهج المعاصر المعروف بالمدخل البيئي أو الايكولوجي ، والسادس والأخير هو المنهج المقارن .

أ – المنهج الدستوري (القانوني) :

ان القانون يبرز للإدارة العامة ثلاثة أمور أساسية وهي: ماتطالبها السلطة التشريعية بإنجازه ، حدود صلاحيات الأفراد فيها . ويحدد القانون للإدارة العامة الحقوق الأساسية والإجرائية للأفراد والجماعات في المجتمعات التي ينبغي على موظفي الحكومة مراعاتها.

من هذا المنطلق فإن الموظف الحكومي مفسر للقانون ومطبق له الى جانب مشاركته في وضع القوانين. والقيمة الأساسية في المنهج القانوني هي العدالة ومايتبع ذلك من حماية حقوق الأفراد من التعسف والتسلط والحفاظ على أرواحهم وحرياتهم وممتلكاتهم.

(1)- الهيكل التنظيمي :

ان الهيكل التنظيمي المفضل من قبل اتباع هذا المنهج هو ذاك الذي يفسح المجال امام اجراءات التظلم الى أقصى حد والذي يؤدي الى حماية حقوق الأفراد.

(2) - النظرة الى الفرد:

من منطلق تركيز هذا المنهج على تحقيق العدالة والحقوق الأساسية للفرد والأنصاف فانه ينظر أيضاً الى الفرد على انه شخص متميز بذاته في ظروف متميزة أيضاً.

ويعد هذا المدخل قاصراً للأسباب التالية :

أ- اقتصاره على سرد النصوص وتفسيرها.

ب- إغفال الجوانب الفنية في العملية الإدارية.

ت- إغفال المؤثرات السياسية والقانونية والاقتصادية والاجتماعية.

ب – المدخل التنظيمي الوصفي (المدخل الهيكلي) :

ويركز هذا المدخل على دراسة تنظيم وتشغيل الجهاز الإداري ، فيهتم بالهياكل التنظيمية للحكومات ، وخاصة الأجهزة الإدارية وشؤون العاملين ، والنواحي المالية والقانونية لها ، وضمان التنسيق بين الوحدات والتسلسل القيادي ، والرقابة الجادة على العمليات الإدارية .

والإنتقادات الموجهة لهذا المدخل هي :

(1) - عدم الإهتمام بديناميكة عناصر العملية الإدارية .

(2) - لم يهتم بدراسة السلوك الإنساني للعاملين ، مما يؤدي إلى عجز في تحليل العلاقات الإجتماعية بين العاملين داخل التنظيم .

(3) - لايوضح دور الرأي العام ومنظمات الجماهير في توجيه حركة الأجهزة الإدارية ، بسبب عدم ربطه

الإدارة بالبيئة والمجتمع .

ج - المدخل الوظيفي (الإداري) :

ظهر هذا المدخل في أواخر القرن العشرين حيث أظهرت مناهج الإدارة ووظائفها على دراسة الإدارة العامة حيث افترض هذا المدخل أن يتم إدارة المنظمات العامة بشكل متماثل مع إدارة المنظمات الخاصة ويستلزم ذلك القيام بالوظائف الإدارية من تخطيط وتنظيم وصنع قرار وقيادة ورقابة ، فالإدارة هي الإدارة ولا

فرق هناك بين ادارة التنظيمات الحكومية والخاصة. وتعود جذور هذا المنهج الى عصر اصلاح نظام الخدمة المدنية في الولايات المتحدة الأمريكية في القرن التاسع عشر كرد فعل لنظام الغنائم الذي كان سائداً في تعيين المسؤولين عن أجهزة الإدارة العامة.

ويكون دور الموظفين الحكوميين هو تنفيذ السياسات المحددة لهم وليس صنع تلك السياسات.

(1) - الهيكل التنظيمي :

بيروقراطي يقوم على التخصص وتقسيم العمل وتدرج السلطة وتحديد المهام والصلاحيات.

(2) - النظرة الى الفرد :

أتباع هذا المنهاج ينظرون إلى الفرد نظرة لا شخصية مجردة من العواطف سواء كان احد افراد التنظيم الحكومي او من المستفيدين من خدماته حيث ان العواطف اللاعقلانية تحد من اداء الفرد مما ينعكس بالتالي على أداء التنظيم ككل وعلى نجاحه.

ويؤخذ على هذا المدخل الآتي :

(أ)- أنه أغفل النظر إلى الإدارة كنشاط يهتم بالعنصر البشري وسلوكه.

(ب) - أهمل المؤثرات البيئية.

(ج) - يفترض تشابه قواعد وضوابط الإدارة في كل من الإدارة العامة والمنظمات الخاصة .

د - المدخل الاجتماعي النفسي (المدخل السلوكي) :

إعتبرت المدرسة السلوكية المنظمة الإدارية نظاماً إجتماعياً مفتوحاً يتم إتخاذ القرارات فيه من خلال دراسة العمليات وتحديد المؤثرات وتفاعلها نع بعضها للوصول إلى قرار موضوعي وسليم . ويعد هذا المدخل نتاجاً لدراسة علم الاجتماع وعلم النفس الاجتماعي ويتميز هذا المدخل في أنه ركز على الإدارة باعتبارها إدارة للعنصر البشري داخل المنظمات كما اهتم هذا المدخل بالتنظيمات الغير رسمية والاتصال الغير رسمي.

والإنتقادات التي وجهت لهذا المدخل مايلي :

1- المغالاة في التركيز على الفرد ، وتجاهل القوى الإجتماعية والسياسة وتأثيرها على المنظمات الإدارية .

2- العجز عن الوصول إلى تعميمات لمبادئ الإدارة العامة .

3- لا يوجد دراسات كافية حوله .

4- إغفاله للنواحي القانونية والتنظيمية لهياكل الإدارة .

هـ - المدخل البيئي (الايكولوجي) :

وتعني كلمة ايكولوجي العلم الذي يدرس البيئة المحيطة بالمنظمة ، ويتميز هذا المدخل في أنه أوضح أنه لا يمكن تعميم نظام معين في بلد معين على بلد آخر وبالتالي ساعد الدول النامية على دراسة البيئة المحيطة بها كبداية لتطوير الإدارة العامة بها .

تفرض المدرسة الإيكولوجية علينا عند دراسة الإدارة العامة أن نفهم ونحلل العوامل المؤثرة في الإدارة ، لا في صورتها المجردة ، وإنما كمنظومة مؤثرات متفاعلة مع بعضها البعض تؤثر على مسار الإدارة وإستقرارها

وتتضمن الإنتقادات الموجهة لهذا المدخل الإشارة على أن دراسة جميع خصائص المجتمع ، مثل الإمكانات المادية والبشرية والحضارية مسألة مرهقة ، كما يجب أن لا ننسى أن العوامل البيئية سريعة التطور ، واللحاق بها هي محاولة مرهقة .

و – المنهج المقارن :

ويعتبر هذا المدخل من المداخل الحديثة لدراسة الإدارة العامة ، وهو يقوم على دراسة نظم وعمليات الإدارة في بلدين أو أكثر بهدف الوصول إلى قواعد أصولية يمكن تطبيقها والإستفادة منها للنهوض بمستوى الإدارة ومعرفة افضل الطرق لتحسين وظائفها . ويعتبر هذا المدخل أنه بالرغم من إختلاف ظروف البيئة بين دولة وأخرى ومجتمع وآخر ، فإنه لايلغي وجود قواعد ثابتة وأصول محددة قابلة للتطبيق، وهو ما يمكن إكتشافه عن طريق الدراسة المقارنة .

ز – المنهج المقترح:

إن العلوم الإنسانية متغيرة ومتبدلة ، وهي تختلف من بلد لآخر تبعاً لتبدل البيئة والمحيط الذي أوجدها ، لذلك يمكننا القول أنه لايوجد نظرية في العلوم الإنسانية يمكن لها أن تكتشف كل الحقيقة وفي كل زمان ومكان . وكل مدرسة من المدارس رأت وجهاً أو أكثر من وجه للحقيقة ، أما الإحاطة وإحتواء كل معطيات الحقيقة فذلك أمر في غاية الصعوبة .

لذلك يجب على الباحث في العلوم الإنسانية أن يأخذ في إعتباره الأمور القانونية والفنية التي تحكم هيكل التنظيم ونشاطه ، وهو ما يشير إلى المدخل القانوني ، كما يجب عليه أن يركز على الجانب الفني في كيفية إنشاء وبناء هيكل التنظيم ومستوياته ، وهو ما يشير إلى المدخل التنظيمي ، أي يجب على

الباحث أن يحيط بكافة طروحات المدارس والمداخل بالإعتماد على ما يستطيع أن يحصل عليه مـن وثائـق صحيحة ومعلومات من مصادر رصينة وموثوقة .

مدارس الإدارة

تبنت بعض الدراسات تصنيف مدارس الإدارة في مدارس ثلاث هي: المدرسة التقليدية، ومدرسة العلاقات الإنسانية، والمدرسة السلوكية، بينما دمجت دراسات أخرى المدرستين الأخيرتين في مدرسة واحدة بإسم المدرسة السلوكية تارة وبإسم مدرسة العلاقات الإنسانية تارة أخرى، واستحدثت دراسات أخرى مـدارس مستقلة كمدرسة الموارد البشرية، ومدرسة النظم، ومدرسة اتخاذ القرارات.

ومن خلال الاطلاع على كثير من الدراسات والبحوث للوقوف على تصنيف يحمل في طياته مقومات التصنيف الجيد، تبيَّن أن التصنيف الذي أورده كل من بيندور وروجرز (Pindur & Rogers) في دراسة لهما بعنوان تاريخ الإدارة (The History of Management) هو التصنيف الأمثل بعد إجراء بعض التعديلات عليه والإضافات بحيث يشمل التصنيف مدارس خمس هي: المدرسة التقليدية، ومدرسة العلاقات الإنسانية، والمدرسة السلوكية، والمدرسة الكمية، والمدرسة الحديثة. وفيما يـلي عـرض مـوجز لكـل مدرسـة مـن هـذه المدارس:

أولاً: المدرسة التقليدية:

ظهرت المدرسة التقليدية أواخر القرن التاسع عشر ، وجاءت متأثرة إلى حد كبير بنتائج بعض الدراسـات التي تمت في مجال إدارة الأعمال بالدرجة الأولى ، إضافة إلى مساهمات بعض علماء الاجتماع وعلم الإدارة العامة ، ولهذه المدرسة عدد من الرواد ينتمون إلى بلدان مختلفة أبرزهم الأمـريكي (فريـدريك تـايلور) رائـد

نظرية الإدارة العلمية، والفرنسي (هنري فايول) رائد نظرية الإدارة العامة، والألماني (ماكس فيبر) رائد نظرية البيروقراطية.

ومع التباعد الجغرافي بين الرواد الثلاثة، واختلاف السياق الثقافي، إلا أن أطروحاتهم اتسمت بوجود قـدر كبير من القواسم المشتركة، لذا اتفق الباحثون في علم الإدارة على إطلاق اسـم المدرسة التقليدية تعبيراً عـن تلك الجهود، ومظلة لإسهامات الرواد الثلاثة. وتجدر الإشارة هنا إلى أنه بالرغم من وجود قواسم مشتركة بـين رواد كل نظرية إلا أن هذا لا يعني عدم وجود الاختلاف والتباين في بعض النقاط الثانوية.

نظرية الإدارة العلمية:

يعد المهندس الأمريكي فريدريك تايلور رائـد نظريـة الإدارة العلميـة (1856-1915)، حيـث دعـا فيـه إلى تبني الطريقة العلمية في الإدارة عوضاً عن الطريقة العشوائية أو الحدسية، كما أشار إلى أن جهد العـاملين في المنظمة مرهون بقدراتهم الجسمية، لذا ينبغي أن تـولي الإدارة اهتمامـاً بحـسن اختيـار العـاملين وتـدريبهم، وكان يؤمن - تايلور -بأن المحفز الحقيقي للأفراد هو العامل الاقتصادي هذا بالإضافة إلى قناعته بأن العاملين بحاجة مستمرة إلى الإشراف والرقابة الصارمة لضمان عدم تقاعسهم في تطبيق الأسلوب العلمي في العمل.

مما سبق يتبين أن حركة الإدارة العلمية انطلقت من افتراضات تـشاؤمية فيمـا يتعلـق بنظرتهـا للإنسان حيث تنظر للإنسان بأنه كسول بطبعه وأن حافزه للعمل مادي وأنه غير قادر على تحمل المسؤولية .

علاقة النظرية بالميدان التربوي :

انعكست أفكار ومبادئ نظرية الإدارة العلمية على مفهوم الإدارة التعليمية ، فاتخذت الإدارة التعليمية إطاراً نظرياً مشابهاً لها ، فالمصنع هو المدرسة ، والعمال الذين يعملون فيه هم التلاميذ ، ونظام أو عملية الإنتاج هي العملية التربوية والتعليمية ، والمنتجات والمخرجات هم خريجوا المدرسة .

نظرية البيروقراطية:

نشأت البيروقراطية في ألمانيا بفضل الجهود التي قام بها عالم الاجتماع الألماني ماكس فيبر (Max Weber) الذي عاش في الفترة ما بين عامي (1864-1920م)، وكلمة البيروقراطية مشتقة من كلمتين لاتينية وإغريقية الأولى (Bureau) وتعني المكتب، والثانية (cracy) وتعني القوة أو السلطة أو الحكم، ومن ثم فالمقصود بالبيروقراطية هو حكم المكتب أو سلطة المكتب، وقد عرفها قارستون (Garston) بأنها "بناء تنظيمي هرمي يتصف بالتحديد الدقيق لخطوط السلطة، والقواعد، والإجراءات التي تحكم العمل".

وقد استخدم "فيبر" في كتابه الذي صدرت أولى طباعته بعد وفاته بعامين (1922م) مصطلح البيروقراطية لوصف المنظمات الكبيرة جداً. كما حدد خصائصها .

علاقة النظرية بالميدان التربوي :

تجدر الإشارة هنا إلى وجود علاقة وثيقة بين نظرية البيروقراطية والإدارة المدرسية التي تقوم على تقسيم العمل وتنظيم الإجراءات والتسلسل الهرمي والسلطة والمسؤولية والرقابة.

نظرية الإدارة العامة:

ظهرت هذه النظرية في فرنسا على يد المهندس الفرنسي هنري فايول(Henri Fayol) الذي عاش في الفترة من (1841-1925م)، وقد تم اشتقاق اسم النظرية من المؤلف الشهير الذي قدمه فايول بعنوان الإدارة العامة والصناعية (General and Industrial Management) وبينما أنصب اهتمام تايلور على الإدارة الصناعية في مستوياتها التنفيذية (العاملين وخطوط الإنتاج)، فقد انصب اهتمام فايول على الإدارة في مستوياتها العليا. وقد صنف فايول الأنشطة التي تقوم بها المنظمة إلى ستة أقسام هي: (أنشطة فنية ،أنشطة تجارية ،أنشطة مالية ،أنشطة أمنية ،أنشطة محاسبية ،أنشطة إدارية) وقد ركز فايول على النشاط الإداري وقسمه إلى خمس وظائف إدارية هي (التخطيط ، التنظيم ،التوجيه، الرقابة، التنسيق)

علاقة النظرية بالميدان التربوي :

بعد استعراض النظرية يتضح أن النظم التعليمية هي في الأساس نظم إدارية ذات صبغة تربوية تبنى على نفس المبادئ الموضحة في نظرية الإدارة العامة ، مع وجود بعض الاختلافات في جوانب التطبيق .

ثانياً: مدرسة العلاقات الإنسانية (Human Relations School):

ظهرت هذه المدرسة في نهاية العشرينيات الميلادية من القرن العشرين كرد فعل للمدرسة التقليدية، خصوصاً بعد فشل الأخيرة في تحقيق التطلعات المنشودة التي تستهدف الرقي بمستوى الأداء والإنتاج، ومن منطلق أن مدرسة العلاقات الإنسانية ظهرت كرد فعل لسابقتها فقد تبنت استراتيجيات تتصف بأنها على النقيض من استراتيجيات المدرسة التقليدية، فإذا كانت المدرسة التقليدية تنظر للإنسان على

أنه آلة (Machine)، فإن مدرسة العلاقات الإنسانية تولي أهمية بالغة للجوانب النفسية والاجتماعية من منطلق أن للفرد قيماً ومعتقدات وعواطف واتجاهات لها أثر كبير في الكفاية الإنتاجية، والجدول التالي يبين الفروق الجوهرية بين المدرستين

المدرسة التقليدية	مدرسة العلاقات الإنسانية
الاهتمام بالحوافز المادية	الاهتمام بالحوافز المعنوية
الاهتمام بالتنظيم الرسمي	الاهتمام بالتنظيم غير الرسمي
اتخاذ القرارات مسؤولية الإدارة فقط	توسيع قاعدة المشاركة
الفصل بين التخطيط والتنفيذ	دمج التخطيط بالتنفيذ
الكفاية الإنتاجية ترتبط بالطاقة الفسيولوجية (البدنية)	الكفاية الإنتاجية ترتبط بالطاقة الاجتماعية
النظرة للإنسان نظرة تشاؤمية	النظرة للإنسان نظرة تفاؤلية

ثالثاً: المدرسة السلوكية:

إذا كانت المدرسة التقليدية انطلقت من افتراضات متشائمة حول طبيعة الإنسان، فقد انطلقت مدرسة العلاقات الإنسانية من افتراضات متفائلة ، بينما تمدنا المدرسة السلوكية بنظرة واقعية وعقلانية فهي تؤمن بالفروق الفردية ، وترفض مبدأ تعميم الأحكام ، وأن السلوك الإنساني محصلة لتفاعل الفرد مع

البيئة المحيطة به ومن خلالها ظهر مصطلح السلوك التنظيمي الذي يعنى بسلوك الأفراد والجماعات والمنظمات .

رابعاً: مدرسة الإدارة الكمية:

تطور المدخل الكمي للإدارة خلال وبعد الحرب العالمية الثانية. فقد حاولت الشركات الكبيرة الاستفادة من الأساليب التي استعملت في إدارة الجيوش، وذلك في مجال حل المشكلات (Problem-Solving) واتخاذ القرار. ويؤكد هذا المدخل على استعمال النماذج الرياضية كالبرمجة الخطية ونظرية المباريات والسلاسل الزمنية والكفاءة الاقتصادية واستخدام الحاسوب.

خامساً: المدرسة (الاتجاهات) الحديثة:

ظهرت هذه المدرسة في النصف الثاني من القرن العشرين وتحديداً في الستينيات الميلادية ، وتنطوي هذه المدرسة على مداخل عدة أبرزها مدخل النظم ، ومدخل الإدارة الإستراتيجية ، وإدارة الجودة الشاملة ، والهندرة .

وقد ظهر حديثاً بعض المدارس مثل مدرسة الإدارة اليابانية والإدارة الموقفية، أو الظرفية.

الإدارة عند المسلمين :

تفردت الحضارة الإسلامية بوجود تنظيم إداري متقدم ، شمل معظم الوظائف الإدارية ، فالفكر الإداري بدأ يتبلور منذ أن أنزل الله سبحانه وتعالى رسالته على الرسول **صلى الله عليه وسلم** خاتم الأنبياء والمرسلين .

وكان الفكر الإداري في الصدر الأول من الإسلام يستند إلى نصوص القرآن الكريم وتوجيهات السنة النبوية الشريفة ، ويقوم على أساس من القيم الإنسانية التي لا يزال الفكر الإداري المعاصر يلهث للوصول إليها .

الإدارة والشريعة الاسلامية

وهناك علاقة وطيدة بين الإدارة والشريعة الإسلامية، فقد أشار القرآن الكريم بلفظة الإدارة في قوله تعالى: { إلا أن تكون تجارة حاضرة تديرونها بينكم } (البقرة آية 282) وفي السنة النبوية إشارة أخرى في حديث كعب بن عجرة - رضي الله عنه - أن النبي - صلى الله عليه وسلم- قال: (لا تقوم الساعة حتى يدير الرجل أمر خمسين امرأة) [رواه الطبراني].

وبناءً على ما سبق فقد كان المسلمون يطبقون وظائف وعمليات الإدارة التالية :

1 -التخطيط :

هو عبارة عن عملية فكرية تعتمد على المنطق والترتيب والتقدير والمرونة وإيجاد البدائل، ومن شواهده في القرآن قوله تعالى على لسان نبيه يوسف عليه السلام: "قال تزرعون سبع سنين دأباً فما حصدتم فذروه في سنبله إلا قليلاً مما تأكلون . ثم يأتي من بعد ذلك سبع شداد يأكلن ما قدمتم لهن إلا قليلاً مما تحصنون . ثم يأتي بعد ذلك عام فيه يغاث الناس وفيه يعصرون " [يوسف 47-49]، وبهذا التوجيه القرآني الذي هدى الله إليه يوسف عليه السلام، فإن المسلم مُلزَم بالتخطيط المستقبلي لتفادي النكبات والأزمات التي قد تحيط بالأمة في كل مجال. ومن الأحاديث النبوية الدالَّة على التخطيط والعمل لتفادي تقلبات المستقبل حتى يحمي الإنسان نفسه ومَنْ تحت ولايته قوله صلى الله عليه وسلم لسعد بن أبي وقاص- رضي الله عنه-: "...إنك أن تذر ورثتك أغنياء خير من أن تذرهم عالة يتكففون الناس...) وأيضًا قوله للأعرابي الذي ترك ناقته عند باب المسجد دون أن يعقلها: "اعقلها وتوكل", وفي هذا الحديث إشارة للإداري المسلم بأن يربط التوكل على الله بالاحتياط والتخطيط الذي لا يتنافى مع التوكل, ولا مع القضاء والقدر .

2 -التنظيم :

هو بيان وتحديد الهيكل الذي تنتظم فيه علاقات السلطة والمسؤولية وهو كيان حي متحرك ولابد من إعداده ليتلاءم دائمًا مع المتغيرات الداخلية والخارجية، وهو ما جاء به الإسلام قال تعالى : { أهم يقسمون رحمة ربك نحن قسمنا بينهم معيشتهم في الحياة الدنيا ورفعنا بعضهم فوق بعض درجات } [الزخرف: 23] ، وهذا غاية في التنظيم، فهو تنظيم الكون والحياة بأجمعها. ونجد في قدوم النبي - **صلى الله عليه وسلم** - إلى المدينة أولى خطوات التنظيم وهي المؤاخاة حيث قال: (تآخوا في الله أخوين أخوين) فآخى بين المهاجرين والأنصار ليكونوا نواةً لتنظيم المجتمع.

3 -التوجيه :

هو القدرة على التأثير على الموظفين ، وهدايتهم وتوجيههم مع إيجاد روح الود والحب والرضى والانتماء للعمل. ولقد اعتنى الإسلام بالتوجيه وأولاه رعاية خاصة لشحذ الهمم، فمن ذلك قوله تعالى: {ولو كنت فظًا غليظ القلب لانفضوا من حولك }[آل عمران: 159]، وهذا توجيه أعلى للقائد والحاكم، وكذلك قوله تعالى: {وأن تعفوا أقرب للتقوى ولا تنسوا الفضل بينكم}[البقرة: 237]، وهذا توجيه عام للمحكومين والعامة.

4-الرقابة :

هي عملية ملاحظة نتائج الأعمال التي سبق تخطيطها ومقارنتها مع الأهداف التي كانت محددة واتخاذ الإجراءات التصحيحية لعلاج الانحرافات، وهي غاية الأمر ومنتهاه، فبعد التطبيق الكامل يأتي دور التأكد من أن تنفيذ الأهداف المطلوب تحقيقها في العملية الإدارية تسير سيرًا صحيحًا حسب الخطة والتنظيم

والتوجيه، ولعل الإداري المسلم المؤمن هو المدرك حق الإدراك حقيقة الرقابة, والعمل على إنفاذها سواء على نفسه أو على غيره، ومن شواهد الرقابة في القرآن الكريم قول الله تعالى: { وقل اعملوا فسيرى الله عملكم ورسوله والمؤمنون وستردون إلى عالم الغيب والشهادة فينبئكم بما كنتم تعملون } وقوله عز وجل: {ما يلفظ من قول إلا لديه رقيب عتيد} ومن السنة النبوية حديث جبريل عليه السلام: (... فأخبرني عن الإحسان؟ فقال صلى الله عليه وسلم: أن تعبد الله كأنك تراه فإن لم تكن تراه فإنه يراك... الحديث) ، وهذا من أعظم أنواع الرقابة الذاتية، وهنا يتفاضل الناس ليس فقط بمقدار ما يحملونه من (علوم) الإدارة, بل أيضًا بمقدار ما يُجيدونه من (فنونها) وأساليب تطبيقها . " من موقع قصة الإسلام" islamstory

الفصل الثالث
الإدارة المدرسية

❖ مفهوم الإدارة المدرسية

❖ أهمية الإدارة المدرسية

❖ العلاقة بين الإدارة المدرسية والإدارة التعليمية والإدارة التربوية

❖ الإدارة المدرسية في الإسلام

الإدارة المدرسية :

مفهوم الإدارة المدرسية وأهميتها :

المدرسة هي تلك المؤسسة التربوية التي تمثل جوهر العملية التعليمية ، والإدارة المدرسية شأنها شأن أي عمل يقوم به الإنسان لا يخلو من وجود صعوبات تعترضه أثناء ممارسته أو القيام به . وتختلف هذه الصعوبات من إدارة مدرسية إلى أخرى ومن مرحلة تعليمية إلى أخرى ، تبعاً لظروف المدارس وطبيعة القائمين عليها .

ففي المدارس تتبلور الاتجاهات التربوية والتعليمية . فالفرد يتأثر أولاً وأخيراً بقيمة واتجاهاته . والمدرسة تكسب الفرد اتجاهات لا تتسم بالاستقرار النسبي كما هو حال القيم . إذ يعتقد علماء النفس أن القيم تتسم بالاستقرار النسبي وبالتالي فإن تعديلها أو تغييرها أمراً ليس سهلاً كما هو حال الاتجاهات .

نجاح الادارة المدرسية

ويتوقف نجاح الإدارة المدرسية على دور المدير الفعّال الذي يستطيع تحديد أهداف مرغوبة وذات قيمة ، ويتمكن من تحقيقها باستخدام المتاح من الموارد والمعارف استخداماً أمثل. وعلى كافة عناصر المنظومة التعليمية التي تشمل المشرفين والتربويين الإداريين والمعلمين.

ولا تزال تظهر أهمية الإدارة المدرسية كلما تقدم الزمن وكلما زادت الحضارة وتغيرت مفاهيم التربية وكلما تطور التعليم . إن مفهوم الإدارة المدرسية قبل ثلاثين عاماً ليس هو مفهوم الإدارة المدرسية اليوم ومفهوم الإدارة المدرسية اليوم ليس هو مفهوم الإدارة المدرسية بعد ثلاثين عاماً وفي العصر الذي نعيش فيه الآن من الواضح أيضاً أن مفهوم الإدارة المدرسية وأهميتها في الولايات المتحدة الأمريكية يختلف عن مفهوم الإدارة المدرسية وأهميتها في الكونغو كما يختلف عن مفهوم الإدارة

المدرسية وأهميتها في الهند أو في اندونيسيا أو في تركيا اختلافاً كبيراً يتمشى مع المفهوم الأساسي للتربية في كل قطر من هذه الأقطار.

لقد تغيرت المجتمعات وتغيرت معها مفاهيم الحياة ثم تغير مفهوم التربية لدى هذه المجتمعات كما تغير مفهوم التعليم . ثم يتبع هذا التغير تغيرات كثيرة ومفاهيم أكثر عن التربية والتعليم وكانت تهدف إلى التطور والنمو في العملية التربوية والتعليمية حتى وصلت إلى أرقى المستويات الحديثة وتمشياً مع هذا التطور الحديث للتربية والتعليم قامت التربية الحديثة بتخصيص هذا الاصطلاح (مدرسة) وأطلقته على المكان الذي خصصته لتعليم الأطفال . وخصصت أيضاً المدرسين الذين يقومون بتدريب الأطفال والذين يقومون على رعايتهم في المدرسة.

ولعل السبب الرئيس الذي دعا التربية لتخصيص مكان معين وإطلاق إسم خاص عليه هو ظهور التعليم الجماعي لذا أصبح من الضروري توفير الأماكن اللازمة لهذه الإعداد الوفيرة التي تتوافد على المدرسة لتلقي العلم والمعرفة ، هذا من جهة ومن جهة أخرى نمو العلم والمعرفة وإتباع الثقافة ، وتعدد المواد ، وظهور العلوم الحديثة ، والاختراعات المتطورة التي تظهر من حين إلى آخر في شتى أنحاء العالم وبالطبع يتبع هذا التنوع في المعرفة تنوع المتخصصين في هذه المعرفة لتدريسها في المدرسة . فهناك أستاذ اللغة العربية ، وأستاذ اللغة الإنجليزية وأستاذ الكيمياء ، وأستاذ الرياضيات ، وأستاذ العلوم ، وأستاذ الرسم والأشغال وهكذا.

لذا أصبح لزاماً أيضاً على التربية الحديثة أن تخصص لجميع أفراد المدرسة من يوجههم ويرشدهم وينظم أعمالهم وينسقهم إذا احتاج الأمر في هذا المجتمع البشري

الصغير في هذه الأسرة الصغيرة وهي المدرسة – وأن يكون العقل المفكر للمدرسة . وأن يكون القلب النابض فيها . أليس هو المدير.

وأصبح من الضروري للمشتغلين بالإدارة المدرسية معرفة المعلومات الأساسية لهذا الإدارة لاسيما بعد أن اتسع مجالها فشمل النواحي الإدارية والفنية وبعد أن أصبحت الإدارة توجه عنايتها للطفل لا في المدرسة فحسب بل في المدرسة والبيئة والمجتمع .

ويعني هذا أن الإدارة المدرسية لم تعد مسئولة فقط عن الطفل داخل المدرسة بل هي مسئولة عنه خارج المدرسة أيضاً في كثير من الحالات التي يخشى على الأطفال منها داخل المدرسة وذلك عند تسرب العدوى من خارج المدرسة لداخلها مثل المشاكل التي تحدث في البيئة الخارجية وعندما تحاول هذه المشاكل اقتحام أسوار المدرسة . . .

وتحقيقاً للأهداف التربوية والتعليمية التي يجب المحافظة عليها داخل المدرسة أصبح من الضروري على المسئولين عن الإدارة المدرسية أن يقفوا لهذه المشكلات بالمرصاد وأن يحاربوا جميع المبادئ والمعتقدات الهدامة التي تتناقض مع التعليم والمبادئ التي يتعلمها الطفل في المدرسة تحقيقاً للأهداف التربوية والتعليمية في المجتمع الذي يعيش فيه.

وعلى هذا الأساس يمكن القول بأن الإدارة المدرسية لها أهميتها الكبرى بالنسبة لكل طفل في المدرسة لأنها تعمل على تحقيق الأهداف التربوية والتعليمية التي يتطلع لها المجتمع ويراقبها بدقة عن كثب هذا بجانب الكثير من الاتجاهات الحديثة التي يجب غرسها في نفوس الصغار داخل المدرسة.

العلاقة بين الإدارة التربوية والإدارة التعليمية والإدارة المدرسية :

قبل البدء في توضيح العلاقة بين الإدارة التربوية والإدارة التعليمية والإدارة المدرسية ، يجدر الإشارة إلى تعريف هذه المصطلحات وفقاً لما ورد من المتخصصين ، وذلك على النحو التالي :

الإدارة التربوية

تعرف الإدارة التربوية بأنها "مجموعة العمليات التنفيذية والفنية التي تتم عن طريق العمل الإنساني الجماعي التعاوني الساعي على الدوام إلى توفير المناخ الفكري والجماعي النشط المنظم من أجل تذليل الصعاب وتكييف المشكلات الموجودة وتحقيق الأهداف التربوية المحددة للمجتمع وللمؤسسات التعليمية

الإدارة التعليمية

تعرف الإدارة التعليمية بأنها "كل عمل منسق ومنظم يخدم التربية والتعليم وتتحقق من ورائه الأغراض التربوية والتعليمية . تحقيقاً يتمشى مع الأهداف الأساسية من التعليم" .

الإدارة المدرسية

الإدارة المدرسية هي " تلك الجهود المنسقة التي يقوم بها مدير المدرسة مع جميع العاملين معه من مدرسين وإداريين وغيرهم بغية تحقيق الأهداف التربوية داخل المدرسة تحقيقاً يتمشى مع ما تهدف إليه الأمة من تربية أبنائها تربية صحيحة وعلى أساس سليم".

ويمكن القول أيضاً بأن الإدارة المدرسية تعني "جميع الجهود والإمكانيات والنشاطات التي تبذل من أجل تحقيق الأهداف التربوية تحقيقاً فعالاً متطوراً".

أما الأستاذ (فوكس) فيعرف الإدارة المدرسية "بأنها كل نشاط تتحقق من ورائه الأغراض التربوية تحقيقاً فعالاً ويقوم بتنسيق وتوجيه الخبرات المدرسية والتربوية وفق نماذج مختارة ومحددة من قبل هيئات عليا أو هيئات داخل الإدارة المدرسية "

وبعد استعراض تعريفات المصطلحات سيتم توضيح العلاقة بينها على النحو التالي :

الواقع أن هذه المفاهيم الثلاثة قد شاع استخدامها في الكتب والمؤلفات التي تتناول موضوع الإدارة في ميدان التعليم . وقد تستخدم أحياناً على أنها تعني شيئاً واحداً . ويبدو أن الخلط في هذه التعريفات يرجع إلى النقل عن المصطلح الأجنبي Education الذي يترجم إلى العربية بمعنى "التربية" أحياناً و" التعليم " أحياناً أخرى ، وقـد أدى ذلـك بـالطبع إلى ترجمـة المـصطلح Educational Administration إلى الإدارة التربوية أو الإدارة التعليمية تارة أخرى على أنهما يعنيان شيئاً واحداً .

العلاقة بين الإدارة التربوية و الإدارة التعليمية :

يفضل بعض الكتاب والمتخصصين استخدام مصطلح (الإدارة التربوية) ليتمـشوا مـع الاتجاهـات التربويـة الحديثة التي تفضل استخدام كلمة **تربية** على كلمة "**تعليم**" باعتبار التربية أشمل وأعم من التعليم . وأن وظيفة المؤسسات التعليمية هي "التربية الكاملة" .

كما أن مصطلح " **الإدارة التربوية**" أكثر شمولاً ولأن الإدارة التربوية هي الطريقـة التـي يـدار بهـا النظـام التعليمي بشكل عام . والإدارة التربوية تشمل مدخلات وعناصر العملية التعليمية جميعها من مـوارد بـشرية (معلمين ومتعلمين،...) وما تحمله من قيم واتجاهات وعناصر مادية (الأبنية والتجهيزات والمعدات والتقنيـة

(....)، كما أن لفظ التربية يشتمل على التعليم ، على أساس أن العملية التربوية هي وضع تعلم وتعليم ، فإذا ما أطلق على إدارة التنظيمات التي تقوم بتنفيذ العملية التربوية إدارة تعليمية ، فكأننا نكون قد أغفلنا جانب التعلم الذي يقوم به المتعلم ولكان من الأحرى استخدام مصطلح الإدارة التعليمية ، الا أن استخدام الإدارة التربوية يعد أكثر تعبيراً وشمولاً .

ومع أن الإدارة التربوية تريد أن تركز على مفهوم التربية لا التعليم فإن الإدارة التعليمية تعتبر أكثر تحديداً ووضوحاً من حيث المعالجة العلمية للعملية التعليمية.

العلاقة بين الإدارة التربوية و الإدارة المدرسية :

أما فيما يتعلق بالفرق بين الإدارة التربوية والإدارة المدرسية ، فهناك خلط شائع بين المفهومين عند بعض التربويين إذ يطلقون مصطلح الإدارة المدرسية على الإدارة التربوية أو الإدارة التربوية على الإدارة المدرسية ، رغم اختلاف المعنى بين المصطلحين ، ويحاول الدكتور إبراهيم مطاوع التفريق بين المصطلحين فيرى أن الإدارة التربوية ترجمة للمصطلح Educational Administration ويطلق على الإدارة المدرسية School Management فاللفظ الأول يعني الأعمال التي يقوم بها الإداريون في المستويات العليا من الإدارة التربوية سواءً على مستوى المركز (الوزارة) أو المديريات التابعة من عمليات الإدارة . بينما يطلق اللفظ الثاني على الوحدات التنفيذية التي تشمل المدرسة .

والإدارة المدرسية هي الوحدة الأساسية التي تقوم بتنفيذ السياسة التربوية ، في حين أن الإدارة التربوية هي التي تقوم برسم السياسة وهي التي تمد المدرسة بالمتطلبات المادية والبشرية كما تقوم بالإشراف والرقابة لضمان سلامة تنفيذ السياسة التربوية المرسومة .

وهناك فرق آخر وهو أن الإدارة التربوية يرأسها وزير مهمته تنسيق السياسة التربوية مع السياسة العامة للدولة ، والإشراف على تنفيذ هذه السياسة إما بطريقة مباشرة أو من خلال أجهزة الوزارة المختلفة . أما الإدارة المدرسية فوحدتها المدرسة ويعمل على إدارتها مدير المدرسة ومهمته العمل على نجاح المدرسة في تحقيق أهدافها ضمن القوانين والأنظمة التي رسمتها الإدارة التربوية ، وتختلف الصلاحيات الممنوحة له من بلد إلى آخر وفقاً للنظام الإداري المتبع .

وخلاصة القول أن الإدارة التربوية هي نظام تربوي على مستوى الدولة والمجتمع بما فيه من مدارس ومؤسسات تربوية وخدمات تعليمية وصحافة وإعلام وما يحكم ذلك من تشريعات وقوانين ، وأما الإدارة المدرسية فهي النشاط المنظم داخل المدرسة والذي يعمل على تحقيق الأهداف التربوية المرسومة أو المنبثقة من السياسة التربوية والمستمدة من الفلسفة التربوية وأهدافها .

العلاقة بين الإدارة التعليمية و الإدارة المدرسية

يبدو أن هناك خلطاً في المؤلفات العربية في استخدام مصطلح الإدارة المدرسية، حيث تتناول بعض الكتب العربية التي تحمل عنوان "الإدارة المدرسية" مستويات من الإدارة فوق مستوى المدرسة مما يخرج الموضوع عن المعالجة العليمة الدقيقة . وربما يعود هذا الخلط إلى أن كثيراً من الكتب الأجنبية التي تحمل عنوان " الإدارة المدرسية" تركز على المدرسة التي تمثل أهم وحدة في الإدارة التعليمية ككل ، وتتمتع بحريات كبيرة في التصرف، وتقوم بالأدوار الرئيسة التي تمكنها من تحقيق أهدافها ، بينما نجد المدرسة في البلاد العربية لا تحظى بهذه المكانة الكبيرة من الناحية الإدارية. وبناءً عليه تعتبر الإدارة المدرسية جزء من الإدارة التعليمية التي هي جزء أيضاً من الإدارة العامة.

فالمدرسة ما هي إلا وسيلة لتنفيذ السياسة العامة للتعليم وهي الأداة الفعّالة لتحقيق أهداف هذه السياسة . وهي أيضاً أي المدرسة المصنع الذي تتبلور فيه العملية التعليمية والتربوية والثقافية في شتى صورها من أجل بناء الأجيال التي تصنع المستقبل وتعد له العدة لحاضره ومستقبله وتعده من أجل القيام بتحمل مسؤولياته الملقاة على عاتقه من أجل البناء والتطور.

كما أن الإدارة المدرسية يتحدد مستواها الإجرائي بأنه على مستوى المدرسة فقط، وبهذا تصبح جزءاً من الإدارة التعليمية ككل. أي أن صلة الإدارة المدرسية بالإدارة التعليمية هي صلة الخاص بالعام .

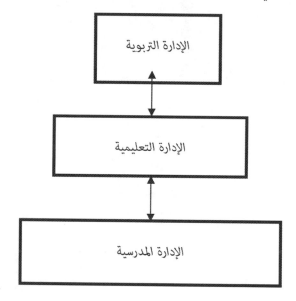

الإدارة المدرسية في الإسلام :

الإسلام يحث على العلم ، إذ كانت أولى آيات القرآن الكريم التي نزلت معلنة بدء الرسالة (اقرأ باسم ربك الذي خلق) . (العلق : آية 1)

وقد استخدم العلماء المسلمون الذين كتبوا في مجال التربية مجموعة ألفاظ دالة على التربية منها كلمة "تعليم" التي استخدمها برهان الدين الزرنوجي في كتابه الشهير "تعليم المتعلم طريق التعليم" ، والإمام أبو حنيفة النعمان في رسالته "العلم والمتعلم" ، والجاحظ في "رسالة المعلمين" . ومنها كلمة "الأدب" و "التأديب" التي استخدمها طاش زاده في كتابه "رسالة في علم الأدب" والماوردي في كتابه "أدب الدنيا والدين" وشمس الدين الأنباني في "رسالة في رياضة الصبيان وتعليمهم وتأديبهم" . كما استخدموا لفظ الأدب بمعنى التربية ، وبمعنى آخر هو العلم والمعرفة ، وقد فضل أعلام المربين المسلمين مفهوم التأديب وغلبوه على المصطلحات الأخرى مثل التعليم والتربية والتزكية

ومما يميز التربية الإسلامية أنها تشمل جميع فئات المجتمع ، فإذا كانت التربية في الحضارات السابقة على لإسلام تقتصر على فئة معينة دون سواها من فئات المجتمع ، فإن التربية في الإسلام مكفولة للجميع , وطلب العلم فريضة على الذكور والإناث ، وحق التعليم في الإسلام لا يقتصر على الغني دون الفقير ، ولا على البصير دون الكفيف . والتربية الإسلامية تشمل جميع مراحل نمو الإنسان .

وفي الإطار السابق كان على المسلمين أن يعملوا على تعليم أبنائهم، وأن يفرغوا من أبناء المسلمين من يتولى تعليم الصبية . ومن هنا ظهر الكتّاب ليقوموا بهذه المهمة . وانتشرت الكتاتيب في أنحاء المدن والقرى ، تارة بجوار المساجد وأخرى بعيدة عنها، لكن لا تكون بداخلها على أي حال . ويتولى التعليم فيها معلم واحد في الغالب أو قد يشترك معلمان أو أكثر .

التربية الإسلامية والمسجد

وارتبطت التربية الإسلامية بالمسجد ارتباطاً وثيقاً ، ففيه كانت تعقد حلقات العلم ، وتلقى الـدروس الدينية لتنشئة الصغار وتلقينهم تعاليم الإسلام . ومع تطور الثقافة الإسلامية والحضارة الإسلامية اتسع المسجد للعلوم الدينية وغيرها من معارف ذلك العصر .

وقد استخدمت المساجد كثيراً من الوسائل في التربية منها : الخطب الدينية والدروس التي تعقب الصلاة، والمحاضرات التي تلقى في فترات دورية أو في مناسبات خاصة . هذا بالإضافة إلى المكتبات الملحقة بالمساجد الكبرى التي يجد فيها القارئ كثيراً من ألوان المعرفة الدينية والاجتماعية .

ومن أجل هذا فقد أنشئت المدارس ، ودور العلم ، والمكتبات العلمية ، وعندما دعت الحاجـة إلى ترجمـة العلوم الأجنبية في العصور الإسلامية المختلفة ، خاصة العصر العباسي تمثلت جهود الدولـة في إنشاء المعاهـد العلمية الكبيرة ، مثل (دار الحكمة) ، واستمرت جهود الدولة في إنشاء المدارس ، فأنشئ نظام (المدرسة) على يد الوزير السلجوقي سنة 458هـ ، واستمرت الجهود على مستوى الأفراد والحكام في إنشاء المـدارس وبيـوت الحكمة ودور العلم والمدارس ، ووقفت الأراضي والممتلكات للإنفاق عليها وصيانتها . ووزعت الأرزاق عـلى الطلاب والمعلمين لسد مطالبهم في الحياة .

البيئة المشجعة في المجتمع المسلم

وقد كانت البيئة بكل عناصرها في المجتمع المسلم بيئة مشجعة عـلى الاستمرار في طلـب العلم. فالأسرة تـشجع عليه بدوافع دينية ، والأمراء وأصحاب الجاه كانوا يتسابقون في تهيئة أماكن الدرس ويقفون عليه ما يضمن استمرارها، أمـا العلـماء

فقد اخذ كل منهم مجلسه في المسجد أو في داره يقدم ما لديه احتساباً لوجه الله تعالى.

موسم الحج والتعليم

وكان موسم الحج فرصة سنوية للمعلمين والمتعلمين، فكان أصحاب العلم وطلابه يرتادون المساجد أثناء طريقهم لأداء الفريضة ، وكان فرصة لزيارة المتعلمين للمراكز الثقافية الإسلامية والاستماع لكبار العلماء والأساتذة .

مبادئ إسلامية في التعليم

وقد سبق المسلمون غيرهم من الحضارات الأخرى في رصد بعض المبادئ على مستوى التنظير والتطبيق معاً منها :

1. إلزامية التعليم.
2. التعليم المستمر.
3. توجيه التلاميذ حسب ميولهم.
4. مراعاة الفروق الفردية "التعليم المفرد".
5. العناية بالمتعلم والتنويه بقدره.
6. تكافل المجتمع في تعليم أبنائه.
7. الرفق بالمتعلم والحنو عليه والترحيب به والبشاشة له.
8. الإشفاق على المخطئ وتشجيع المحسن والثناء عليه .
9. التدرج في عملية التعليم.
10. استخدام الوسائل المعينة.
11. تخير أحسن الوسائل وأكثرها جدوى في التعلم.
12. إثارة الانتباه بالسؤال والحوار .

الفصل الرابع
النظرية في الإدارة المدرسية

❖ مفهوم النظرية

❖ الحاجة إلي النظرية في الإدارة المدرسية

❖ مصادر بناء النظرية المدرسية

❖ النظريات الحديثة في الإدارة المدرسية

نظريات الإدارة المدرسية

مفهوم النظرية

النظرية Theory هي: **"تصور أو فرض أشبه بالمبدأ له قيمة التعريف على نحو ما، يتسم بالعمومية وينتظم علماً أو عدة علوم، ويقدم منهجاً للبحث والتفسير، ويربط النتائج بالمبادئ".**

كما تعرّف النظرية على أنها **" مجموعة من الفروض التي يمكن من خلالها التوصل إلى مبادئ تفسر طبيعة الإدارة وهي تفسر ما هو كائن وليس التامل فيما ينبغي أن يكون"**

ويمكن أن ينظر إلى النظرية على أنها **"مبادئ عامة تقوم بتوجيه العمل بدقة ووضوح وبهذا فالنظرية الجيدة هي التي يمكن ان تشتق منها الفروض"** (1986Bush,).

الحاجة إلى النظرية في الإدارة التربوية:

يعتبر الاهتمام بالنظرية في الإدارة التربوية أمراً حديثا فحتى عام 1950 لم تظهر دراسات واضحة في هذا المجال، بل إن الدراسات التي ركزت على النظرية الإدارية لم تظهر بشكل واضح قبل الستينات، وكان هذا نتيجة للدعم الذي قدمته مؤسسة (W.k.Kellogg) في الولايات المتحدة الأمريكية التي قامت بدعم الدراسات في مجال الإدارة التربوية ورصدت في الفترة ما بين 1946-1959 مبلغاً يفوق تسعة ملايين دولار لهذا الهدف، ومن خلال هذا الاهتمام وما صاحبه من مؤتمرات ومحاضرات قام كولادارسي وجيتزلز بإصدار كتابهما الرائد عن استعمال النظرية في الإدارة التربوية وكان هذا الكتاب من بين مجموعة من الكتابات في هذا الميدان من أمثال ما كتبه جريفث (Griffiths) وهاجمان

وشوارتز Schwartz &Hagman وكامبل وجـريج Gregg & Campbell وبلـزل Belsile ووالتـونWalton وكثيرون غيرهم.

وقد كان المـدراء قبـل هـذه الدراسـات يقـدمون اقتراحاتهم في تحسـين الإدارة مـن تجـاربهم الشخصية معتمدين على طريقة التجربة والخطأ، ولكن المربي الذي ينطلق في تصرفاته من مبدأ التجربة والخطأ أو مـن حلول جاهزة محفوظة هو إنسان مهمل لذكائه منكر لإمكانات الإبـداع الـذاتي، والإبـداع يحتـاج إلى خلفيـة قائمة على الوضوح والتعمق ويحتاج إلى إنسان يعتمد نظرية واعية في ممارساته.

تأخر ظهور النظرية الإدارية:

والواقع أنه ليس من المستغرب أن يتأخر ظهـور النظريـة الإداريـة، فـالإدارة شـأنها في ذلك شـأن العلـوم الإنسانية الأخرى، عملية إنسانية معقدة ومتعددة الجوانب وليس من السهل وضع نظريـة عامـة لهـا. ولكـن بالرغم من الاعتراف بصعوبة وضع نظرية إدارية الا أن ذلك لايعني عدم البحث في الموضوع، بـل إن أهميـة ميدان الإدارة التربوية تجعل عملية البحث عن نظرية أمـراً مهمـاً جداً لكي تتمكن المؤسسة التربوية من القيام بأعمالها بنجاح متجنبة طريقة التجربة والخطأ. فالتاريخ الطويـل للعلـوم الطبيعيـة يبـين بوضـوح أن مجـرد ملاحظة الظواهر لايؤدي إلى معرفة مفيدة وعملية إلا من خلال مبادئ عامة تستخدم باعتبارها عاملا مرشدا وموجها إلى ما يمكن ان يلاحظ أو يقاس أو يفسـر. وقد يلمـس المهتمـون بعلـم الإدارة صراعـاً بـين مـا يـسمى النظري والعملي Prectice and Theory ، هذا بالاضافة إلى تعدد النظريات وقصر عمرها. ولكن مهمـاً كـان السبب فيجب ألا يسمح لكل هذه العوامل بالتقليل من أهمية اعتبارنا للنظرية في الإدارة. لأن قيمة النظرية لا تقاس بعمرها طال أم قصر

" فالنظرية قد تكون خطا ولكنها تقود إلى التقدم".

فكم من النظريات العلمية ثبت خطؤها ولكنها قادت الإنسانية إلى التقدم , فهل بالامكان إنكار الخدمة التي قدمتها لنا النظرية القديمة التي قالت: بأن الذرة هي أصغر الاشياء وأن انقسامها غير ممكن, فالملاحظات التي قادتنا إليها هذه النظرية هي التي أدت التقدم والتطوير الذي نشهده اليوم في عالم الذرة. فالنظرية في الإدارة التربوية ضرورية لتنبيه الإداري التربوي، وهي تعمل بوصفها دليلاً وموجهاً له، فالقصد الأساسي لأي نظرية هي المساعدة على التوصل لتنبؤات وتوقعات أكثر دقة، ولعل من أهم دواعي النظرية كون المعرفة غير متيسرة الفهم إلا إذا نسقت ورتبت وفق نظام معين، ولذا كان لزاما على الإداري التربوي أن يبلور البناء النظري الذي يعتمد عليه في تفسير الشواهد والنتاج التطبيقي وبدون اعتماد النظرية يبقى ذلك كله مفككاً ويساهم في ضياع الإداري بدلاً من زيادة تبصره.

قد يظن بعض الناس أنه مادام الشيء مطبقاً ويعمل فلماذا نجهد أنفسنا في معرفة "لماذا" ولكن إذا لم يعرف الإنسان ما لذي يبحث عنه فإنه من الصعب عليه ان يجد شيئاً مهماً.

وقد عبر ثومبسون Thompson عن أهمية النظرية بقوله: "إن النظرية الملائمة تساعد المدراء على الاستمرار في النمو بتزويدهم بأفضل الطرق لتنظيم خبراتهم وبالتأكيد على ترابط الظواهر مثل هذه النظرية تبقيهم يقظين للنتائج غير المتوقعة لأعمالهم، إنها تجنبهم التفسيرات الصبيانية للاعمال الناجحة كما تنبههم إلى الظروف المتغيرة الي قد تستدعي تغييرً في أنماطهم السلوكية"

مصادر بناء النظرية المدرسية:

المصدر الأول:

تقارير وتعليقات رجال الإدارة المدرسية من واقع خبرتهم العملية وهي تعتمد على الناحية الذاتية والانطباع الشخصي.

المصدر الثاني:

عمليات المسح التي يقوم بها الدارسون والباحثون ودراسات الكتّاب الكبار في ميدان الإدارة المدرسية.
المصدر الثالث: الاستدلال العقلي للتوصل عن طريق المنطق والعقل إلى استخلاص بعض النتائج المترتبة على بعض الأفكار أو المسائل العامة التي نسلم بها أو نعتقد بصحتها.

معايير تقويم الإدارة المدرسية في ضوء النظريات الحديثة في الإدارة المدرسية: هنالك عدة معايير رئيسية يمكن من خلالها تقويم الإدارة المدرسية الجيدة في ضوء النظريات الحديثة في الإدارة المدرسية، ومن أهمها:

1- وضوح الأهداف التي تسعى الإدارة المدرسية إل ى تحقيقها.

2- التحديد الواضح للمسؤوليات، بمعنى أن يكون هناك تقسيم واضح للعمل وتحديد للاختصاصات.

3- الأسلوب الديموقراطي القائم على فهم حقيقي لأهمية احترام الفرد في العلاقات الإنسانية.

4- أن تكون كل طاقات المدرسة – من طاقات مادية وبشرية- مجندة لخدمة العملية التربوية فيها بما يحقق أداء العمل مع الاقتصاد في الوقت والجهد والمال.

5- تتميز الإدارة المدرسية الجيدة بوجود نظام جيد للاتصال سواء كان هذا الاتصال خاصاً بالعلاقات الداخلية للمدرسة، أو بينها وبين المجتمع المحلي، و بينها وبين السلطات التعليمية العليا .

النظريات الحديثة في الإدارة المدرسية:

حاول العديد من دارسي الإدارة المدرسية تحليل العملية الإدارية ومحاولة وضع نظريات لها، ولقد كان لهذه المحاولات أثر في تحقيق نوع من التقدم في هذا المجال، فقد حاول كل من بول مورت P.mort ومساعده دونالد هـروس Donald H.Ross لوضع أسس لنظرية الإدارة ورد في كتابهما " مبادئ الإدارة المدرسية " كما حاول جيس ب. سيرز Jess.Serars البحث في وظيفة الإدارة في دراسة عام 1950 تحت عنوان طبيعة العملية الإدارية، كما أعد البرنامج التعاوني للإدارة التعليمية في أمريكا عدة برامج لتعرف على أساليب نظرية للإدارة التعليمية، ومنها كتاب عام 1955 بعنوان "أساليب أفضل للإدارة المدرسية"، واستحدث سيمون في كتابه "مفهوم الرجل الإداري" عام 1945 طبيعة وأهمية اتخاذ القرار في العملية الإدارية، وفي عام 1968 وضع " يعقوب جيتزلز J.W.Getzels" نظرية علمية في الإدارة المدرسية، حيث نظر للإدارة باعتبارها عملية اجتماعية، بينما نظر سيرز إلى الإدارة التعليمية من حيث وظائفها ومكوناتها وحلل العملية الإدارية إلى عدة عناصر رئيسية، ويمكن القول بأن جميع الجهود التي بذلت كلها جهود متأثرة بأفكار رجال الإدارة العامة والصناعية أمثال (تايلور) (وهنري فايول) (ولوثر جيوليك)، وغيرهم من رجال الإدارة العامة. ومن أبرز النظريات الحديثة في الإدارة المدرسية ما يلي:

أولاً: نظرية الإدارة كعملية اجتماعية Social Processing Theory

وتقوم هذه النظرية على فكرة أن دور مدير المدرسة أو دور المعلـم لا يتحـدد إلا مـن خـلال علاقـة كـل منهما بالآخر، وهذا يتطلب تحليلاً دقيقاً علمياً واجتماعياً ونفسياً، انطلاقاً مـن طبيعـة الشخصية التـي تقـوم بهذا الدور. ويمكن توضيح النماذج التالية لهذه النظرية:

أ - نموذج جيتزلز Getzels :

ينظر جيتزلز إلى الإدارة على أنها تسلسل هرمي للعلاقات بين الرؤساء والمرؤوسين في إطار نظام اجتماعي، وأن أي نظام اجتماعي يتكون من جانبين يمكن تصورهما في صورة مستقلة كل منهما عـن الآخـر وإن كانـا في الواقع متداخلين.

فالجانب الأول يتعلق بالمؤسسات وما تقوم به من أدوار أو ما يسمى بمجموعة المهام المترابطة والأداءات والسلوكات التي يقوم بها الأفراد من أجل تحقيق الأهداف والغايات الكبرى للنظام الاجتماعي والجانب الثاني يتعلق بالأفراد وشخصياتهم واحتياجاتهم وطرق تمايز أداءاتهم، بمعنى هل هم متساهلون، أم متسامحون، أم يتسمون بالجلافة أم بالتعاون أم هل هم معنيون بالإنجاز.. وما إلى ذلك من أمور يمتازون بها.

والسلوك الاجتماعي هو وظيفة لهـذين الجانبين الرئيسيين، المؤسـسات والأدوار والتوقعـات وهـي تمثـل البعد التنظيمـي أو المعيـاري، والأفـراد والشخصيات والحاجـات وهـي تمثـل البعد الشخصي مـن العلاقـة بين مدير المدرسة والمعلم يجب أن ينظر إليهـا مـن جانـب المـدير مـن خـلال حاجاتـه الشخصية والأهـداف أيضاً، فإذا التقت النظريات استطاع كـل مـنهما أن يفهـم الآخـر وأن يعمـلا معـاً بـروح متعاونـة بنـاءة، أمـا

عندما تختلف النظريات فإن العلاقة بينهما تكون على غير ما يرام. والفكرة الأساسية في هذا النموذج تقوم على أساس أن سلوك الفرد ضمن النظام الاجتماعي وفي إطاره كالمدرسة مثلاً هو محصلة ونتيجة لكل من التوقعات المطلوبة منه من قبل الآخرين وحاجاته الشخصية وما تشمله من نزعات وأمزجة.

ب – نموذج جوبا Guba للإدارة كعملية إجتماعية

ينظر جوبا إلى رجل الإدارة على أنه يمارس قوة ديناميكية يخولها له مصدران: المركز الذي يشغله في ارتباطه بالدور الذي يمارسه والمكانة الشخصية التي يتمتع بها، ويحظى رجل الإدارة بحكم مركزه بالسلطة التي يخولها له هذا المركز، وهذه السلطة يمكن أن ينظر إليها على أنها رسمية لأنها مفوضة إله من السلطات الأعلى، أما المصدر الثاني للقوة المتعلقة بالمكانة الشخصية وما يصحبه من قدرة على التأثير فإنه يمثل قوة غير رسمية ولا يمكن تفويضها وكل رجال الإدارة بلا استثناء يحظون بالقوة الرسمية المخولة لهم، لكن ليس جميعهم يحظون بقوة التأثير الشخصية، ورجل الإدارة الذي يتمتع بالسلطة فقط دون قوة التأثير يكون في الواقع قد فقد نصف قوته الإدارية، وينبغي على رجل الإدارة أن يتمتع بالسلطة وقوة التأثير معاً وهما المصدران الرئيسيان للقوة بالنسبة لرجل لإدارة التعليمية وغيره.

ج – نظرية تالكوت بارسونز T.Parsons

يرى بارسونز أن جميع المنظمات الاجتماعية يجب أن تحقق أربعة أغراض رئيسية هي:

1- التأقلم أو التكيف:

بمعنى تكييف النظام الإجتماعي للمطالب الحقيقة للبيئة الخارجية.

2- **تحقيق الهدف:**

بمعنى تحديد الأهداف وتجنيد كل الوسائل من أجل الوصول إلى تحقيقها.

3- **التكامل:**

بمعنى إرساء وتنظيم مجموعة من العلاقات بين أعضاء التنظيم بحيث تكفل التنسيق بينهم وتوحدهم في كل متكامل.

4- **الكمون:**

بمعنى أن يحافظ التنظيم على استمرار حوافزه وإطاره الثقافي .

ثانياً: نظرية العلاقات الإنسانية Leadership Theory

تهتم بأهمية العلاقات الإنسانية في العمل، وهذه النظرية تؤمن بأن السلطة ليست موروثة في القائد التربوي، ولا هي نابعة من القائد لأتباعه في المدرسة، فالسلطة في القائد نظرية وهو يكتسبها من أتباعه من خلال إدراكهم للمؤهلات التي يمتلكها هذا القائد، ومن ضمن مسؤوليات مدير المدرسة ليتعرف ويفهم ويحلل حاجات المدرسين والتلاميذ وليقدر أهمية التوفيق بين حاجات المدرسين والتلاميذ وحاجات المدرسة.

ولا يقصد أصحاب هذه النظرية أن ينخرط الإداري في علاقات شخصية مباشرة مع العاملين، بحيث لا تعود هناك مسافات اجتماعية تفصل بين الإداري والمرؤوسين، لأن جهود الإداري في هذه الحالة تتشتت بعيداً عن الهدف الإنتاجي للمؤسسة ولكن ما يتوخاه أصحاب النظرية هو مراعاة الأبعاد النفسية والاجتماعية التي تجعل العاملين يؤدون دورهم بدون اللجوء للمراوغة ومقاومة السلطة ، لأن العاملين يتطلعون دائماً إلى نوع من الفهم المشترك يجعل السلطة تشعرهم بأن مصلحتها أن تنظر في شأنهم بعناية مثلما تولي متطلبات العمل

عنايتها، إن المرؤوس الذي لا يكون معوقاً بمشكلات يستطيع أن يركز العمل، فتقل الأخطار التي يرتكبها وتزداد وجوه التكامل بين عمله وأعمال الفريق، ويحافظ على التعاون مع الأقران دعماً لاستمرارية المؤسسة ونجاحها، وبهذا يضمن المحافظة على الأوضاع القائمة التي يرتاح لها.

ثالثاً: نظرية اتخاذ القرار Decision Making Theory

تقوم هذه النظرية على أساس أن الإدارة نوع من السلوك يوجد به كافة التنظيمات الإنسانية أو البشرية وهي عملية التوجيه والسيطرة على النشاط في التنظيم لاجتماعي ووظيفة الإدارة هي تنمية وتنظيم عملية اتخاذ القرارات بطريقة وبدرجة كفاءة عالية، ومدير المدرسة يعمل مع مجموعات من المدرسين والتلاميذ وأولياء أمورهم والعاملين أو مع أفراد لهم ارتباطات اجتماعية وليس مع أفراد بذاتهم.

وتعتبر عملية اتخاذ القرار هي حجر الزاوية في إدارة أي مؤسسة تعليمية، والمعيار الذي يمكن على أساسه تقييم المدرسة هي نوعية القرارات التي تتخذها الإدارة المدرسية والكفاية التي توضع بها تلك القرارات موضع التنفيذ، وتتأثر تلك القرارات بسلوك مدير المدرسة وشخصيته والنمط الذي يدير به مدرسته، ويمكن مراعاة الخطوات التالية عند اتخاذ القرار:

1- التعرف على المشكلة وتحديدها.

2- تحليل وتقييم المشكلة.

3- وضع معايير للحكم يمكن بها تقييم الحل المقبول والمتفق مع الحاجة.

4- جمع المادة (البيانات والمعلومات).

5- صياغة واختيار الحل أو الحلول المفضلة واختيارها مقدما أي البدائل الممكنة.

6- وضع الحل المفضل موضع التنفيذ مع تهيئة الجو لتنفيذه وضمان مستوى أدائه ليتناسب مع خطة التنفيذ ثم تقويم صلاحية القرار الذي اتخذ وهل هو أنسب القرارات

رابعاً: نظرية المنظمات: Organization Theory

تعتبر التنظيمات الرسمية وغير الرسمية نظاماً اجتماعيا كلياً في نظرية التنظيم، ومن خلال النظام تكون الإدارة أحياناً عاملاً يزيد أو ينقص من التعارض بين أعضاء المجموعات والمؤسسات أو المنظمة - المدرسة - فنظرية التنظيم هي محاولة لمساعدة الإداري ليحلل مشاكل المنظمة وترشده في خطته وقراراته الإدارية كذلك تساعده ليكون أكثر حساسية لفهم المجموعات الرسمية وغير الرسمية التي لها علاقة بها.

خامساً: نظرية الإدارة كوظائف ومكونات:

لا تخرج وظائف الإدارة التي أشار إليها سيرز عن مجموعة الوظائف التي أشارإليها سابقوه، وفي مقدمتهم المهندس الفرنسي " هنري فايول " والوظائف الرئيسية للإداري في ميادين الإدارات المختلفة كما يحددها سيرز هي: التخطيط، التنظيم، التوجيه، التنسيق، والرقابة، وتقابل بالترتيب مصطلحات: Planning Organizing ,Directoring ,Co-ordenating and Controlling, وعند تحليل هذه الوظائف يمكن الكشف عن طبيعة العمل الإداري في لميادين المختلفة، حيث أن الوظائف نفسها هي ما يقوم به الإداري.

التخطيط

ففي عملية التخطيط، يحتاج الإداري إلى تدارس لظروف استعداداً لاتخاذ قرارات ناجحة وعملية، تأخذ بعين الاعتبار طبيعة الأهداف والإمكانات المتوفرة لتحقيقها، والعقبات التي تعترض التقدم نحو الأهداف وموقف العاملين منها. وفي عملية التنظيم يحتاج إلى أن يضع القوانين والأنظمة والتعليمات لى صورة ترتيبات في الموارد البشرية والمادية، بما يسهل عمليات تنفيذ الأهداف المتوخاة على المنظمة أو التنظيم الذي ينشأ عن الترتيبات.

التوجية

وفي عملية التوجيه ينشّط الإداري إجراءات التنفيذ بالتوفيق بين السلطة التي يكون مؤهلاً لها من خلال صلاحيات مركزه والسلطة المستمدة من ذكائه ومعلوماته وخبراته المتمثلة في إدراكه الشامل لأهداف المنظمة، وطبيعة العمل المناط بها، وإمكاناتها المادية والبشرية، والقوى والظروف الاجتماعية المؤثرة عليها. وفي عملية التنسيق، يحتاج الإداري إلى جعل كل عناصر التنظيم وعملياته تسير بشكل متكامل لا ازدواجية فيه ولا تناقض، بحيث توجه الجهود بشكل رشيد نحو الأهداف المرسومة في نطاق الإمكانات المتوفرة، وفي حدود ما تسمح به القوى الاجتماعية والاقتصادية ولسياسية والثقافية في بيئة التنظيم.

الرقابة

أما الرقابة فهي متابعة مباشرة أو غير مباشرة لمؤسسة لتقييم نظام عملها، ومدى جدواه على ضوء الأهداف المنتظرة منها.

سادساً: نظرية القيادة Leadership Theory

تعتبر القيادة التربوية للمؤسسة التعليمية مـن الأمـور الهامـة بالنـسبة للمجتمـع عامـة وبالنـسبة لإدارة التعليمية والمدرسية بصفة خاصة، نظراً لعلاقتها المباشرة بأولياء لأمور والمدرسين والتلاميـذ، والقيـادة ليـست ببساطة امتلاك مجموعة من صفات أو احتياجات مشتركة، ولكنها علاقة عمل بين أعضاء المدرسة أو المؤسسة التربوية، ويمكن القول إن هذه النظرية تقترب من أفكار نظرية العلاقات الإنسانية في كونها تركـز عـلى بلـوغ الهدف لطبيعي للإنسان .

سابعاً: نظرية الدور Role Theory

إذا افترضنا أن مدير المدرسة يخطط لتكوين فريق رياضي لمدرسته - فمن يكلف بهـذه المـسؤولية - وإذا كلف أحد مدرسي التربية الرياضية ذلك ولم يستطع أن ينجح في تكوين الفريق المناسـب، مـاذا يفعـل مـدير المدرسة , ما موقف بقية مدرسي التربية الرياضية الآخرين ليشاورهم كجماعة فربما يحدث تصادماً في الرأي ، وعليه في مثل هذه الحالات يجب على مدير المدرسة أن يعـرف الـدور المتوقـع مـن كـل مـدرس في المدرسـة وكذلك توقعات الجماعة التي ينتمون إليها، مع مراعاة توقعات ومتطلبات المدرسة بشكل عامة.

تهتم هذه النظرية بوصف وفهم جانب السلوك الإنساني المعقد في لمؤسسات التعليمية (المدارس). فيجب عليه أن يولي اهتماماً خاصاً للمهارات، المقدرات والحاجات الشخصية لكل مدرس ويتخذ مـن الإجـراءات مـا يعزز وسائل الاتصال بينهم وبينه وطبيعتهم اجتماعياً وتنمية معلوماتهم حتى يمكن أن يكون دور كـل واحـد منهم إيجابياً وفعالاً ومساعداً على تحقيق هدف المدرسة.

ثامناً: نظرية النظم System Theory

لقد شاع استعمال هـذه النظريـة في لعلـوم البيولوجيـة والطبيعيـة، وكـذلك شـاع استخدامها في لعلـوم الاجتماعية الأخرى ، والتي من بينها علم الإدارة التعليمية والمدرسية، وتفسر هـذه النظريـة النظم المختلفـة بأنها تتكون من تركيبات منطقية بواسطة تحليلها تفسر الظواهر المعقدة في المنظمات أو المؤسسات في قالب كمي بالرغم من أن البحوث التطبيقية المتعلقة بالتغير في المواقف أو الدراسات الاجتماعية تكون أحياناً غـير عملية أو غير دقيقة ، تقوم هذه النظرية على أساس أن أي تنظيم اجتماعياً أو بيولوجياً أو علميـاً يجـب أن ينظر إليه من خلال مدخلاته وعملياته ومخرجاته ، فالأنظمة التربوية تتـألف مـن عوامل وعناصر متداخلـة متصلة مباشرة وغير مباشرة وتشمل: أفراد النظام، جماعاته الرسمية وغير الرسمية، الاتجاهـات السـائدة فيـه ودافع النظام والعاملين فيه، طريقة بنائه الرسمي، التفاعلات التي تحدث بـين تركيباتـه ومراكزهـا، والسـلطة التي يشتمل عليها.

نشأة أسلوب تحليل النظم

وترجع نشأة أسلوب تحليل النظم إلى ما بعد الحرب العالمية الثانية، عنـدما استخدمه الجيـش الأمـريكي فيما عرف باسم (بحوث العمليات)، ومـن هنا انتقـل إلى الميـادين الأخـرى، بيد أن الاهتمام به في التعلـيم بدأ مؤخراً، وبدأ يظهر بصورة واضحة منذ العقد السادس مـن القـرن "العشرين" وكان ذلك عـلى يـد عالم الاقتصاد بولدنج (Bolding) وبكلي (Buckley) عالم الاجتماع، وقد جاء هذا الاهتمام نتيجة "لتزايد الاهتمام بالتعليم ونظمه من ناحية، وتركز الاهتمام على اقتصاديات التعلـيم مـن ناحيـة أخـرى". وأسـلوب النظم في الإدارة يشير إلى عملية تطبيق التفكير العلمـي في حل المـشكلات الإداريـة، ونظرية النظم تطرح أسـلوباً في

التعامل ينطلق عبر الوحدات والأقسام وكل النظم الفرعية المكونة للنظام الواحد، وكذلك عبر النظم المزاملة له، فالنظام أكبر من مجموعة الأجزاء.

أما مسيرة النظام فإنها تعتمد على المعلومات الكمية والمعلومات التجريبية والاستنتاج المنطقي، والأبحاث الإبداعية الخلاقة، وتذوق للقيم الفردية والاجتماعية ومن ثم دمجها داخل إطار تعمل فيه بنسق يوصل المؤسسة إلى أهدافها المرسومة .

تاسعاً : نظريات أخرى في الإدارة المدرسية

1- نظرية البعدين في القيادة:

يظهر تحليل سلوك القائد ودراسته على أن هناك نمطين من السلوك هما: السلوك الموجه نحو المهمة والسلوك الموجه نحو الناس. وهناك من القادة من يطغى على سلوكه البعد الأول وهناك من يطغي على سلوك البعد الثاني. وأكثرية القادة يكون سلوكهم متوازناً.

2- نظرية التبادل في تقرير القيادة لهومان Homan :

يمكن استخدام هذه لتفسير متى يستطيع الفرد أن يتخذ القرار ويمارس القيادة وفي هذه يفكر الفرد بالمردود الذي سيناله إذا ما اتخذ موقفاً قيادياً في مشكلة ما ثم ينظر إلى ما سيكلفه ذلك من فقدان تقبل الجماعة له وبذل مزيد من الجهد... الخ، ثم يقارن المردود بالتكاليف لتبرير قيامه بالقيادة أم لا. ويتسم سلوك المرؤوس بنفس الأسلوب حيث يقوم بمقارنة المردود بالكلفة لتقرير فيما أنه سيبقى تابعاً بدلاً من أن يقود.

3- نظرية تصنيف الحاجات لماسلو Maslow

يعتبر ماسلو أن القوة الدافعة للناس للانضمام للمنظمات والمؤسسات الإدارية

وبقائهم فيها وعملهم باتجاه أهدافها هي في الحقيقة سلسلة من الحاجات، وعندما تشبع الحاجات في أسفل السلسلة تظهر حاجات أعلى يريد الفرد إشباعها ، وهكذا يستمر الاتجاه إلى أعلى، وتصنف الحاجات من وجهة نظر ماسلو إلى: حاجات فسيولوجية (جسمية) أساسية كالطعام والماء والسكن والهواء.. الخ

الانتماء الاجتماعي (حب – انتماء – تقبل الآخرين) الأمان والضمان الفسيولوجي والمالي.

الاحترام (احترام الذات وتقدير الزملاء) وينبغي ان ندرك بأن الحاجة المشبعة ليست محفزاً، ولكن تظهر حاجة أخرى محلها كمحفز، وحاجات الفرد متشابكة ومعقدة ويميل الفرد إلى السلوك الذي يؤدي إلى تحقيق حاجاته المحفزة.

4- نظرية إدارة المصادر البشرية:

إن من أهم مسلمات هذه النظرية:

أ – أن يهيئ البناء الداخلي للمنظمة مناخا يزيد من نمو الإنسان وحفزه لكي يتحقق الحد الأعلى لفاعليتها.

ب- إن إدراك الإداريين لقدرات المنظمة لإدارية يزيد من مساهمتهم في اتخاذ القرارات مع التأكيد على المعرفة والخبرة والقدرة على الخلق والإبداع لديهم.

جـ - تتطلب المساهمة البناءة مناخاً يتصف بالثقة العالية والوضوح.

د- التركيز على مرونة العمل في المنظمة الإدارية أكثر من التركيز على التسلسل الهرمي.

هـ - يعود النفوذ واللامبالاة والأداء السيئ لعدم إلى عدم رضى العاملين عن وظائفهم أكثر من أن تعزى إلى نوعيتهم.

إن استخدام هذا الأسلوب في لمؤسسات التربوية يعني أخذ الطالب من المكان الـذي هـو فيـه إلى المكـان الذي يستطيع الوصول إيه وكذلك بالنسبة لكل العاملين.

5-   **نظرية الاحتمالات أو الطوارئ:**

وتؤكد هذه النظرية على الأسس التالية:

1-   ليست هناك طريقة واحدة مثلى لتنظيم وإدارة المدارس.

2-   لا تتساوى جميع طرق التنظيم والإدارة والفاعلية في ظرف معين، إذ تعتمد الفاعليـة عـلى مناسبة التصميم أو النمط للظرف المعين.

3-   يجب أن يبنى الاختيار لتصميم التنظيم ولنمط الإدارة عـلى أسـاس التحليـل الـدقيق والاحـتمالات المهمة في الظرف المعين.

4-   وحيث أن الإدارة هي العمل مع ومن خـلال الأفـراد والمجموعـات لتحقيـق أهـداف المنظمـة فـإن الاحتمال المرغوب هو ذك الذي يدفع المرؤوسين إلى اتباع سلوك أكثر إنتاجاً وفاعلية من أجل تحقيق أهداف المنظمة.

الفصل الخامس
وظائف الإدارة المدرسية

- ❖ التخطيط
- ❖ اتخاذ القرار
- ❖ التنظيم
- ❖ التوجيه والقيادة
- ❖ الاتصالات الإدارية
- ❖ الحفز الإنساني
- ❖ الرقابة الإدارية
- ❖ التقويم

التخطيط

مقدمـــة

التخطيط فكرة حديثة نسبيا، لاقت اهتماما كبيرا في مختلف دول العالم ، وقد أنشأت الكثير منها وزارات ومجالس للتخطيط ومعاهد متخصصة لتأهيل الإداريين وتزويدهم بالمهارات الرئيسة لوضع الخطط وبـرامج الأعمال. وكان أول من طور فكرة التخطيط ووضعها في إطار متكامل للعمـل المنهجـي العلمـي هـو الإداري النرويجي الجنسية **كريستيان ستانهيدر** عام 1910 ثم مـا لبثـت نظريـات التخطيط التي وضعها ستانهيدر منهجا علميا للتخطيط والتنمية في الدول الغربية والنامية، وفي أوروبـا الـشرقية كانـت الـنظم الـسياسة فيهـا وحتى 1990 تعتمد أساسا على منهجية التخطيط الاقتصادي لإحداث التنمية.

ماهية التخطيط:

نظرا لأهمية التخطيط كان هناك اهتمام بالغ به من قبل الكتاب والباحثين ولذلك ظهـرت عـدة مفاهيم وتعار يف للتخطيط، فلقد عرف **هنري فايول** التخطيط بأنه **"يشتمل على التنبؤ بالمستقبل بما سيكون عليـه مع الاستعداد لهذا المستقبل".**

- ويعرفه اليوت **"بأنه محاولة لتطبيق المنطق والعقل وبعد النظر لتنظيم مـصالح البـشر وتحقيق الأهداف الإنسانية ".**

- ويعرف داترستون التخطيط **"بأنه عملية ذهنية منظمة لاختيار أفضل الوسائل الممكنة لتحقيق أهداف محدودة ".**

ويرتكز هذا المفهوم على عدة أمور هي:

1. أنه عملية ذهنية.

2. يرتكز على المستقبل والتنبؤ بهذا المستقبل.

3. يعتمد التخطيط على الإمكانيات المتاحة.

4. يقوم التخطيط على اختيار بـديل مـن عـدة بـدائل، بمعنـى أنـه إذا لم يكـن هنـاك بـدائل فـلا حاجـة للتخطيط.

ويقول جورج تيري أن التخطيط هـو "الاختيار المـرتبط بحقـائق ووضـع واسـتخدام الفـروض المتعلقـة بالمستقبل عند تصور وتكوين الأنشطة المقترحة والتي يعتقد بضرورتها لتحقيق النتائج المنشودة ".

ومن هنا يظهر لنا أن التخطيط يقوم على الحقائق وليس على أساس العواطف والرغبات، كـما أنـه يقـوم على خبرة المدير، لذلك هو عملية ذهنية يعتمد على قدرة المدير في تصور النمـوذج المقـترح للأنـشطة بوضوح في ذهنه.

كما أن التخطيط يهتم بالمستقبل وكيفيـة التعامـل مـع المسـتقبل وتوقـع الأحـداث والإعـداد للطـوارئ والتغيرات لذلك يعتبر التخطيط مثل الجسر الذي نعبر بواسطته من حيث المكان الموجـودين فيـه إلى المكـان الذي نريد الوصول إليه.

ونستطيع القول في النهاية أن التخطيط هو (عمل ذهني يتم بموجبـه اسـتقراء المـاضي ودراسـة الحـاضر وتصور المستقبل للوصول إلى الهدف بأفضل النتائج وأقل التكاليف وأكثر العوائد).

مفهوم التخطيط (Planning Conception):

ذكرنـا سـابقا أن العمليـة الإداريـة تتكـون مـن وظـائف محـددة هـي: التخطـيط، التنظـيم التوجيـه، الرقابة. نلاحظ أن التخطيط هي الوظيفة الأولى للعملية الإدارية، ومنها تبـدأ مهامهـا الوظيفيـة التـي تنتهـي بوظيفـة الرقابـة التـي تزودنـا بالمعلومـات الـضرورية عـن مـا تـم انجـازه في المؤسسة كنتيجـة لعمليـة التخطيط، ومن هذه المقدمة البسيطة يمكننا تعريف وظيفة التخطيط بأنها (إحدى وظائف الإدارة أو

المدير، وإحدى مكونات العملية الإدارية، وعمل يسبق التنفيذ، وبموجبه يتم تحديد الأهداف المطلوب تحقيقها في المؤسسة خلال فترة زمنية محددة). وبناء على ما تقدم يمكننا أن نفهم ماهية التخطيط من خلال النقاط التالية :

1. أن التخطيط يسبق أي عمل تنفيذي آخر في أوله تتحدد البداية وفي نهايته يتحقق الهدف المراد الوصول إليه.

2. التصور يشكل دعامة أساسية لعملية التخطيط، فالتخطيط بدون تصور لا يعد تخطيطا علميا، ولكي يكون التصور ملائما لا بد من توافر معلومات موثقة عن الماضي، حيث أن التصور يقوم على أساس تحليل الماضي ووضع التصور لما سيكون عليه الوضع في المستقبل، إذن التصور يرصد التغيرات البيئية المؤثرة في نشاط المنظمة ويحاول التعرف على اتجاهاتها المستقبلية حتى لا تفاجأ بها المنظمة.

3. يجب التمييز بين التخطيط والخطة، فالتخطيط يقوم بوضع وتحديد الأهداف، ويضع القواعد والإجراءات التي يعتقد المخطط أنه لو تم تنفيذها بدقة فإن الوصول إليها وانجازها يكون أمرا سهلا، إذن التخطيط هو الجهد الذي يبذله المخططون من أجل وضع وصياغة الأهداف العامة والتفصيلية التي توصل إليها المخططون.

4. عندما يتم تحديد زمن معين لإنجاز كل هدف من تلك الأهداف الموضوعة بالخطة، نقول أن الخطة تحتوي على برامج عمل عديدة يتحدد فيها الزمن والقواعد والإجراءات اللازمة للتنفيذ، وهذه الأمور يجب التقيد بها، نفهم من ذلك أن الخطة هي امتداد لعملية التخطيط وكلاهما يعتبران معيارا للحكم على نجاح أو فشل هذا العمل وذلك من خلال مقارنة الإنجاز الفعلي مع ما هو محدد ومرسوم بالخطة.

وهكذا نجد أن العمل الإداري داخل المنظمة أساسه عملية التخطيط باعتباره الأداة الفعالة لمواجهة المتغيرات التي تحصل في المستقبل وتؤثر سلبا أو إيجابا على عمل وحياة المنظمة.

أهمية التخطيط:

لا أحد ينكر أن التخطيط هو الأساس الذي يقوم عليه العمل الإداري كله باعتباره الوسيلة التي يعتمد عليها رجل الإدارة في مواجهة المستقبل، فالمستقبل مجهول وإذا لم يضع الإنسان في حسابه هذا المجهول ولم يتخذ الاحتياطات اللازمة لمواجهة الظروف المتوقعة ولم يفكر مسبقا فيما ينبغي عليه القيام به من أعمال قبل تنفيذها فإنه قد يضل عن الطريق الصحيح الذي يقوده إلى تحقيق الهدف الذي يسعى إليه، فبدون التخطيط تعم الفوضى وتسير الجهود بصورة عشوائية وتنحرف عن مسارها السليم، ومن خلال هذا كله يتضح لنا مدى أهمية التخطيط ومدى الاهتمام الذي يجب أن يعطى للتخطيط من قبل المديرين خاصة وكل فرد في المجتمع عامة، ونستطيع أن نوضح أهمية التخطيط من خلال النقاط التالية:

1. التغلب على حالة عدم التأكد ومواجهة التغيرات التي قد تحدث:

لا يمكن لأي إنسان مهما كانت قدرته و دقته في تقدير الظروف أن يقول بأن حدثا ما سيحدث حتما لأن أحداث المستقبل غيبية و ما يتوقعه الإنسان لا يخرج عن كونه تكهنا يحتمل أن يحدث أو لا يحدث ذلك لأن الماضي و الحاضر ندركهما بحواسنا أما المستقبل فلا ندركه إلا بالخيال وحده.

والتخطيط يعتمد على عملية التصور وكما نعلم أن التصور بما سوف يقع من أحداث أمر يخرج عن طاقة البشر لأنه من اختصاص الله وحده عالم الغيب،

ولكن المقصود من ذلك كله هو تحديد الاتجاه بشكل عام أو تعيين عـدد مـن الاحـتمالات الـتي ينتظـر أن تحدث وكلما كان رجل التخطيط واسع الأفق كانت توقعاته أكثر شـمولاً وأقـرب إلى الواقع الفعـلي، ومـن الطبيعي أن تحديد اتجاهات الأحداث يقلل من مقدار الشك في وقوعها، كما أن حصر الاحتمالات تمكن رجل الإدارة من تقدير موقفه فيستطيع أن يضع خطة مرنة أو عدداً من الخطط البديلة لمواجهـة كـل الاحـتمالات المتوقعة، فالمستقبل أمر مجهول والسمة الأساسية له عدم التأكد والطريق الوحيد لمواجهـة أخطار المجهـول هو التخطيط وحده

2. تركيز الضوء على الأهداف:

معنى ذلك السير بخطى ثابتة نحو الأهداف وكما نعلم أن الهدف هو نقطـة البدايـة في أيـة خطـة كما أنه الغاية التي تسعى إليه الخطة ومادام هناك نية القيام بالتخطيط فلابد من التفكير في الأهـداف الـتي سنصل إليها بحيث تكون هذه الأهداف واضحة وممكن الوصول إليها وكلمة وضـوح أي أن تكـون مفهومـة لكل المستويات الإدارية العليا والتنفيذية لأن مـن سـيطبق الخطة هـم العـمال المنفـذون فيجـب أن تكـون واضحة لهم، ونظرا لأن العمل الإداري الدائم قد يشغل المديرين فيهتمون بعملهم اليومي وينسون المستقبل فإن وضع الأهداف أمامهم يجعلهم يربطون ما بين الحاضر والمستقبل ولا يمكن أن يـتم ذلك إلا مـن خـلال التخطيط الذي يجعل الأهداف أمام أعينهم فيسلكون الطريق الصحيح ويصححون من سلوكهم كلـما وجـدوا أن هناك انحرافا عن السبيل الذي يؤدي إلى تحقيق الأهداف.

3. التنسيق بين كافة الإدارات والأقسام:

كـــما أوضـــحنا ســـابقاً أن التخطـــيط يعمـــل عـــلى تحقيـــق الهـــدف النهـــائي

للمنظمة ولكي تصل المنظمة إلى تحقيق ذلك لابد لها من تحقيق أهداف جزئية لكل دائرة أو قسم داخل المنظمة ومن أجل أن تحقق الهدف النهائي فلابد من التنسيق بين كافة الإدارات النهائية التي تسعى إليها المنظمة كما أن التخطيط يركز الانتباه على الحاجة إلى التعديل في الأساليب المستخدمة في العمل إذا احتاج الأمر لذلك ، والتعديل على الإجراءات والسياسات المنبثقة لتصبح أكثر فاعلية في تحقيق الأهداف.

4. الاقتصاد في النفقات:

تهتم الخطة برسم الصورة التي ستكون عليها الأعمال في المستقبل ومن الناحية المالية تترجم هذه الأعمال إلى إيرادات ونفقات ، والتخطيط السليم هو الذي يعمل على تخفيض النفقات وزيادة الإيرادات وعلى الأقل أن لا يجعل النفقات المتوقعة تزيد عن الإيرادات المرتقبة إلا في أحوال نادرة عندما يكون التخطيط طويل الأجل ويتوقع تحقيق خسائر في الأجل القصير والتخطيط دائماً يتفادى العشوائية والارتجال التي تؤدي إلى الإسراف والتبذير، فالمخطط دائما يضبط نفقاته في الحدود التي تسمح بها الإيرادات وكل هذه الأمور تكون واضحة من خلال الميزانية التي نعبر عنها بالأرقام (**الإيرادات+ النفقات**) ومن ثم إقرار هذه الميزانية فيجب الالتزام بها ولا يجوز الانحراف عنها إلا في حالات نادرة بمعنى أنه لا يمكن أن تزيد النفقات عن ما هو موجود داخل الميزانية إلا إذا كانت هناك أسباب مقنعة وهناك تأكد أيضا بأن الإيرادات ستزيد بصورة أكبر عن ما هو داخل الميزانية.

5. تسهيل عملية الرقابة:

لا يمكن أن نتصور عمل ما يتم دون أن تكون هناك عملية رقابة على من

ينفذون هذه الأعمال ولكي تتم عملية الرقابة بصورة فعالة لابد من وضع معايير مقنعة توضع مقدما لكي يقاس بناء عليها ما أنجز من أعمال ومن هنا تبرز أهمية التخطيط حيث أنه يوضح ما يجب انجازه من أعمال والطرق والأساليب التي لابد من استخدامها لانجاز تلك الأعمال والوقت الذي ينبغي أن لا يتجاوزه المنفذ في ذلك ومن هنا يسهل التخطيط للإدارة متابعة كافة الأعمال لكي تتأكد من حسن سير العمل أو بجعلها تتعرف على ما يصادف العمل من عقبات فتعمل على تذليلها وإذا ما انحرف فتعمل على تقويم اعوجاجها حتى تضمن الوصول إلى تحقيق الأهداف في الموعد والوقت المحدد تماما.

مما سبق يتضح لنا أنه بدون التخطيط تصبح المنظمة تائهة وتصبح قراراتها عشوائية ويمكن تشبيهها بالسفينة التي لا يعرف ربانها متى وكيف وأين سيبحر... ولماذا؟ .

فوائد التخطيط:

للتخطيط فوائد عديدة يمكننا التعرف عليها على النحو الآتي:

1. يعد التخطيط نقطة الانطلاق لتنفيذ باقي وظائف الإدارة، وبدونه يصعب الحكم على كفاءة الإداريين.

2. التخطيط يساعد المنظمة على مواجهة المنافسة في السوق، فيمكن مثلا للمنظمة ابتكار سلع جديدة. تفاجئ بها المنافسين في السوق، أو تطوير سلعة معينة أو إحداث تغييرات في طرق العمل، أو إلغاء السلع التي استنفذت جدواها الاقتصادية . . ألخ وأن جميع هذه العوامل ضرورية لنجاح الإدارة الحديثة.

3. أن التخطيط الجيد هو الذي يفسح المجال للتنسيق بين أنشطة الإدارات و الأقسام، وينظم جهود الأفراد ويمنع الازدواجية في أداء هذه الأنشطة، ويمنع

كذلك التكرار الذي لا مبرر له، كما يزيد من التفاهم والتعاون بينهم، وهناك ميزة أخرى مهمة وهي أن التنسيق يزيد من كفاءة استخدام الموارد المالية والمادية وبالتالي تقليل تكلفة الإنتاج ورفع مستوى الجودة لمنتجات المنظمة.

4- يعمل التخطيط من خلال التصور المستقبلي على التصدي للمفاجآت التي قد تواجه مسيرة المنظمة في المستقبل ، فيخفف من الآثار الضارة للمفاجآت السلبية أما المفاجآت الإيجابية فقد تكون فرص استثمار مربعة يجب اقتناصها والاستفادة منها.**الحاجة إلى التخطيط في منظمات الأعمال**:نشأت الحاجة إلى التخطيط العلمي من حقيقة أن جميع منظمات الأعمال تقريبا تعمل في بيئات مختلفة ومتنوعة وفي داخل كل بيئة تحدث متغيرات مستمرة وغير ثابتة، ولهذا السبب لا بد للمنظمات أن تقوم بعملية تصور لمعرفة هذه المتغيرات وتحديد اتجاهاتها ورصد تأثيراتها على المنظمة والاستعداد مسبقا لمواجهتها من خلال التخطيط السليم الذي يخفف من درجة عدم التأكد، ومن أمثلة هذه المتغيرات ما يلي: التغير التكنولوجي، التغير في السياسات الحكومية ، التغيرات الاقتصادية كالتضخم والمنافسة، والتغير في الموارد البشرية والطبيعية ثم التغير في المعايير والاتجاهات الاجتماعية داخل المجتمع وغيرها من التغيرات التي يصعب أحيانا التنبؤ بها أو السيطرة على مخاطرها .

كما نشأت الحاجة إلى التخطيط لرغبة المؤسسة بتطوير معدلات الأداء للأفراد

الاستخدام الأمثل للموارد، فالزمن أصبح في عصرنا الراهن أساسا للعمل الاقتصادي و الإداري من أجل تحقيق أهداف المنظمة .

وخلاصة هذه المناقشة حول ماهية التخطيط وفوائده والحاجة إليه يمكننا القول أننا بحاجة إلى التخطيط لنضمن للمنظمة النمو والبقاء والاستمرار فقد

أثبتت الدراسات أن الكثير من المؤسسات التي يتم تصفيتها وجد أنها لم تكن تطبق التخطيط العلمي عـلى أنشطتها.

أنواع التخطيط

التخطيط حسب الفترة الزمنية:

ويقسم حسب هذا النوع إلى ثلاثة أنواع:

1. التخطيط طويل الأجل:

وهو الذي يغطي فترة زمنية مستقبلية طويلة، ويصعب تحديد فترة زمنية له ولكنه في الغالب يزيـد عـن الثلاثة سنوات ، ويعتمـد في ذلك عـلي طبيعـة النـشاط الـذي تزاولـه المنظمـة والظروف البيئيـة الخارجيـة والداخلية التي تحيط بالمنظمة ويمكن القول أن مثل هذا النوع من التخطيط يدخل ضمن مفهوم التخطيط الاستراتيجي.

2. التخطيط متوسط الأجل:

اتفق الكثير من علماء الإدارة على أن هذا النوع من التخطيط يغطي فترة لا تقل عن السنة ولا تزيد عـن الثلاثة سنوات، ويتميز هذا النوع من التخطيط بأن الأهداف تكون أكثر تفصيلية مـن الأهـداف في التخطيط طويل الأجل.

3. يمكن تقسيمر الأجل:

وهو ذلك النوع من التخطيط الذي تقل الفترة فيه عـن الـسنة، ويـتم اقتبـاس أهدافـه مـن التخطيط متوسط وطويل الأجل ، وتكون الأهداف أكثر تفصيلية، حيث يتحدد في الجدول اليومي والأسبوعي والـشهري للعمل وكيفية انجازه.

التخطيط حسب المستوى الإداري:

يمكن تقسيم التخطيط حسب المستوى الإداري أيضا إلى ثلاثة أقسام:

التخطيط علي مستوى الإدارة العليا:

تقوم الإدارة العليا بمثل هذا النوع مـن التخطيط وكمـا ذكرنـا سـابقا أن الإدارة العليـا تتمثـل في أعـضاء مجلس الإدارة أو رئيس مجلس الإدارة أو مديري العموم، ويتميز هذا النوع من التخطيط بأنه يغطي فتـرة زمنية طويلة وتتميز ببعدها الاستراتيجي كالخطط المتعلقة بتحديد رسالة المنشأة أو تحديـد الهيكـل الإداري والمالي للمنشاة.

2. التخطيط علي مستوى الإدارة الوسطى:

وتتمثل الإدارة الوسطى عادة في مساعدي المدير ورؤساء الأقسام ومديري الإدارات الفرعية على المـستوى الفرعي الواحد ، أو تلك الإدارة التي تقع بين الإدارتين العليا والتنفيذية (الدنيا) ، ومثـل هـذه الخطط تكون أكثر تفصيلا من الخطط على مستوى الإدارة العليا وتسمي بـالخطط التكتيكيـة ، وتغطي عـادة مثل هـذه الخطط فترة زمنية متوسطة، ويتم فيها تحديد الخطوات الواجب اتخاذها من قبل الإدارات والأقسام للوصول للأهداف التفصيلية.

3. التخطيط علي مستوى الإدارة الدنيا:

التخطيط في هذا المستوى لفترة أقل من سنة، وتقوم الإدارة الدنيا المتمثلة في المشرفين ورؤساء الـشعب عادة بمثل هذا النوع من التخطيط، الذي يتميز بطبيعته التشغيلية لذلك يسمى بـالتخطيط التـشغيلي الـذي يسهم في تحقيق الأهداف التكتيكية والإستراتيجية .

عناصر التخطيط

1. الأهداف:

لابـد لكـل منظمـة مـن أن تحـدد مجموعـة مـن الأهـداف العامـة ، فنجـاح التخطـيط

يعتمد - بعد توفيق الله - على هدف أساس مشترك ،ويمكن أن تعرف الأهداف بأنها (الأغراض والغايات والتي يراد تحقيقها في المستقبل)، وتتدرج الأهداف بحسب أهميتها فالأهداف الأساسية والمهمة تكون في قمة الأولويات وتتدرج عل نحو هرمي حسب درجة الأهمية. وتكون هناك أهداف أساسية للمنشأة تتفرع ليكون لكل قسم أهدافه التي لا تنفصل عن الهدف الأساس العام للمنشأة.

2. السياسات:

إذا اعتبرنا أن الأهداف هي النهاية التي يريد أن يصل إليها المدير، فإن السياسات ترشده إلى تحقيق هدفه في الوصول إلى تلك النهاية.

يمكن تعريف السياسات بأنها (مجموعة المبادئ والقواعد والقوانين التي توضع للاسترشاد بها). وهي الإطار الموجه لعملية تنفيذ الأهداف وتحقيقها.

يجدر الإشارة إلى أن بعض السياسات تفرض عل المنشأة من جهات خارجية، مثل بعض الأجهزة الحكومية والنقابات المنهية والعمالية ونحو ذلك.

3. الإجراءات:

الإجراءات هي الخطط التي توضح الطريقة التي تتبع عادة لمعالجة موضوع معين، أنها تبين خطوات العمل التي تتم لتحقيق هدف معين وكيفية تلك الخطوات، وتعرف الإجراءات بأنها (**سلسلة الأعمال** والخطوات والمراحل التي يجب إتباعها لتنفيذ عمل ما)، وتختلف الإجراءات عن السياسات في أنها أكثر تحديدا لما يجب القيام به في حين أن السياسات تعد أعم وأشمل، ومن أمثلة الإجراءات، تلك المتعلقة بالتوظيف أو تلك التي يمر بها طالب الإجازة.

4.القواعد:

القاعدة هي ما يجب القيام به وما يجب الامتناع عنه من أفعال وتصرفات

وسلوك ويمكن أن نطلق عليها كلمة قوانين أو نظام , والقواعد تحدد بدقة ما يجب الامتناع عنه أو ما يجب عمله في موقف معين وهي في الغالب تتخذ شكل الأوامر والتعليمات وترتبط بجزاءات وعقوبات لمن يخالفها . وإشارة المرور خير مثال للقواعد حيث أن الإشارة الحمراء تعني الوقوف وهناك عقاب لمن يخالف هذه القاعدة

خطوات التخطيط

تتكون عملية التخطيط من عدة خطواوتصنيفها كلها في الأتي:

الخطوة الأولى:تحديد الأهداف:

يعد الهدف المراد تحقيقه هو الدافع الأساس لوضع أي خطة وهو الأساس لعملية التخطيط لذلك يجب أن تحدد الأهداف مسبقا، وأن يراعى فيها الوضوح والشرعية بحيث لا تتعارض مع القيم والقوانين والعادات والأعراف السائدة وكذلك يجب أن تكون الأهداف واقعية بحيث يمكن الوصول إليها وأن تكون هذه الأهداف قابلة للقياس.

الخطوة الثانية:جمع المعلومات:

يجب أن تتوافر كل المعلومات المطلوبة في الوقت المناسب وأن تشمل هذه المعلومات جميع العوامل المؤثرة على وضع الخطة، وبعد ذلك يتم تصنيف هذه المعلومات وتصنيفها كل حسب صبغته وتحليل هذه المعلومات للوصول إلى الاستنتاجات المعينة المتعلقة بالخطة.

الخطوة الثالثة: وضع الافتراضات:

بعد الخطوتين الأولى والثانية تقوم الإدارة المختصة بوضع بعض الافتراضات بناء على المعلومات المتوفرة لأن الافتراضات هي مؤشرات لما ستكون عليه الظروف في

المستقبل، وهي تساعد المخطط في وضع صورة تقريبية للحالة التي سيكون عليها الوضع في المستقبل، وليس من المفترض أن تكون هذه الافتراضات صحيحة بشكل كامل وإنما هي مؤشرات وأدلة تساعد على تحقيق الأهداف في المستقبل.

والإفتراضات دائما تكون مبنية على بعض الحقائق المنطقية التي تؤثر على نوعية الخطة والقرار المتخذ اللذان يؤديان إلى الوصول إلى الأهداف المنشودة. وكمثال على الافتراضات أن يفترض أحد تجار العنب أن العنب سينخفض سعره في المنطقة التي هو فيها، نسبة لزيادة إنتاج العنب في المنطقة لأن عدد حقولويتم تصميمف في المنطقة وبالتالي سيكون الإنتاج وفيرا في أسوق المنطقة، وبناء على هذا الافتراض سيخطط هذا التاجر لنقل إنتاجه لسوق أخر يزداد فيه سعر العنب، يجدر الإشارة هنا إلى أن التاجر بني افتراضاته على بعض الحقائق المنطقية التي أثرت على نوع الخطة التي وضعها.

الخطوة الرابعة:تحديد البدائل والاختيار من بينها:

بناء على الافتراضات التي تم تحديدها في الخطوة السابقة فإن الإدارة تقوم بتصميم عدد من الخطوات البديلة لتحقيق الهدف في ظل الافتراضات السابقة ويتم تصميم وتحديد هذه البدائل وتقويمها على أساس الحقائق التالية:

1. الجهد المطلوب:

يجب الأخذ في الاعتبار أن الجهد المطلوب لتنفيذ هذه البدائل لابد أن يكون معقولا وبالاستطاعة.

2. التكلفة:

لابد أن تكون تكواختيار البدائلمعقولة أي العوائد أكثر من التكاليف.

3. الجوانب الإنسانية:

لابد عند تحديد واختيار البدائل أن نضع في الاعتبار الجوانب الإنسانية لهذه البدائل التي تم تحديدها واختيارها.

4. الإمكانات المتاحة:

لابد أن تتوافق البدائل التي تم تحديدها واختيارها معالإمكانيات واختيارها.فرد أو المؤسسة.

5. المعتقدات والتقاليد والأعراف:

لابد من وضع اعتبار للمعتقدات والأعراف والتقاليد السائدة في المجتمع عند تحديد البدائل واختيارها .

فعلى سبيل المثال إذا كان الغرض أو الهدف هو قضاء فترة الصيفية خارج البلد فإن البدائل المطروحة تكون إما السفر إلي بلاد : آسيوية او أوربية ونحو ذلك.

1. أسيوية.
2. عربية.
3. أوربية.
4. أمريكية.

فهذه البدائل يتم اختيار بديل واحد منها وفق المعاير السابقة المتمثلة في التكلفة والجهد والإمكانيات المتاحة وغيرها من الاعتبارات.

الخطوة الخامسة:التنفيذ والتقويم والنتائج:

للتخطيط الجيدص بوضع البدائل التي تم اختيارها موضع التنفيذ وبعد التنفيذ تأتي مرحلة التقويم وهي المرحلة التي تهتم بتقويم النتائج ومطابقتها مع ما خطط له

فإن كان هناك أي قصور يمكن تلافيه ببعض التعديلات إما على الخطة أو على طريق تنفيذها .

شكل لخطوات التخطيط

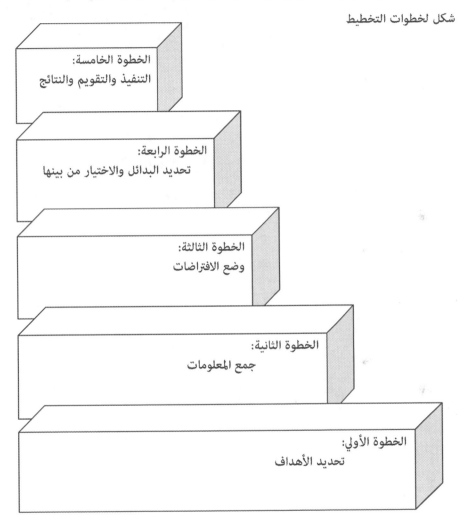

الخطوة الخامسة:
التنفيذ والتقويم والنتائج

الخطوة الرابعة:
تحديد البدائل والاختيار من بينها

الخطوة الثالثة:
وضع الافتراضات

الخطوة الثانية:
جمع المعلومات

الخطوة الأولى:
تحديد الأهداف

خصائص التخطيط الجيد (Characteristics of Good Planning):

للتخطيط الجيد في منظمات الأعمال خصائص معينة تميزه عن غيره من التخطيط الذي لا يعتمد المنهج العلمي ولا يقوم على أساس تقديرات منطقية ، ومن هذه الخصائص ما يلي:

1. ترشيد الإنفاق:

يقصد بذلك أن على المخطط أن يأخذ بعين الاعتبار موضوع الاستخدام الأمثل للموارد البشرية والمالية والمادية المتاحة ، فعليه أن يعمل وفق عنصر التكلفة المثالية بحيث لا تكون عالية.

2- المرونة:

يعمل التخطيط في ظروف عدم التأكد والغموض الذي يكتنف المستقبل، ويحاول المخطط أن يكشف عن ما سيأتي به الزمن القادم، من خلال عملية التصور ودراسة احتمالات حدوث متغيرات، فإذا ما كانت الخطة مرنة فإن ذلك سيساعد على إجراء التعديلات عندما يستلزم الأمر ذلك وهذه هي طبيعة التخطيط في منظمات الأعمال.

3.المشاركة:

ويقصد بذلك أن تقوم بعملية التخطيط لجنة من ذوي الخبرة وليس شخصا واحدا، لأن هذا الشخص غير قادر بمفرده أن يضع خطة جيدة، فطبيعة التخطيط تقتضي أن يشارك فيها جميع العاملين في المنظمة، وتقوم اللجنة بجمع وجهات النظر والآراء من الموظفين كل حسب موقعه التنظيمي.

4.التوقيت:

يقصد بذلك أن يكون للخطة جدول زمني محدد له بداية ونهاية، يلتزم به

الجميع، بحيث يضع الأعمال ضمن سلم أولويات، وبحيث يعرف أي الأنشطة سيبدأ أولا وأي الأعمال ثانيا . . . وهكذا حتى نهاية فترة الخطة.

5. الشمولية:

أن يكون اهتمام المخططين بكافة جوانب العمل في المنظمة، بمعنى أن لا يكون التخطيط نشاطا على حساب نشاط آخر أو لفرد على حساب آخر فاهتمام المخطط يجب آن يكون عادلا ومتوازنا.

6. الاستمرارية:

التخطيط عملية مستمرة لا تنتهي إلا بانتهاء حياة المنظمة.

7. المتابعة:

يجب على المسؤولية في المنظمة القيام بمهام المتابعة لأن المتابعة ضرورية حتى تكشف الانحرافات السلبية ونقوم بتصحيحها أولا بأول قبل أن تكبر ويصبح أمر معالجتها صعب ومكلف.

8. الوضوح:

أن تتصف الخطة بوضوح أهدافها والبعد ما أمكن عن التعقيد وتجنب الظن والتشويش وسوء الفهم من قبل من يقوم بتنفيذها.

9. السرية:

بعض جوانب الخطة وأهدافها يعد مهما جدا للمنظمة، خاصة تلك الجوانب المتعلقة بالسوق فهذه أمور سرية يجب المحافظة عليها حتى لا تتسرب إلى المنافسين.

10. الواقعية:

يجب أن يقوم التخطيط ومن خلال التصور على توقعات معقولة ومحسوبة وغير مبالغ فيها.

11. مراعاة العنصر الإنساني:

أي معاملة الموظفين والعمال معاملة متميزة وإنسانية ونحاول دائما رفع معنوياتهم لنضمأهدافها.يـذ الخطة وتحقيق أهدافها .

معوقات التخطيط (Planning Obstacles)

تـؤثر عـلى عمليـة التخطيط وإعـداد الخطط خـلال إعـدادها وتنالـسوق.عـض المتغيرات(صـعوبات أو معوقات) تحد من فاعليتها، فإذا استطاع القائمون على عمليـة التخطيط التـصور فإنهم سـيكونون قـادرين ومستعدين مسبقا للتعامل مع هذه التغيرات بالطريقة التي تجنب مؤسساتهم وخططهم الأضرار والخـسائر، ومن هذه المعوقات ما يلي:

ا) صعوبة التصور المستقبلي:

صعوبة الوصول إلى تنبؤات دقيقة حول المتغيرات البيئية في نشاط المنظمة، فهناك بعض الأحداث لـيس من السهل تصورها كالكوارث الطبيعية مثل الفيضانات والزلازل، التغير في أذواق المستهلكين، دخول منافسين جدد فجأة إلى السوق ... ألخ.

2) صعوبة الحصول على المعلومات:

أي أن التخطيط تنشد الحصول على المعلومـات الموثقـة والكافيـة التـي تـستند عليهـا عمليـة التخطيط وتحديد الأهداف.

3)مقاومة التغيير:

عمليـة التخطيط تنشد التغيير والتطوير والابتكار وهذه الأمور تجد في معظم الأحيان مقاومة من جانب بعض القيادات الإدارية والأفراد داخل المنظمة، لآن هؤلاء عندما يعتادون على شيء يرفضون تغييره أي أنهـم يقاومون التجديد والابتكار.

4) عدم الالتزام:

بعض العاملين من القيادات الإدارية وغيرهم من الأفراد ذوي النفوذ لا يلتزمون بعملية التخطيط، كمنهج علمي وعملي، مع أن الالتزام من جانب الجميع عنصر أساس لا غنى عنه لنجاح التخطيط والخطط وتحقيق أهدافها فلا يجوز التبديل والتغيير في الأهداف والسياسات والإجراءات إلا بإذن المدير العام أو حتى من مجلس الإدارة ، وهذا بالطبع لا يتعارض مع عنصر المرونة في التخطيط.

5) عدم توافر الموارد:

التخطيط عملية تحتاج إلى مخصصات مالية وتحتاج إلى جهد ووقت لإنجازها مما يجعل من تكلفته عالية وقد لا تكون هذه الأموال متوافرة بالمنظمة ولكن هذه المعوقات ليست بذات شأن إذا ما قورنت بالفوائد التي يحققها التخطيط العلمي السليم. والمخطط بخبرته وكفاءته يستطيع أن يتغلب على هذه المعوقات ويقلل من تأثيرها السلبي على المؤسسة.

اتخاذ القرار

مقدمة

بعد الانتهاء من عملية التخطيط ووضع الخطة وتحديد أهدافها تأتي مرحلة التنفيذ، ويقصد بمرحلة التنفيذ اتخاذ الخطوات والإجراءات والسياسات والقواعد التي ترشد القائمين على الكيفية التي تتحقق بها الأهداف. وخلال عملية التنفيذ من الطبيعي حدوث بعض المشكلات ومن الطبيعي كذلك وضع حلول معينة لها . لكن يتعين علينا أولا تحديد ماهية المشكلة بدقة لكي يتسنى وضع الحلول المناسبة، ومجموعة الحلول هذه تسمى بدائل الحلول ومن ثم القيام بتقويمها حسب معايير معينة يضعها المخطط مثل زمن التنفيذ ، تكلفة التنفيذ ... ألخ ومن ثم اختيار بديل الحل الأول، وأن بديل الحل الذي يقع اختيارنا عليه هو القرار اللازم لحل المشكلة وهو عملية اتخاذ القرار. وأن الصعوبة في عملية اتخاذ القرارات تكمن في تقويم بدائل الحلول لاختيار البديل المناسب.

مفهوم اتخاذ القرار:

يمكن تعريف عملية اتخاذ القرار بأنها:

1. عملية يتم بموجبها اختيار بديل للعمل من أجل حل مشكلة ما.
2. عملية يحدد المديرون من خلالها مشكلات التنظيم ويحاولون حلها.
3. عملية بحث عن حل وسط ويعني ذلك أنه لا يوجد بديل قادر على تحقيق الهدف غير البديل الذي تم اختياره.

عناصر اتخاذ القرار:

لاتخاذ القرار عناصر عده نلخصها فيما يلي:

1. الهدف من اتخاذ القرار:

لا يتخذ القرار إلا إذا كان هناك هدف معين ، ووضوح الهدف يساعد على اتخاذ القرار السليم ، وتعتمد أهمية القرار على درجة أهمية الهدف المراد تحقيقه.

2. الدافع:

لا يتخذ القرار إلا إذا كان وراءه دافع معين لتحقيق الهدف.

3. التصور:

وهو أمر يتعلق بتقدير ما سيحدث في المستقبل في حالة اتخاذ قرار معين ،ذلك أن معظم القرارات تتعامل مع المستقبل واتجاهاته والمتغيرات المحتملة.

4. البدائل :

البديل هو الحل الذي يتم اختياره من بين عدة بدائل حلول والذي يعتقد أنه سوف يحقق الهدف.

5. قيود اتخاذ القرار :

يواجه متخذ القرار قيودا عند اتخاذه قراراً معيناً ، مثل درجة المخاطر ،مصادر التمويل ، الخبرة .. ألخ لذا يجب عليه دراستها وأخذها في الاعتبار حتى يتأكد من صحة وسلامة قراره.

أنواع القرارات

عندما نكون بصدد اتخاذ قرار معين من الضروري معرفة نوعه، لأن معرفتنا بماهية القرارات ومصادرها، سوف يساعدنا في وضع القرار في إطاره الصحيح. والقرارات كثيرة ومتنوعة لذلك تصنف وفق معايير معينه منها:

أولا: القرارات حسب المستوى الإداري:

أ) القرارات والشخصية والقرارات التنظيمية

القرارات الشخصية : هي التي تتخذ بصفة شخصية وتقع خارج حدود سلطة الموظف وصلاحياته الرسمية و يعود تأثيرها على متخذ القرار نفسه كأن يقرر الموظف الاستقالة أو أن يقرر أسلوب معين في انجاز عمله ، ويتحمل الشخص مسؤولية نتائجها بمفرده.

أما القرارات التنظيمية: فهي التي يتخذها الإداري بمقدرته ومكانته الوظيفية وتقع ضمن حدود السلطة المفوضة له وهذا النوع من القرارات هي التي تسير العمل تدفعه إلى الأمام.

ب) القرارات الإستراتيجية والقرارات الروتينية:

هي القرارات الأساسية غير المتكررة وتتميز بأنها إبداعية ومعقدة وعادة ما يتم اتخاذ مثل هذه القرارات في مستويات الإدارة العليا في المنظمة، كإنتاج سلعة جديدة أو فتح فرع جديد للشركة وغيره من القرارات المهمة المعقدة. أما القرارات التي تتكرر باستمرار تسمى القرارات الروتينية ويتم اتخاذ معظم هذه القرارات الروتينية في مستوى الإدارة الوسطى والتنفيذية ومن أمثلة هذه القرارات صرف الرواتب، قرارات الشراء قرارات البيع وغيره من القرارات المشابهة.

ج) القرارات المبرمجة والقرارات الغير مبرمجة:

تعرف كذلك بالقرارات الهيكلية وغير الهيكلية فالقرارات المبرمجة هي تلك التي يتم اتخاذها بشكل روتيني، أو متكرر، حيث أنها تتخذ في مواقف محددة وتخضع لقواعد معينة يتم في ظلها اتخاذ مثل هذه القرارات . هذه القواعد قد تكون عن عادات سابقة في اتخاذ القرار أو أساليب مبرمجة مثل استخدام الحاسب الآلي، أو عبارة عن سياسات وأنظمة يجب إتباعها وتطبيقها عند اتخاذ أي قرار وغالبا ما تكون مستمدة من الخبرة السابقة .

أما القرارات غير المبرمجة هي القرارات غير المتكررة وغير الروتينية هي تلك التي لا يمكن معها تطبيق القواعد والإجراءات المحددة سلفا كما هو الحال بالنسبة للقرارات المبرمجة حيث أن المواقف التي يتم فيها اتخاذ مثل هذه القرارات جديدة أو أنها غير محددة بشكل واضح . وعادة ما يتم اتخاذ مثل هذه القرارات من قبل الإدارة العليا وهي تحتاج إلى مهارات متطورة في اتخاذ القرارات.

ثانيا:القرارات حسب درجة الإلحاح:

تصنف القرارات في بعض الأحيان طبقا لدرجة الإلحاح الذي يمليه الحدث على

متخذ القرار في المنظمة ، والتي يطلق عليها بعض علماء الإدارة (القرارات في ظل الأزمة) وعادة ما تتخذ مثل هذه القرارات عندما تواجه إدارة الشركة وبشكل مفاجئ حدثا غير متوقع وتقوم وفقا لذلك باتخاذ القرار وتتصف مثل هذه القرارات بالصعوبة والتعقيد النسبي.

ثالثا: القرارات حسب المصدر:

تتخذ القرارات وفق هذا التصنيف على أساس الهدف من القرار ، وهي على النحو التالي :

القرارات الإنتاجية: تتخذ من قبل إدارة الإنتاج وعادة ما تتعلق بجودة المنتج وحجمه وكمية المواد ...ألخ

القرارات المتعلقة بشؤون الأفراد: كالتدريب ، الترقية ، التعيين والإجازات وغيره من القرارات.

القرارات المالية: تتخذ من قبل الإدارة المالية كالقرارات المتعلقة بتدبير الأموال وأوجه صرفها على المشروعات ، وتحديد مصادر التمويل وغيرها من القرارات ذات الصلة.

القرارات التسويقية: تتخذ من قبل إدارة التسويق وتتعلق بتحديد السوق وأساليب الترويج للسلعة والقيام بالحملات الإعلانية وتحيد الأسعار ...ألخ.

القرارات التطويرية: تتخذ من قبل إدارة البحث والتطوير وتتعلق بابتكار سعلة جديدة أو تطبيق أسلوب إداري جديد أو تطوير مواصفات سلعة معينة وغيره من القرارات المشابهة .

خطوات اتخاذ القرار

ركز كثير من علماء الإدارة على عملية اتخاذ القرار وقد أكد العالم هربرت سايمون واضع نظرية (اتخاذ القرار) على أهمية عملية اتخاذ القرار وقال إنها هي قلب الإدارة النابض، لأنه لا يمكن للمنظمة أن تتحرك وتنمو دون ولا تدوم بدون سلسلة من القرارات الرئيسية والفرعية المتكاملة.

ولكي نتجنب أي سوء في عملية اتخاذ القرارات لا بد من إتباع الخطوات التالية والتي تشكل في مجموعها إطاراً عاماً لاتخاذ القرارات وهذه الخطوات هي:

المرحلة الأولى:

تحديد و تشخيص المشكلة:

تبدأ عملية اتخاذ القرار بملاحظة وجود مشكلة ما لذلك برزت أهمية تحديد المشكلة وتشخيصها لأن تشخيص المشكلة بطريقة خاطئة قد يؤثر سلبا على عملية اتخاذ القرار وعادة ما تتعامل منظمات الأعمال مع ثلاثة أنواع من المشاكل :

النوع الأول: المشاكل المتكررة وهي التي تتكرر حدوثها دائما ولها علاقة بالأعمال والأمور اليومية كالتأخر عن الدوام الرسمي صباحا أو خروج الموظفين قبل الدوام. وغيره من المشاكل متكررة الحدوث.

والنوع الثاني هو المشكلات الجوهرية وهي تلك المتعلقة بمشاكل التخطيط والسياسات والرقابة والتنظيم وغيرها ، التي تسعى المنظمة من خلالها إلى تحقيق أهدافها المرسومة.

والنوع الثالث المشاكل العرضية الطارئة ويقصد بها الأحداث غير المتوقعة والمفاجآت التي تحصل لأسباب داخل المنظمة أو خارجها في البيئة المحيطة كدخول منافس جديد في السوق أو ارتفاع مفاجئ في الرسوم والجمارك والضرائب ..ألخ .

المرحلة الثانية:

جمع البيانات والمعلومات:

إن فهم المشكلة فهمًا حقيقيًا، واقتراح بدائل مناسبة لحلها يتطلب جمع البيانات والمعلومات ذات الصلة بالمشكلة محل القرار، ذلك أن اتخاذ القرار الفعال يعتمد على قدرة المدير في الحصول على أكبر قدر ممكن من البيانات الدقيقة والمعلومات المحايدة والملائمة زمنيًا من مصادرها المختلفة، ومن ثم تحديد أحسن الطرق للحصول عليها، ثم يقوم بتحليلها تحليلاً دقيقًا ويقارن الحقائق والأرقام ويخرج من ذلك بمؤشرات ومعلومات تساعده على الوصول إلى القرار المناسب.

وقد صنف بعض علماء الإدارة أنواع البيانات والمعلومات التي يستخدمها المدير إلى :

1. البيانات والمعلومات الأولية والثانوية.

2. البيانات والمعلومات الكمية.

3. البيانات والمعلومات النوعية.

4. المعارف والحقائق.

المرحلة الثالثة:

تحديد البدائل المتاحة وتقويمها:

يتوقف عدد الحلول البديلة ونوعها على عدة عوامل منها:

وضع المنظمة، والسياسات التي تطبقها، والفلسفة التي تلتزم بها، وإمكانياتها المادية، والوقت المتاح أمـام متخذ القرار، واتجاهات المدير ـ متخذ القرار ـ وقدرته على التفكير المنطقي والمبدع، الذي يعتمد على التفكير الابتكاري الذي يرتكز على التصور والتوقع وخلفه الأفكار مما يساعد على تصنيف البدائل المتواترة وترتيبها والتوصل إلى عدد محدود منها.

المرحلة الرابعة:

اختيار البديل المناسب لحل المشكلة:

وتتم عملية المفاضلة بين البدائل المتاحة واختيار البديل الأنسب وفقًا لمعايير واعتبارات موضوعية يـستند إليها المدير في عملية الاختيار وأهم هذه المعايير:

1. تحقيق البديل للـهدف أو الأهداف المحددة، فيفضل البـديل الـذي يحقـق لهـم الأهـداف أو أكثرهـا مساهمة في تحقيقها.

2. اتفاق البديل مع أهمية المنظمة وأهدافها وقيمها ونظمها وإجراءاتها.

3. قبول أفراد المنظمة للحل البديل واستعدادهم لتنفيذه.

4. درجة تأثير البديل على العلاقات الإنسانية والمعاملات الناجحة بين أفراد التنظيم.

5. درجة السرعة المطلوبة في الحل البديل، والموعد الذي يراد الحصول فيه على النتائج المطلوبة.

6. مـدى ملاءمـة كـل بـديل مـع العوامـل البيئيـة الخارجيـة للمنظمـة مثـل العـادات

والتقاليد.

7. القيم وأنماط السلوك والأنماط الاستهلاكية وما يمكن أن تغرزه هـذه البيئـة مـن عوامـل مـساعدة أو معوقة لكل بديل.

8. المعلومات المتاحة عن الظروف البيئية المحيطة.

9. كفاءة البديل، والعائد الذي سيحققه إتباع البديل المختار.

المرحلة الخامسة:

متابعة تنفيذ القرار وتقويمه:

يجب على متخذ القرار اختيار الوقت المناسب لإعلان القرار حتى يـؤدي القرار أحـسن النتـائج. وعنـدما يطبق القرار المتخذ، وتظهر نتائجه يقوم المدير بتقويم هذه النتائج ليرى درجة فاعليتها، ومقدار نجاح القرار في تحقيق الهدف الذي اتخذ من أجله.

وعملية المتابعة تنمي لدى متخذ القرارات أو مساعديهم القدرة على تحري الدقـة والواقعيـة في التحليـل أثناء عملية التنفيذ مما يساعد على اكتشاف مواقع القصور ومعرفة أسبابها واقتراح سبل علاجها.

ويضاف إلى ذلك أن عملية المتابعة لتنفيذ القرار تساعد على تنمية روح المسؤولية لدى المرؤوسين وحثهم على المشاركة في اتخاذ القرار.

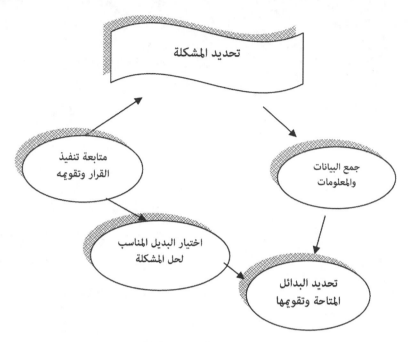

شكل يوضح خطوات اتخاذ القرار

الأسلوب الجماعي في اتخاذ القرار:

الأمر الشائع أن يكون المدير هو الشخص المنوط به عملية اتخاذ القرار ولكـن مـن الـصعوبة أن يقـوم شخص باتخاذ قرار جيد وكامل بمفردة دون مساعدة الجماعة التي يعمل معها لأن مشاركة الجماعة في اتخـاذ القرار الذي يعرف بالأسلوب الجماعي يعـد مـن أفـضل الأسـاليب الحديثة في عمليـة اتخـاذ القـرار والـشرط الأساسي في ذلك أن يتم اختيار هذه الجماعة التي تعين المدير في اتخاذ القـرار بـصورة مدروسـة وعلميـة وأن توفر لهم الظروف السليمة التي تمكنهم من القيام بدورهم على أكمل وجه.

مزايا الأسلوب الجماعي في اتخاذ القرار :

1. مزيد من المعلومات والمعرفة.

2. تنمية عدد اكبر من البدائل.

3. فهم وقبول للقرار النهائي.

4. تنمية المهارات لدي أعضاء الجماعة.

5. رفع الروح المعنوية.

عيوب الأسلوب الجماعي في اتخاذ القرار:

1. استهلاك الوقت.

2. تأخر القرار بسبب عدم الاتفاق.

3. سيطرة فرد أو أكثر علي الاجتماعات.

4. التركيز الزائد علي تحقيق اتفاق في الآراء.

التنظيم

مقدمة:

ويعد التنظيم النشاط الجامع لجميع الأنشطة التي يتم إسنادها إلى الإدارات للعمل على تحقيق أهداف المنظمة من خلال تفويض السلطة والتنسيق بين جهود الأفراد، وهو أيضا تجميع العمل الواجب تنفيذه ثم تجميعه في وظائف معينة و تحديد العلاقات المقررة بين الأفراد شاغلي هذه الوظائف.

1. مفهوم التنظيم الإداري:

اختلف رواد وعلماء الإدارة في إيجاد مفهوم وتعريف محدد للتنظيم، وهنا نورد بعض المفاهيم المتعلقة بالتنظيم الإداري:

1. التنظيم وضع نظام للعلاقات منسق إداريا وتحديد للوظائف وتكوين الوحدات الإدارية.

2. التنظيم هو توزيع المسؤولية والتنسيق بين كافة العاملين بشكل يضمن تحقيق أقصى درجة من الكفاية في تحقيق الأهداف المحددة .

3. التنظيم هو عملية تنسيق الجهود البشرية في أي منظمة ، حتى تتمكن من تحقيق أهدافها بأقل تكاليف ومجهود ووقت ، و بأقصى كفاية إنتاجية ممكنة.

4. التنظيم ترتيب الأعمال أو الأنشطة في وحدات إدارية يسهل الإشراف عليها مع تحديد العلاقات الرسمية بين أولئك الذين يعينون أو يخصصون للقيام بتلك الأعمال.

2. عناصر التنظيم الإداري:

يتكون التنظيم الإداري من العناصر التالية :

1. الأفراد العاملون في المنظمة في مختلف المستويات الإدارية.

2. الأعمال و الأنشطة التي تمارسها المنظمة، كالإنتاج ، الإدارة المالية، شؤون الأفراد،التسويق ألخ

3. الموارد المتوافرة للمنشأة مثل المواد والطاقة والمال والآلات...

4. الأنشطة والإجراءات وخطوط السلطة .

5. توزيع الموظفين على الوظائف وعلاقاتهم الوظيفية وخطوط الاتصال.

3. فوائد التنظيم الإداري:

للوظيفة التنظيمية فوائد عديدة أهمها:

1. التوزيع العلمي الصحيح للوظائف بطريقة لا يكون فيها للتأثير الشخصي دور يذكر.

2. تجنب ومنع الازدواجية أو التكرار في أداء الوظائف.

3. تحديد العلاقات بين الموظفين بحيث يعرف كل موظف اختصاصاته وحدود صلاحياته والتنسيق فيما بينهم بالنسبة للأعمال التي يشترك في انجازها أكثر من موظف أو إدارة أو قسم.

4. الاستجابة للمتغيرات التي تحدث في محيط الوظيفة بشكل يضمن الفعالية في العمل.

5. تحديد خطوط السلطة من أعلي الهيكل التنظيمي إلى القاعدة مرورا بمختلف المستويات الإدارية.

أنواع التنظيم الإداري

التنظيم الرسمي:

يهتــم بالهيكـل التنظيمــي وتحديـد العلاقــات والمـسؤوليات وتقـسيم الأعمـال و توزيـع الاختـصاصات حـسب نظـام المؤسـسة ، ويهـدف إلى تنفيـذ سياسـات المؤسـسة حـسب

القواعد التي تضعها الإدارة وبواسطة جهود الأفراد وأدوارهم الرسمية وعلاقاتهم الواضحة.

وعادة ما يكون التنظيم الرسمي على شكل هرم يرتكز على قاعدة واسعة كبيرة تمثل الوحدات التنفيذية وهي التي تدعم التكوين الهرمي المتدرج إلى اعلى على شكل أقسام وإدارات ومصالح حتى ينتهي إلى القمة حيث تجد القيادة في شخص واحد يمارس السلطة الكاملة على الجهاز بأكمله وفي ظل هذا النظام الرسمي (الهرمي) نجد مكان كبيرا للاعتبارات الآتية:

1/ يجب تقسيم العمل داخل المنظمة عل أساس التخصص.

2/ تحديد السلطة والمسؤولية في مستويات معينة.

3/ أن التدرج والتسلسل هذا يحقق المبدأ العام للتنسيق.

4/ وجود شبكة من الاتصالات بما يحقق تدفق المعلومات من أعلى إلى أسفل الهرم وبالعكس.

5/ تحديد جميع العلاقات بين المصالح والإدارات والأقسام والموظفين.

التنظيم غير الرسمي :

و ينشا التنظيم غير الرسمي بطريقة عفوية غير مقصودة نتيجة للتفاعل الطبيعي بين الأفراد العاملين في المنشأة ويشمل مجموعة العلاقات الطبيعية التي تنشأ بين جماعة في أثناء العمل، ويمكن عن طريق التنظيم غير الرسمي معرفة أنواع الجماعات السائدة بين أعضاء المنشأة مثل جماعة المصلحة التي يربطها مصلحة سياسية أو مهنية أو عرقية، وجماعة المنشأة التي تربطها عوامل شخصية لإشباع حاجاتهم النفسية والاجتماعية.

تقع على عاتق المنظمة مسؤولية فهم طبيعة التنظيم غيرالرسمي وسلوك الجماعة فيه وتحقيق الانسجام والتعاون بينه وبين التنظيم الرسمي، ويساعد التنظيم غيرالرسمي كثيرا في عملية الاتصال وتبادل المعلومات ويسهل كذلك من عملية التنسيق بين الأفراد والأعمال وإيجاد روح الفريق الواحد.

مبادئ التنظيم الإداري:

إن مبادئ وأسس التنظيم قد ظهرت بظهور المدرسة الكلاسيكية وقد تطورت مع الوقت، وعن طريق إضافات المفكرين في علم الإدارة، ويجب أن ننظر إلى هذه المبادئ كاتجاهات إرشادية يستعين بها المنظم في دراسته.

وبالرغم من تفاوت وجهات النظر في مبادئ وأسس التنظيم إذ أن هنري فاول وضع أربعة عشر مبدأ للتنظيم إلا أن معظم علماء الإدارة وافق علي العناصر الآتية على أنها أهم المبادئ لإقامة التنظيم وهي:

1) مبدأ الهدف:

أن أي منظمة تنشا إنما هي لتحقيق هدف معين وغايات واضحة، وأن هذا الهدف وتلك الغايات إنما هما أساس وجود المنظمة، فوجود هدف واضح هو الذي يدفع الأفراد إلى التعاون فيما بينهم.

2) مبدأ التخصص وتقسيم العمل:

من المعروف أن لكل فرد طاقة معينه وجهد محدد في مجال تخصصه، لذا يتعين على كل تنظيم أن يقم الأعمال بحيث تتمشي ومقدرة الفرد، وأن كل فرد كلما أعطي عمل معين ازدادت قدرته على إجادة عمله والتعمق فيه.

3) مبدأ وحدة القيادة:

أن وحدة القيادة أمر مهم جدا لأنه إذا تعددت هذه الأوامر وصارت تصدر من

جهات مختلفة، حدث ارتباك وعدم قدرة على العمل وتلافيا لتلك الفوضى و الارتباك في العمل نادى علماء الإدارة بوجوب وحدة إصدار الأوامر، بحيث لا يتلقى الموظف أوامر تتعلق بعمله إلا من رئيس واحد إلا إذا كانت هناك بعض الجهات التي تخضع لسلطتين، إحداهما فنية وأخرى إدارية.

4) مبدأ نطاق الإشراف:

نطاق الإشراف هو ذلك المدى الذي يستطيع فيه الرئيس أن يمارس الإشراف الفعال على عدد من مرؤوسيه، لأن لكل رئيس مقدرة محدودة في الإشراف، فكلما زاد عدد المرؤوسين زاد العبء الواقع عليه.

يتم تحديد نطاق الإشراف بعدد المرؤوسين الذين يتبعون لرئيس واحد ويتوقف تحديد نطاق الإشراف على بعض العوامل منها:

1. على نوعية النشاط الذي يمارسه المرؤوسين، هل هو نشاط ذو طابع روتيني تحكمه قواعد ومعايير واضحة أم أنه ذو طابع متغير يتطلب كثرة الرجوع إلى الرئيس لتقرير ما يتبع في كل حالة .

2. مدى إمكانيات الرئيس وقدراته ومهاراته الشخصية ومدى خبرته بأعمال مرؤوسيه.

3. مدى كفاءة المرؤوسين في عملهم ومدى السلطة المفوضة لهم وما يسمح لهم من أعمال دون الرجوع كثيرا إلى الرئيس.

5) مبدأ تكافؤ السلطة والمسؤولية:

يقصد بالسلطة ، الصلاحيات المخولة لشاغل وظيفة معينة، وتضمن السلطة حق عطاء الأوامر والحصول على الطاعة من المرؤوسين وحق اتخاذ القرار.

أما المسؤولية فتعني ذلك الالتزام من جانب شاغل الوظيفة أن يقوم بأدائها ويتحمل أعباءها ويحقق أهدافها بقدر ما يستطيع، وبالتالي فإنه مسؤول عن نتائج عمله، لذلك لابد من منح شاغل الوظيفة المعينة بعض الصلاحيات والسلطات التي تمكنه من القيام وأداء عمله بالصورة المرضية ولابد أن يكون هناك تكافؤ بين المسؤولية الملقاة على عاتقة والسلطة الممنوحة له ويجب أن يكون هناك توازين بين السلطة والمسؤولية حتى يؤدي شاغل الوظيفة واجبة بالفعالية المطلوبة فمن الإجحاف أن تكون هناك مسؤوليات كبيرة وصلاحيات قليلة.

6) مبدأ الوظيفة:

الوظيفة هي عبارة عن منصب أو عمل معين يتضمن واجبات ومسؤوليات محددة

. وتعد الوظيفة ايضا الوحدة الأساسية في أي تنظيم إداري لذلك فإن التنظيم يهتم بمتطلبات الوظيفة وصلاحياتها ومسؤولياتها بغض النظر عن الشخص الذي سوف يشغل هذه الوظيفة.

7) مبدأ تفويض السلطة:

يقصد بالتفويض النقل المؤقت للصلاحيات من شخص على مستوى تنظيمي معين إلى أخر على مستوى تنظيمي أدنى ، وهذا الشخص المفوض يلتزم بأداء الواجبات التي كلف بها وممارسة الصلاحيات اللازمة لأدائها ، ويصبح مسؤولاً أمام رئيسه عما قام به من أعمال .

وبصورة أخرى يمكن القول أن تفويض السلطة يعني نقل حق إصدار الأوامر من الرئيس إلى المرؤوس .

وتختلف المنظمات والمديرون في درجات تفويض السلطة، فكلما اتجهت المنظمة ناحية الإدارة غير المركزية زادت درجة التفويض، وزادت عدد القرارات التي من

مستويات إدارية أقل، أما في حالة الإدارة المركزية فإن عملية التفويض أقل وعدد القرارات في المستويات الدنيا أقل.

يختلف المديرون في تفويض بعض الصلاحيات التي يملكونها لمن هم أدني منهم على الهيكل التنظيمي ، فقد يريد المدير أن يدرب أحد مرؤوسيه ويعده للترقية، فيفوض إليه بعض صلاحياته حتى ينمي قدرته على اتخاذ القرارات، وقد يخاف مدير أخر من تفويض السلطة ويعتبرها إنقاصا لحقوقه أو تقليلا لأهميته، كذلك قد يخشى مديرا ثالث من تفوق مرؤوسيه عليه إذا هو أسند إليهم اتخاذ بعض القرارات، وهكذا.

العوامل التي تشجع على تفويض السلطة :

هناك بعض العوامل التي تشجع علي تفويض السلطة ومنها :

1. الأعباء الكثيرة لدى المدير.
2. الحاجة للخبرة الفاعلة.
3. تقارب الأعمال والمهام بين المفوض والمفوض له.
4. الرغبة في توفير الثقة بين الأفراد.
5. الحاجة لتدريب المرؤوسين وتطوير قدراتهم ومهاراتهم.

العوامل التي تقلل من التفويض :

هناك بعض العوامل التي تقلل من عملية التفويض ومنها:

1. مقاومة التغيير.
2. احتكار السلطة من قبل بعض المديرين.
3. عدم الثقة بقدرة المرؤوسين من بعض المديرين.
4. سياسة المنظمة تجاه بعض الموضوعات.

5. المنافسة بين المرؤوسين مما يجعل بعض المديرين يحجم من عملية التفويض.

فوائد ومزايا تفويض السلطة الإدارية:

1. السرعة في اتخاذ القرار وتصريف الأمور خاصة بالنسبة للأعمال اليومية المتكررة بصورة مستمرة.

2. تخفيف عبء العمل عن كاهل الرؤساء .

3. يكشف تفويض السلطة عن الأشخاص ذوي المواهب تمهيدا إلى ترقيتهم لمناصب أعلى في المستقبل. (8

مبدأ الإدارة المركزية والإدارة غير المركزية:

الادارة المركزية :

يقصد بها تجميع الصلاحيات والسلطة واتخاذ القرار في إدارة أو شخص واحد أو عدد محدد من المديرين

أما الادارة غير المركزية:

فهي انتشار صلاحية اتخاذ القرارات في أكثر من جهة أو إدارة أو شخص.

ويقصد بالصلاحيات واتخاذ القرار ، ممارسة الوظائف الرئيسية للإدارة من تخطيط وتنظيم وقيادة ورقابة

العوامل التي تحدد درجة المركزية أو غير المركزية :

1) **حجم المنظمة:** كلما كان حجم المنظمة صغيرا كان هناك ميل لاتجاه نحو المركزية لان عملية الاتصال

بين المدير ومرؤوسيه سهلة وغير مكلفة .

2) **تكلفة القرار:** كلما زادت تكلفة القرار وكانت درجة المخاطرة كبيرة يكون ميل المدير إل المركزية أكثر

3) **الاتجاه العام للمؤسسة:** تتوقف درجة المركزية أو غير المركزية على مدى رغبة المؤسسة أو المدير

العام في تفويض السلطة.

4) **مركزية وغير مركزية الأداء:** عندما يكون نشاط المنظمة غير محصور في منطقة جغرافية فقد يظهر بالضرورة اتجاه نحو غير المركزية لتسهيل عمل الفروع ، لأنه بدون ذلك يصعب على الفروع أن تقوم بـأداء أعمالها.

5) **استخدام الأساليب الرقابية:** إذا لم تتوافر أساليب رقابية لمراقبة تصرفات من فوضت لهم السلطة فإن الميل نحو غير المركزية يظل هو المفضل .

مؤشرات وجود المركزية أو غير المركزية

هناك بعض المؤشرات التي من خلالها يمكن الكشف عما إذا كانت المنظمة تدار بطريقـة مركزيـة أو غـير مركزية وهذه المؤشرات هي :

1. زيادة أو نقص عدد القرارات التي تتخذها المستويات الإدارية التنفيذية.
2. مدى أهمية القرارات التي تتخذها المستويات التنفيذية.
3. زيادة أو نقص عدد الوظائف في المنظمة.
4. زيادة أو قلة خطوط السلطة بين المستويات الإدارية.

مزايا المركزية :

1. سهولة الرقابة وإجراءاتها وعدم حدوث ازدواجية في اتخاذ القرارات الإدارية.
2. عدم حدوث ازدواجية في المهام على مستوى المرؤوسين.
3. توفير درجة عالية من التنسيق والاتصال المستمر.

مزايا غير المركزية:

1. تفرغ المديرين للقرارات المهمة وعدم انشغالهم بالمشكلات الفرعية.
2. سرعة اتخاذ القرارات وحل المشكلات.
3. تخفيف عبء العمل عن الرؤساء.
4. رفع الروح المعنوية للمرؤوسين نتيجة لشعورهم بالمشاركة الايجابية.

5. تدريب المرؤوسين في المستويات الأقل على اتخاذ القرارات.

9) مبدأ التنسيق:

ينظر التنظيم لمبدأ التنسيق على أنه من العناصر الأساسية لتكامل العمل وتلافي التناقض والازدواج في الأداء الذي يؤدي إلى فشل المنظمة وقد يضر بمصالحها .

خصائص التنظيم الفعال

أن عدم وجود تنظيم جيد يؤدي إلى الفوضى وهدر الموارد مما يعرض المؤسسة إلى الخسارة ، لذلك يقوم المديرون بتحديث التنظيم وإعادة بنائه كلما كان ذلك ضروريا لأن التنظيم الجيد له مزايا وخصائص يجب أن تتوافر فيه ومن هذه الخصائص ما يلي:

1) التنسيق:

يعمل التنظيم الجيد على تنسيق الجهد بين الوحدات الإدارية مما يؤدي إلى جودة المنتج أو الخدمة المقدمة من قبل المنظمة.

2) التخصص في العمل:

يحتل التخصص في العمل في الوقت الراهن أهمية بالغة ويقتضي مبدأ التخصص إيجاد وحدة تنظيمية (وظيفة) يشغلها شخص معين بمواصفات معينة.

3) الاهتمام بالأنشطة البارزة في المنظمة:

تختلف الأنشطة داخل المنظمة فمنها ما هو ثانوي ومنها ما هو أساس ، فيجب أن نهتم بالأنشطة الأساسية أولا ثم الأنشطة الثانوية.

4) التعاون بين الموظفين:

إذ أن التنظيم الجيد يضع أساس متين لتعاون الموظفين مع بعضهم البعض للمحافظة على حياة المنشاة.

5) الاستقرار الوظيفي: التنظيم الجيد يتميز بتوافر الاستقرار والثبات للموظفين في وظائفهم وأعمالهـم، وعلى المنظمة أن لا تلجأ إلى استبدال موظفيها كل فترة بآخرين جدد حتى لا تفقد الخبرة والمهارة التي تتراكم عندهم بمرور الزمن.

الهيكل التنظيمي:

وهو عبارة عن نموذج بياني توضيحي يتكون من مستطيلات أو مربعات يكتب بداخل كل مستطيل اسم الوظيفة أو المستوى الإداري ، كما يوضح خطوط السلطة التي تنساب من خلالها التعليمات و القرارات والأوامر من أعلى إلى أسفل فيعرف من هو الرئيس ومن هو المرؤوس ويتأثر شكل الهيكل التنظيمي بعوامل كثيرة كحجم ونشاط المنظمة ،إذ أنه ليس هناك هيكل مثالي يصلح لكل المؤسسات بل تختار المؤسسة نموذج الهيكل الذي يناسبها ويفي باحتياجاتها الإدارية والوظيفية.

العوامل المؤثرة في بناء الهيكل التنظيمي:

1)حجم المنشأة :

عندما يكون حجم المنشأة كبير فهي تحتاج إلى هيكل تنظيمي كبير وإذا كان حجم المنشأة صغير فقد تحتاج إلى هيكل صغير ، ويكبر الهيكل بعد ذلك إذا توسعت المنشأة في أعمالها.

2) التكنولوجيا المستخدمة في المنشأة:

للتكنولوجيا المستخدمة في المنشأة دور مهم في تصميم الهيكل التنظيمي

المناسب لأن التكنولوجيا تغير من نوع وعدد الوظائف.

3) مدة حياة المنشأة:

لكل منشأة فترة حياة خاصة بها قد تطول وقد تقصر، فإن كان عمر المنشأة كما هو متوقع له قصيرا يلزم في هذه الحالة هيكل تنظيمي بسيط وإن كان متوقعا لها عمرا طويلا فيكون لها هيكل تنظيمي أكبر

4) مكان عمل المنشأة:

المنشأة التي تتمتع بنشاط واسع ، في مناطق جغرافية كبيرة تحتاج إلى هيكل تنظيمي أوسع ، مثال على ذلك الشركات والبنوك التي لها فروع أو مكاتب إقليمية فلضرورة التنسيق بين هذه الأماكن وتفويض بعض من السلطة إلى هذه الفروع والمكاتب، كان لا بد من أن يكون لهذه المنظمات هيكل تنظيمي كبير يغطي كافة هذه الأنشطة.

5) تأثير البيئة :

المنشأة التي تعمل في بيئة مستقرة عادة ما تحتاج لهيكل بسيط أما التي تعمل في بيئة غير مستقرة فتحتاج إلى هيكل تنظيمي أكثر تعقيدا.

خطوات بناء الهيكل التنظيمي:

1/ وضع خطة التنظيم وتحديد أهدافه بوضوح.

2/ تحديد الأنشطة (المهام والواجبات) الرئيسة.

3/ تقسيم الأنشطة الرئيسة إلى أنشطة فرعية ومن ثم تجميع الأنشطة المتشابهة.

4/ توزيع المهام والواجبات على الأفراد شاغلي الوظائف.

5/ تقويم نتائج عملية التنظيم.

خطوات اعداد الهيكل التنظيمى

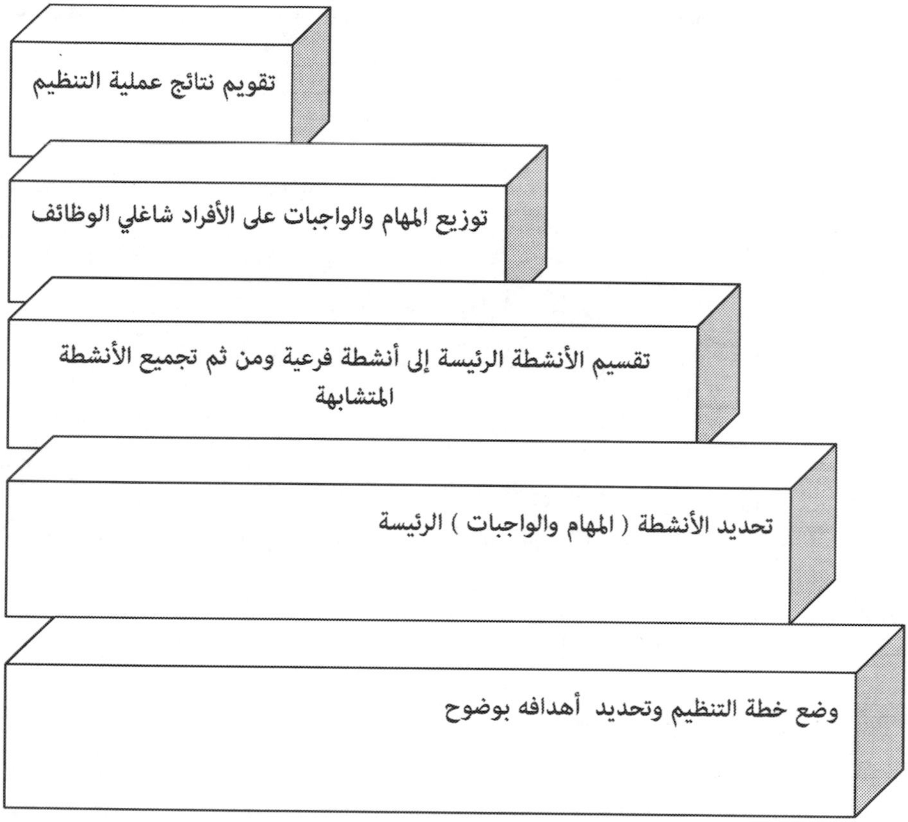

تقويم نتائج عملية التنظيم

توزيع المهام والواجبات على الأفراد شاغلي الوظائف

تقسيم الأنشطة الرئيسة إلى أنشطة فرعية ومن ثم تجميع الأنشطة المتشابهة

تحديد الأنشطة (المهام والواجبات) الرئيسة

وضع خطة التنظيم وتحديد أهدافه بوضوح

أسس التقسيم التنظيمي

التقسيم على أساس الوظيفة:

يعد التقسيم الوظيفي أكثر الأساليب التنظيمية انتشارا في دنيا الأعمال حيث يصنف العمل في المنظمة على أساس الوظيفة وتشمل هذه الوظائف وظائف الإنتاج والتسويق والتمويل والمحاسبة وشؤون الأفراد يركز التقسيم الوظيفي على المهارات المتخصصة حيث تدار كل وحدة إدارية من قبل رئيس يرتبط بالمدير ، ويقوم التقسيم الوظيفي بالترويج لمهارات التخصص ويعزز تبادل الخبرات ويكثر من تقنيات حل المشاكل ويميل إلي الإدارة غير المركزية في اتخاذ القرار ويمكن توضيحه بالرسم التالي:

شكل التقسيم على أساس وظيفي

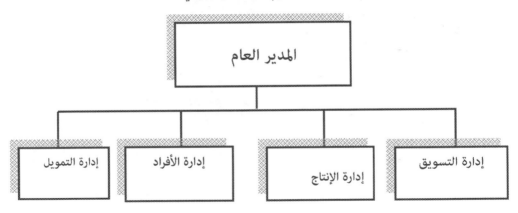

التقسيم علي أساس نوع المنتج:

يعتمد هذا النوع من التنظيم على تصنيف المهام والوظائف حسب البضاعة المنتجة وعادة ما تلجأ المنظمات إلى مثل هذا النوع من التقسيم عندما يتوسع خط إنتاجها بحيث يصبح كل قسم قادر على تصميم وإنتاج سلعته أو تقديم خدمته.

شكل التقسيم على أساس المنتج

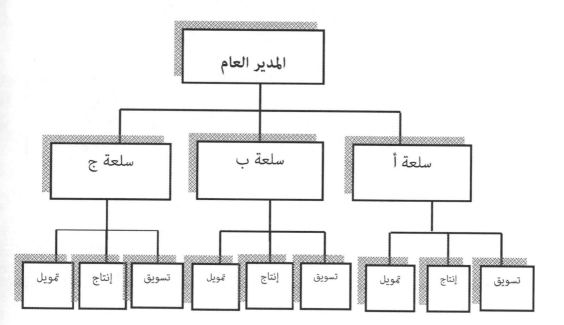

التقسيم حسب فئات المستهلكين:

تعتمد هذه الطريقة على نوع العملاء الذين تقدم لهم الخدمة أو على السوق الذي تقوم بعرض السلعة أو الخدمة فيه وهذا النوع يستخدم في عمليات التسويق والمبيعات وفيما يلي مثال على هذا النوع من التنظيم:

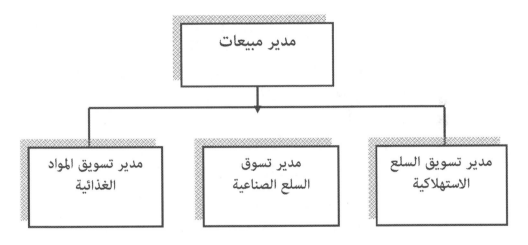

شكل يوضح التقسيم حسب فئات المستهلكين

التقسيم علي أساس الموقع الجغرافي:

يعتمد على الموقع الجغرافي للعمل ويتوافر مثل هذا النوع من التنظيم في إدارة التسويق وإدارة المبيعات ، ويعتمد هذا الأسلوب من قبل المنظمات التي لها مواقع عمل متعددة أو التي لها فروع في أماكن متعددة مثل خدمات البريد والهاتف والمصارف والشركات متعددة الجنسية، إلا أنه مثل هذا التقسيم لا يخلو من بعض السلبيات أهمها تكرار الوظائف في كل موقع ونشوء النزاعات بين أهداف

إدارات الفروع والإدارة الأم ، كما تتعقد الرقابة والتنسيق بين جميع المواقع ويمكن توضيح هـذا التقسـيم بالرسم التالي :

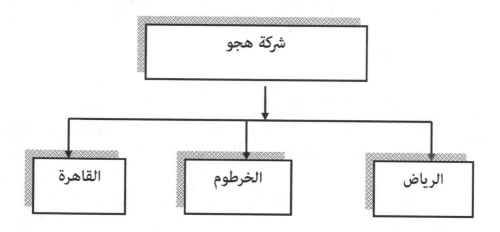

شكل يوضح التقسيم حسب الموقع الجغرافي

التقسيم المختلط:

بالرغم من شيوع استخدام التقسيمات التنظيميـة السـابقة إلا أنـه لـيس جميـع المنظمات تتبنـى هـذه النماذج بصورة نقية وبدلا من ذلك تقوم الإدارة العليا بـدمج عنـاصر لاثنـين أو أكـثر مـن نمـازج التـصميمات التنظيمية لتكوين تصميم مختلط بحيـث يـستطيع المـديرون اختيـار شكل واحـد للمـستوى الإداري الأعـلى وشكل للمستويات الإدارية الأخرى أو قد يدمج تصميم اثنين من نفس المستوى كـما هـو موضح في الـشكل التالي:

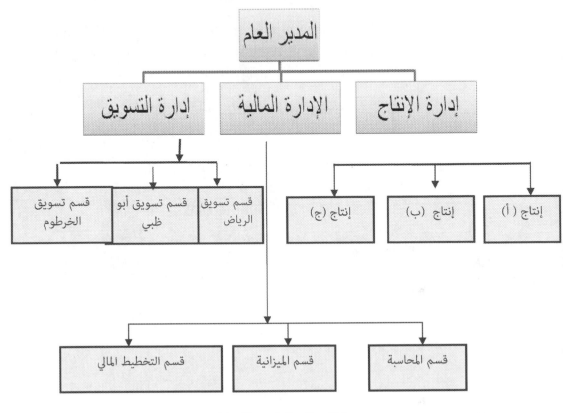

شكل يوضح التقسيم المختلط

الخرائط التنظيمية:

يمكن تعريف الخرائط التنظيمية بأنها:

(صورة أو مخطط لهيكل المنظمة تبين الوحدات الإدارية التي تتكون منها المنظمـة والوظائف الموجـودة فيها وخطوط السلطة والمسؤولية التي تربط بين أجزائها) .

ولهذه الخرائط أهمية كبيرة في إعطاء صورة كاملة عـن الهيكـل التنظيمـي للمنظمـة وتـسهل عمليـة فهـم الهيكل التنظيمي لها، كما أنها توضح وبصورة جيدة المستويات الإدارية العليا والوسطي والـدنيا في المنظمـة، وتعطي صـورة واضـحة لنطـاق الإشراف وخطـوط الـسلطة والمـسؤولية في المـنظمات ومـن فوائـد الخـرائط التنظيمية هي تبيان كيفية تقسيم العمل بين الأفراد والأقسام العاملين في المنظمة .

اشكال الخرائط التنظيمية:

الخرائط الرأسية. -

الخرائط الأفقية. -

الخرائط الدائرية.

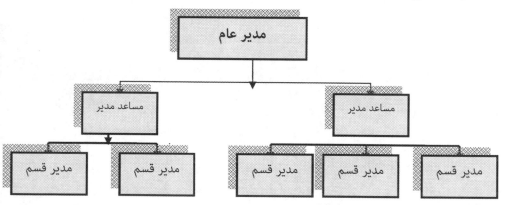

شكل يوضح الخرائط الرأسية

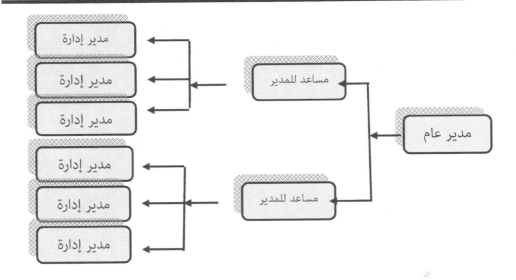

شكل يوضح الخرائط الأفقية

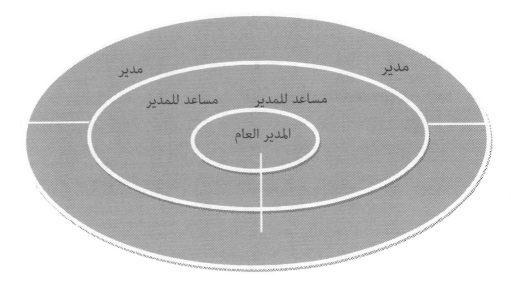

شكل الخرائط الدائرية

التوجيه والقيادة

مقدمة:

1) مفهوم أهمية التوجيه:

تعد وظيفة التوجيه من الوظائف المهمة في العملية الإدارية لأنها تهتم وتتعامل مع العنصر البشري الذي يعد أهم عناصر الإنتاج وأساس نجاح المنظمة أو فشلها.

تتعدد احتياجات الإنسان ودوافعه وميوله ورغباته، فهي عملية مركبة، وعندما يكونون الافراد من بيئات مما ينعكس علي سلوكهم وتصرفاتهم وأدائهم نظرا لاختلاف ثقافاتهم، مما يصعب من عملية توجيههم وقيادتهم لذلك تعتبر عملية التوجيه من العمليات غير السهلة، ولهذا لا بد من قيادة حكيمة تتعامل مع هذه المتناقضات بحيث تستطيع توجيههم الوجهة الصحيحة والتواصل معهم وتحفيزهم بما يتناسب للوصول إلى غايات المنظمة وأهدافها.

لذلك نجد أن عملية التوجيه تعتمد في أدائها لدورها على ثلاثة محاور هي:

أولاً: القيادة

ثانياً: الاتصال

ثالثاً: الحفز الإنساني

فحري بنا أن نناقش كل من هذه المحاور المهمة في عملية التوجيه كل على حده نبين مفهوم كل محور وأهميته في العملية الإدارية

اولاً:

القيادة الإدارية

مقدمة:

تعـد القيـادة أسـاس الوظيفـة الإداريـة لأن المرؤوسـين يقبلـون تـأثير القائـد لامتلاكـه

القوة، والقوة هنا تعني القدرة على التأثير في سلوك الآخرين، لذلك تكون السلطة الرسمية وغير الرسمية التي يمارسها القائد هي مصدر قوة القائد ومصدر تأثيره على المرؤوسين لتوجيههم نحو انجاز أهداف المنظمة.

بناء على ذلك فإن القيادة ما هي إلا سلوك من جانب المدير أو القائد الذي يؤثر على سلوك الآخرين بحيث يقبلون قيادته ويطيعون أوامره، لذلك يمكن تعريف القيادة بأنها عملية توجيه المرؤوسين نحو انجاز الهدف.

تعريف القيادة:

أن مفهوم القيادة يرتكز على دعامتين أساسيتين مادية ومعنوية، فالدعامة المادية تتمثل في الأدوات التي لابد من توافرها بيد القائد، مثل السلطة الملائمة وشبكة الاتصالات الفعالة والقوى البشرية اللازمة والإمكانات الأخرى، أما الدعامة المعنوية فتتمثل في العقيدة والفكر الإداري الذي يؤمن به القائد ويقوده إلى تحقيق الهد.

اختلف علماء الإدارة في إيجاد تعريف محدد للقيادة، أدناه بعض التعريفات لمفهوم القيادة الإدارية :

➤ (هي القدرة على التوجيه من أجل تحقيق هدف معين عن طريق الآخرين).

➤ (هي العملية الخاصة بدفع وتشجيع الأفراد نحو انجاز أهداف معينة).

➤ (هي التأثير في سلوك الآخرين كأفراد وجماعات نحو انجاز وتحقيق الأهداف المرغوبة).

➤ (استخدام القوة أو النفوذ للتأثير في سلوك الآخرين).

➤ (استخدام القوة أو النفوذ للتأثير في أفكار وأراء وتصرفات الآخرين وبطريقة تجعلهم يحققون أداء مرتفعا) .

إذاً تعد القيادة من العناصر ذات الأهمية في العمل الإداري، لأنها العنصر الـذي يقـوم بوضـع الآليـات لاستثمار الجهود البشرية والعمليات الإدارية في مجال العمل، ولهذا يعرف المؤلفان القيادة بأنها "علـم وفـن تحريك الآخرين نحو الهدف"

مصادر سلطة القائد:

كما ذكرنا أن القيادة هي القدرة على التوجيه وهي القدرة علي التأثير وهي القدرة على استخدام القـوة وهي ايضا العلم والفن في تحريك الآخرين، وبالتالي لابد من مصدر لهذه القدرة هذا المصدر هو السلطة التي يكتسبها القائد من أحد هذين المصدرين:

المصدر الأول:

السلطة الرسمية:

من مظاهر هذه السلطة ما يلي:

1/ السلطة القانونية:

وهي المركز الرسمي الذي يمنحه القانون للقائد أو المدير فمثلا في المنظمة يتمتـع بسـلطة قانونيـة تمكنـه من التأثير على مرؤوسيه وتوجيههم.

2/ قوه الإكراه:

هذه السلطة تنبع من الخوف من العقاب الذي يقع على الفرد عند تقصيره الذي يترتب عليـه نـوع مـن العقاب المادي أو المعنوي من قبل الرئيس.

3/ قوة المكافأة:

هذه السلطة نابعة من أن الأفراد العاملون بالمنظمة يتوقعون أن قيامهم بعمل ما بطريقة جيـدة وعـلى الوجه الأمثل يمكنهم من الحصول على مكافأة مادية كانت أم معنوية من قبل الرئيس.

المصدر الثاني:

قوة التأثير الشخصي:

هذه ذات علاقة مباشرة بالشخص نفسه وليس بالمنصب الذي يتبوؤه ، ومن مظاهرها ما يلي:

1/ قوة التخصص والخبرة:

مصدرها الخبرة والمهارة التي يتمتع بها الشخص ويمتلكها والتي تجعل الأفراد يقبلون بقيادته نتيجة اقتناعهم بخبرته ومهاراته.

2/ قوة الإعجاب:

يحصل عليها الشخص نتيجة إعجاب الأفراد ببعض الصفات التي يتمتع بها وتجعل له نوع من السحر والجاذبية.

أنماط القيادة وأساليبها

يوجد كثير من الأنماط القيادية التي تتبلور بين طرفي الإدارة المركزية والإدارة غير المركزية ، نوضح فقط ثلاثة من هذه الأنماط :-

أ) النمط الأوتوقراطي في القيادة (Autocratic leadership):

الإداري المستبد أقرب إلى الرئيس منه إلى القائد، لأنه يتحكم في مرؤوسيه بغير إرادتهم. ويعتبر بأنه هو مركز اتخاذ القرارات ولا يعطي اهتماما كبيرا لآراء غيره من المرؤوسين، ويعتقد أنه من حقه أن يتحكم في أتباعه بسبب ما له من امتيازات عليهم والقائد الأوتوقراطي يتصف غالبا بالصراحة والإيجابية والموضوعية، فهو يعرف ما يريد ويفعل في سبيل ذلك ما يشاء، ويتجه مباشرة إلى هدفه، وكلمته هي القانون الذي لا يعلى عليه ويفاخر بأعماله وقلما يعترف بأخطائه، ويستخدم التأثيرات السلبية والإيجابية أو قد يلجأ إلى وسائل ترغيبيه

كالثناء، أو المديح، أوقد يلجأ إلى المناورة والاحتواء بحيث يوهم المرؤوسين بـالاهتمام بـآرائهم وإشراكهـم في اتخاذ القرارات.

وبصفة عامة يمكن القول أن القيادة الاستبدادية (الأوتوقراطية) قد تفيد في المـدى القصير، وبخاصـة في الأزمات، أو عند نشأة الجماعة ، ولكنها في المدى الطويل تضر ، حيث يتحول المرؤوسين من الإعجـاب بالقائـد إلى التذمر منه، وعدم الرضي عنه ، وبالتالي تضعف معنوياتهم وتقل كفاءاتهم ومـن ثـم نـشاطهم وإنتـاجهم، كما أن هذا النمط من القيادة يبعث على التراخي في العمل حال غيابه.

ب) ا لقيادة الديمقراطية Democratic Leadership:

على نقيض القيادة الاستبدادية، نجد أن القيادة الديمقراطية تشبع حاجات كل من القائد والمرؤوسين، كما أنها تتسم بالاحترام المتبادل، ويتقبل المرؤوسين قائدهم بروح الرضا، ويتعاونون معه مختارين هدف الجماعة والقيم التي تؤمن بها، والقائد من هذا النمط يشرك الأعضاء معه فيما يصدره من قرارات، وبذلك يضيف إلى قوته قوة الجماعة كلها، ومهمته الرئيسية تنظيمية أكثر منها توجيهية أو رقابية، وتتسم القيادة الديمقراطيـة بالحرية في ممارسة شؤون الجماعة، ومناقشة مشاكلها بصورة جماعية، أما أهم مـشاكل القيـادة الديمقراطيـة فتتمثل في أنه ينبغي أن يكون الأعضاء على درجة عالية من الوعي والإلمام بشؤون جماعتهم، ومـا يحـيط بهـا من ظروف، حتى تمارس الديمقراطية بالأسلوب السليم وتنجم عنها الآثار الفعالة، كذلك فهي تتسم بالجماعية في اتخاذ القرارات لقيامها على عقد الاجتماعات والمناقشة وضرورة التعرف على مختلف وجهات النظر.

ويمكن التمييز بين نوعين من القيادة الديمقراطية، هما القيادة الجماعية التي يشترك فيها عدد من القادة وتصدر قراراتهم بالإجماع ، وذلك مصداقا لقول اللـه تبارك وتعالى في سورة الشورى (128) "وأمـرهم شـورى بينهم" أما النوع الثاني فيقوم على القيادة الفردية مع الاستعانة بالمستشارين، ولا يتخذ القائد قرارا إلا بعد أن يستشير معاونيه ليتعرف على مختلف وجهات النظر، ويلم بكافة الآراء والحلول .

ج) القيادة المتساهلة (Loose Leadership):

يتميز هذا الأسلوب بظهور العديد من أنواع السلوك المتنوع الذي يؤدي إلى قلة الأداء ، حيث يؤدي هـذا النوع إلى التسيب وعدم الانضباط، وبالتالي انخفاض الإنتاج، كما أن القائد يـسمح للأعضاء بحريـة التـصرف، ويترك لمعاونيه أن يفعلوا ما يشاءون فهم الذين يحددون الأهداف ويختارون طرق الوصول إليها، كما أن مـن سمات هذه القيادة ازدواجية الجهود وهدر الوقت وإهمال بعض النواحي المهمة في أوجه النـشاط، ويغلـب على تلك القيادة التوسع في تفويض السلطات وعمومية التعليمات والتردد وعدم الثبات.

العوامل التي تؤثر في اختيار أسلوب القيادة:

من أهم العوامل التي تؤثر في اختيار النموذج القيادي هي:

1. عوامل تتعلق بالقائد:

ونلخصها بالنقاط التالية:

أ) مدى ثقة القائد بالآخرين ومدى تحمله المسؤولية .

ب) القيم التي يؤمن بها القائد ، فبعض القادة يؤمن بمشاركة المرؤوسـين في اتخـاذ القـرارات وآخـرين لا يؤمنون بذلك .

ج) نوع أسلوب القيادة الذي يتبعه القائد .

2. عوامل تتعلق بالمرؤوسين :

إن قدرة المرؤوسين على مواجهة المواقف واتخاذ القرارات تختلف من شخص لآخر وتختلف أيضا درجات تحملهم للمسؤولية .

3. عوامل تتعلق بالموقف والبيئة :

يقصد بذلك الظروف التي يمر بها القادة عند اتخاذ قرار معين، وخاصة إذا كانت تلك الظروف أو المواقف خارجة عن نطاق سيطرة المرؤوسين .

أما ظروف البيئة فيقصد بها المتغيرات الداخلية والخارجية للمنظمة، والقيم والتقاليد التي تسير عليها وتؤمن بها ، إذ لا يستطيع القائد أن ينحرف عن ما اعتادت عليه المنظمة من نمط قيادي، كذلك فإن نوع الجماعة يمثل عاملا مهما في اختيار النمط القيادي، فكلما كانت الجماعة متفقة على التعاون بين أعضائها كلما تشجع الرؤساء على إشراك العاملين في عملية اتخاذ القرارات .

سلوك المدير الناجح / القائد الفعال:

1) بالنسبة لمواقفه نحو المرؤوسين:

أ- يثق بهم ويدافع عنهم.

ب- ودي وممكن الاجتماع به والتحدث إليه.

ج- تواق لمساعدتهم ليصبحوا أكثر فعالية ويعمل على إزالة معوقات الإنجاز.

د - في تعامله مع المرؤوسين ، يدعمهم معنويا ويتجنب تهديدهم بصفته الشخصية.

ه - يحاول تقليل التوتر في علاقاته مع المرؤوسين لتجنب قيامهم بتخفيض استعمال قدراتهم العقلية

و- يسمح لمرؤوسيه بالمشاركة في إيجاد الحلول ، لمشاكل العمل في المجالات التي يستطيعون المشاركة الفعلية بها خاصة إذا لم يكن هناك موانع إجبارية من مشاركتهم.

2) بالنسبة لمواقفه في مجال التخطيط والتكنولوجيا:

أ - يشجع المرؤوسين على استعمال التكنولوجيا الملائمة في تحقيق تلك الأهداف مثل تبسيط العمل ، الأدوات الملائمة ، التصميم الصحيح للوظائف والمهام

ب- يتمتع بقدر كاف في التخطيط ووضع الأهداف قصيرة الأجل وطويلة الأجل.

ج - يختار المرؤوسين من ذوي المؤهلات المناسبة .

3) بالنسبة لمواقفه في مجال تقويم الأداء:

أ - مشاركة مرؤوسيه في وضع معايير أداء ملائمة يراعي فيها إمكانياتهم وقدراتهم على تنفذها.

ب – يقوم أداء المرؤوسين بطريقة موضوعية قدر الإمكان أي دون تحيز .

4) بالنسبة لمواقفه في مجال الحوافز:

أ - يعترف بالعمل الناجح ويشعر الموظف بإنجازاته الناجحة .

ب - يستفيد من الأخطاء كفرص تعليمية وتدريبية أكثر من كونها فرص لتطبيق العقاب.

نظريات القيادة

يوجد العديد من النظريات التي تناولت موضوع القيادة بالدراسة والتحليل وسوف نستعرض بإيجاز مضامين بعض هذه النظريات:

نظرية السمات (Trait Theory):

ترتبط نظرية السمات ارتباطا وثيقا بنظرية (الرجل العظيم) التي تقوم على أساس أن بعض الأفراد يصبحون قادة لأنهم ولدوا وهم يحملون صفات القيادة، إن القائد بمفهوم هذه النظرية (يولد ولا يصنع) فإذا سلمنا بوجهة النظر هذه، فإن معنى ذلك أن لا معنى لتأهيل وإعداد القيادات الإدارية في المعاهد والمؤسسات مواصفات القيادة الإدارية التي يمكن تمييزها باستمرار بين القائد وغيره من الناس. وقد توصلت الدراسات إلى أن بعض القادة يتميزون بدرجة أقوى ببعض الصفات الشخصية مثل الذكاء والاستقلالية وتحمل المسؤولية، وعنده قابلية للاستماع، والمشاركة الاجتماعية، والمثابرة، كما ركزت بعض الدراسات على أهمية الصفات الجسمية كمؤثر في اختيار الشخصية الإدارية.

ومن الانتقادات التي وجهت لنظرية السمات أنها أهملت دور المرؤوسين في إنجاح عملية القيادة ، حيث أثبتت هذه الدراسات أن للمرؤوسين دورا مهما في إنجاح القيادة الإدارية .

كما أكدت هذه الدراسات على أنه لا يوجد تماثل بين قائدين من النواحي النفسية وخلصت الأبحاث والدراسات في هذا المجال إلى أن نتائج هذه الدراسات حول نظرية السمات يصعب تعميمها ودعت إلى الاستمرار في بحث هذا الموضوع بعمق.

نظرية ليكرت في القيادة (Likert Theory):

نتيجة للأبحاث التي قام بها **ليكرت** وزملاؤه حول القيادة الإدارية توصلوا إلى تحديد مواصفات القيادة الإدارية . فقد اتبع **ليكرت** في دراساته أسلوب مقارنة سلوك المشرفين في المجموعات العمالية ذات الإنتاجية العالية والمجموعات ذات

الإنتاجية المنخفضة، وقد وجد **ليكرت** أن المشرفين ذوي الإنتاجية العالية يحظون بمشاركة معدودة في التنفيذ الفعلي للعمل، وكان اهتمامهم بالعمال أكثر وطريقة تعاملهم معهم كانت غير رسمية ، وكانوا يسمحون للعمال بالمشاركة في بعض القرارات العملية، وأن يختاروا أسلوب العمل الذي يلائمهم أما المشرفين ذوي الإنتاجية المنخفضة فقد وجد أن مشاركتهم في التنفيذ الفعلي للعمل كانت عالية وتدخلهم في شؤون الجماعات العمالية أثناء العمل كانت مستمرة.

وهكذا أمكن لفريق **ليكرت** أن يحدد القيادة الديمقراطية التي تعطي نتائج أفضل من أي نمط آخر من أنماط القيادات .

نظرية القيادة الظرفية : (فيدلر)

(The Contingency Theory of Leadership)

على خلاف من النظريتين السابقتين، فهذه النظرية تفترض أن المهارات القيادية تحركها المواقف التي يواجهها القائد عند اتصاله بأفراد الجماعة، ومن ثم فإن المهارة التي يكتسبها عندما يواجه جماعة ما قد تختلف عن تلك التي قد يكتسبها عندما يتعامل مع جماعة أخرى، ومعنى ذلك أنه لا يوجد نظرية قيادية يمكن تطبيقها في كل الظروف والمواقف التي يواجهها القائد، وعليه فإن القائد الناجح هو الذي يستطيع انتقاء النظرية المناسبة والاستفادة منها حسب الظرف أو الموقف الذي يجد نفسه فيه أثناء ممارسته لعمله ، وقد كان لعالم الإدارة **فيدلر** (FIEDLER) الفضل في تطوير هذه النظرية.

نظرية الشبكة الإدارية:

The Managerial Grid Theory:

طور كل من بليك Robort black وجيمس ماوتون James Mouton

واستطاعا تحديد أسلوبين لسلوك القائد وهما :

الاهتمام بالأفراد .

الاهتمام بالإنتاج .

وقد قاما بتوضيح أسلوبهما على شكل شبكة لها محورين يظهر عليها أساليب القيادة المختلفة، وفي هـذه الشبكة يمكن التمييز بين خمسة أساليب رئيسة للقيادة حسب موقعها على الشبكة كما يلي:

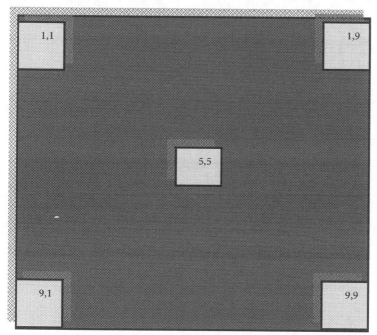

الموقع (9.1) أسلوب قيادي يؤدي إلى علاقات جيدة وشعور بالرضي بين أفراد لجماعة لكـن التركيـز عـلى الإنتاج ضعيف .

الموقع (9.9) وهو أسلوب قيادي يركز على روح الفريق في العمل ويحاول الحصول عـلى إنتاجيـة جيدة من خلال بناء علاقات إنسانية مع الأفراد العاملين بالمؤسسة .

الموقع (1.9) أسلوب قيادي متسلط يهتم بالإنتاجية بقدر كبير على حساب الأفراد،

يؤدي هذا الأسلوب إلى تخفيض الروح المعنوية للعمال ويجعلهم يعملون في ظروف نفسية ومادية سـيئة .الموقع (1،1) وهو أسلوب قيادي يكون فيه الاهتمام ضعيف بالإنتـاج والأفـراد، ويكـون فيه القائـد مهتما بنفسه وبأصحاب المؤسسة .

الموقع (5.5) وهو أسلوب يشير إلى أن القيادة لـديها اهـتمام معتـدل بالإنتـاج والأفـراد حيث يـؤدي إلى إنتاجية جيدة من خلال بناء علاقات إنسانية جيدة مع الأفراد .وبـالرغم مـن اختلاف وجهات النظـر فيـما يتعلق بمنشأ القيادة وتفسير ظهورها وسلوكها فإن هناك إجماعا من رجال الفكر الإداري حول ضرورة إتصاف القائد بحد أدنى من السمات التي تؤهله للنجاح في عمله

مواصفات القائد الناجح :

إن القائد الناجح هو الذي يحقق أهدافه بطريقـة اقتصادية في مناخ تنظيمـي يـرضى عنـه المرؤوسـين ، ويمكن إيجاز صفات القائد الناجح كما يلي:

1- العقيدة الصحيحة: لأنها تهدي إلى المثل العليا وتدعو إلى الخير .2- الشورى: حيـث لا ينفرد القائـد الإداري باتخاذ القرارات المهمة وحده بل يشرك معه مرؤوسيه.

3- **الاستناد إلى الحقائق:** فلا يصدق شيئا حتى يتبين الأمر ويتأكد منه ، ولا يعتمد على الظن والتأويل

4- **الحرص الشديد:** خاصة إذا تعلق الأمر بمصالح المرؤوسين ، فلا ينبغي للقائد أن يتخذ قرارا خطيرا إلا بعد دراسة كافة جوانبه وردود الأفعال المتوقعة حياله .5- **الفطنة وبعد النظر:** إذ يجب أن يكون القائد لماحا سريع الفهم ، وحكيما في تصرفاته .

6- **الشجاعة:** الحزم عند اللزوم والمرونة في الظروف العادية .

الفرق بين الإدارة والقيادة والرئاسة

إن كل من الإدارة والقيادة والرئاسة يشتركون في صفات وخواص معينة فهما يحتلان منصباً عالياً في المنظمة، غير أن القيادة تنبع تلقائياً من الجماعة، بينما الرئاسة مفروضة عليهم وفق الظروف والأوضاع التنظيمية وقوانين العمل والاختصاص ومثلها الإدارة، إذاً القائد يستمد سلطته الفعلية من قدرته على التأثير على سلوك الآخرين بالطريقة التي تمكنه من الحصول على طاعتهم واستجابتهم لأوامره، أما الرئيس شخص يختص بالإشراف على أداء عمل الآخرين وفقاً لتعليمات موضوعة ومتفق عليها، فالخلاصة أن مصدر السلطة في القيادة هو الجماعة نفسها، ومصدر السلطة في الرئاسة أو الإدارة هو المنصب الرئاسي والسلطة الرسمية الممنوحة بموجب القانون، وتختلف الإدارة عن الرئاسة في أن الأولى أكثر اهتماماً بالجانب العلمي وأكثر التصاقاً بالأمور المدنية ، في حين أن الثانية (الرئاسة) أقل اهتماماً بالجانب العلمي وأكثر التصاقاً بالأمور العسكرية أو القبلية ونحو ذلك.

والقائد يوجه الأنظار إلى رؤى ، وبذلك يعمل على مستوى قوى المجموعة الروحية وقيمها والتزاماتها وطموحها، أما المدير فإنه يعمل على مستوى الموارد المادية ورأس المال والمهارات الإنسانية والموارد الأولية والتكنولوجيا، فالقائد الفعال يساعد الأفراد على استشعار القوة والامتنان في العمل، في حين أن المدير الناجح يستطيع أن يجعل العمل يفضي إلى إنتاجية جيدة في الموعد المحدد وبمستوى لائق.

وأن هناك فروقاً بين القيادة Leadership والإدارة Management حيث تهتم القيادة بجمع الناس ليعملوا سوياً بفاعليه لتحقيق هدف مشترك في حين أن الإدارة توجه المنظمات لتحقيق الأهداف.

وقد قدم أولان **هندركس** (Olan Hendrix) قائمة فروق بين القيادة والإدارة كما يلي:

القيادة صفة Leader Ship is Quality والإدارة علم وفن.

1. القيادة تزود الفرد بالقدرة على التخيل ، والإدارة تمد الفرد بالمنظور الواقعي (العلاقة الصحيحة بين الأشياء).

2. القيادة تمارس الإيمان Leader Ship exercise Faith والإدارة تهتم بالحقائق.

3. القيادة تبحث عن الفاعلية ، والإدارة تكافح في سبيل الكفاءة.

4. القيادة تعالج المفاهيم والإدارة تربط الوظائف بعضها ببعض

5. القيادة هي التأثير على الموارد الكامنة الصالحة ، والإدارة هي تنسيق بين الموارد المتاحة للوصول إلى أقصى إنجاز.

6. القيادة تزدهر بتوفير الفرص والإدارة تنجح بالإنجاز.

وأن كثيراً ما يثار التساؤل في مجال البحوث والدراسات عن الفروق الواضحة بين مدلول كلمة القيادة ومدلول كلمة الإدارة، سواء كانت إدارة عامة Public Administration أو إدارة مشروعات ذات طابع اقتصادي Business Administration وحتى الآن لم تحدد هذه الفروق بدقة، ولكن يمكن القول بأن العملية القيادية أوسع وأشمل في التطبيق من العملية الإدارية حيث توجد القيادة في الأسرة وفي الرحلات وفي التنظيم غير الرسمي وفي منشأة من المنشآت وفي مجموعات التلاميذ داخل الفصول وفي فريق كرة القدم، أما الإدارة فلا توجد إلا في التنظيمات الرسمية داخل الوحدات الإدارية المحددة أهدافها ونظمها. والقيادة ضرورة حتمية لكل من يعمل في المجال الإداري، فالمدير القائد يستطيع أن يحقق هدفه بسهولة ويسر إذا قورن بالمدير الذي لا يتصف بصفات القائد، فالأول يعتمد على الاستمالة والإقناع Persuasionأما الثاني فيعتمد على سلطاته التي تخولها وتمنحها له الوظيفة التي يشغلها، لذلك على المدير الذي يرغب في النجاح أن ينمي مواهبه الإدارية وقدراته القيادية ولا يضحي بأحدهما في سبيل الآخر إذ يقول البعض أن القيادة هي خلاصة ولب الإدارة Essennce of Managemen، وإذا كان المدير في أي مستوى من مستويات الإدارة يستمد قوته وسلطته من المركز الوظيفي فإنه يمكنه أن يستمد سلطة أقوى يمنحها له المرؤوسون عن طريق قيادته الحكيمة لهم.

وفي ظل المشروعات الاقتصادية الضخمة والتغيرات العالمية أصبح الأمر يستدعي وجود مهارات قيادية عالية في رجال الإدارة .

ومن وجهة نظر أخرى يمكن أن نميز بين الإداري والقائد بما يلي :

- المدير يحافظ على النظام الحالي مع حد أدنى من التغيير والقائد يسعى إلى إحداث التغيير في النظام بقصد التطوير والتحسين.

- المدير ينظر إلى انجاز الأعمال الروتينية ، والقائد يفكر في المستجدات والمستحدثات للاستفادة منها.

- المدير يهتم بانتظام العمل في مواعيده والقائد يهتم بالفعالية في الأداء.

- المدير يتركز دوره في مواجهة المشكلات الآتية والانتهاء منها بأسرع ما يمكن، والقائد يدرس المشكلات ويحدد الأسباب ويصنع الحلول الجذرية لئلا تتكرر مستقبلاً.

- المدير يهتم بالتخطيط قصير المدى ، والقائد يهتم بالتخطيط طويل المدى.

ويوجد عدة فروق بين الرئيس والقائد في عدة مجالات يمكن توضيحها كما يلي:

1) الخوف و الثقة :

الرئيس يحدث الخوف لدى المرؤوسين ويحاسبهم على أقل تقصير ولا يلتمس الأعذار لأحد ولا يهمه إلا العمل بالدرجة الأولى ، أما القائد فيحدث الثقة في نفوس مرؤوسيه ويشجعهم على العمل وينمي فيهم روح الابتكار والقدرة على اتخاذ القرارات حتى وإن أخطأوا ، فمن لا يعمل لا يخطئ .

2) الاستياء و الحماس :

الرئيس توجيهاته وقراراته تثير الاستياء والامتعاض في نفوس من يعملون معه ، لأن تلك التوجيهات والقرارات لم تصدر منهم وهي صادرة من أعلى إلى أسفل. أما

القائد فإن آرائه وأفكاره تلاقي الحماس من قبل العاملين لأنها في الأصل أفكارهم ، فالقائد يولد الحماس للعمل بأساليبه القيادية.

3) **أنا و نحن:**

الرئيس يتمركز دائماً حول ذاته ولا يرى إلا نفسه فتكون قراراته وآراؤه معبرة عن نفسه فقط ويلغي جهود الآخرين ويحطم معنوياتهم وطموحهم فينسب الانجازات إلى نفسه وينسب الأخطاء للعاملين معه أما القائد فيحدث عملاً جماعياً ، ويتحدث عن المجموعة دائماً ويعبر عن مشاعرها وطموحاتها ،فالنجاح لديه يصنعه الكل والفشل يتحمله الكل.

4) **التعب والمتعة:**

الرئيس يأتي من عمله متعب يومياً وكذلك العاملون معه ، لأنه يرهقهم بالعمل ولأن قراراته وتوجيهاته مرعبة ومعقدة فيتعب نفسه والآخرين ، أما القائد فيجعل العمل شيئاً محبباً وممتعاً ، فالأفكار لديه ملك للجميع والمسؤولية مشتركة ولا يوجد خوف أو إرهاق بل متعة عند التنفيذ طالما أن النجاح مسؤوليتهم والفشل أيضا مسؤوليتهم جميعاً.

5) **اللوم وتحديد الأخطاء:**

كثير من الرؤساء يتبعون أسلوب اللوم والتوبيخ ظناً منهم أن في هذا الأسلوب تقويم لسلوكيات موظفيهم وكلما زاد المدير من توبيخه للموظف كلما أثر ذلك سلباً على أداء ذلك الموظف، أما القائد فيحدد مصدر الخطأ والأسباب التي أدت إليه بدلاً من التوبيخ واللوم والعتاب .

6) **تُعرّف و تُبيّن:**

الرئيس يُعرّف الآخرين كيف يقومون بأداء العمل إذ يعطي الأوامر سواء

فهموها أم لم يفهموها، أما القائد فيُبن كيفية القيام بهذا العمل فهو لا يصدر الأوامر بل يسعى لتطبيق الأفكار عملياً وعلى الآخرين حينئذٍ البدء في المشاركة.

7) السلطة و التعاون:

يعتمد الرئيس في تعامله مع موظفيه على السلطة الممنوحة له من قبل الإدارة العليا أو بموجب النظام أو لكونه صاحب العمل لذلك فهو مستبد في قراراته ولا يقبل المناقشة فيها حتى ولو كانت خاطئة. أما القائد فيوجد الشعور بالمحبة والألفة بين جميع العاملين في الإدارة مما يجعلهم يتعاونون معه، فهو يقول لهم إنه بحاجة إلى مساعدتهم ويذهبون إليه طلباً في المساعدة أيضا، فمبدأ التعاون أقوى من مبدأ السلطة .

8) الرسمية وغير الرسمية:

الرئيس يستمد سلطته من الأنظمة واللوائح الرسمية، وبالتالي فإن الآخرين يتعاملون معه بشكل رسمي، والمعاملة الرسمية تكون عادة معاملة جافة لا روح فيها، وقد تثير الكثير من الحساسيات بين المجموعة الواحدة، أما القائد فيستمد سلطته من قوة شخصيته واحترام الآخرين له، فلا يوجد رئيس ومرؤوسون بل قائد وأتباع مخلصون لهذا القائد.

9) موظف و قائد :

الرئيس موظف عينته الإدارة العليا ليكون عيناً لها ووسيطاً بينها وبين الموظفين الآخرين الذين تحت سلطته، أما القائد فيستمد سلطته من مرؤوسيه حتى وإن كان تعيينه من الإدارة العليا وبالتالي فهو مدافع لأتباعه عند السلطات العليا .

10) التوجيه والقيادة :

الرئيس يصدر الأوامر والتوجيهات بغض النظر عن ملاءمتها للعاملين وتجاوبهم

مع تلك التعليمات ، أما القائد فتتوفر فيه سمات القيادة الشخصية والسلوكية مـما تـسهم في تفاعلـه مـع الآخرين ، ومن هذه السمات المبادرة والخبرة وقوة الشخصية ، ولا شـك أن الوضع المثالي هـو الجمـع بـين سمات الرئيس والقائد .

الاتصالات الإدارية

مقدمة:

تشبه الاتصالات الإدارية إلى حد كبير وظيفة الجهاز العصبي في الإنسان بالنسبة للجسم الذي يوصل الإشارات إلى الدماغ بسرعة متناهية ويرجع برد فعل الدماغ إلى الجهة التي أرسلت الإشارة.

الاتصالات في منظمة الأعمال هي الوسيلة التي يتبادل بها الأشخاص العاملين المعلومات و يتلقون بها الأوامر من الجهات العليا ويرسلون بها كذلك ردة فعلهم أو ما يسمى بالتغذية الراجعة.

الاتصال يعني في معناه العام، العملية التي بها تنتقل المعلومات بين المرسل والمرسل إليه وبأسلوب أخر يمكن أن نقول أن عملية الاتصال هي عملية تبادل للحقائق و الأفكار و الآراء والمشاعر بين شخصين أو أكثر.

الاتصال الإداري يهدف إلى إحداث التفاعل بين أجزاء المنظمة وأعضائها وتنسيق العمل بينهم بما يخدم المنظمة وأهدافها وبشكل يجعل الرؤساء قريبين من مرؤوسيهم والعكس صحيح حيث يصبحون أكثر قدرة على حل مشاكلهم وتقوية روح التعاون بينهم لذلك يعد الاتصال أداة فعالة يحتاج إليها القائد الإداري في عملية الإشراف والتوجيه.

أن عملية الاتصال الإداري هي الطريقة التي يمكن بموجبها تحقيق العملية الإدارية في أي منظمة ، إذا فالاتصال في حد ذاته وسيلة وليست غاية اذ يجعل العملية الإدارية تتم بسهولة ويسر إلى جانب أنه يساعد على انجاز التخطيط الإداري الفعال، ويساعد على التنفيذ المبدع للتنظيم الإداري والتطبيق الهادف

للرقابة الإداريه ، هذا بالإضافة إلى ضرورته في التوجيه الإداري، فالمدير كما نعلم يقوم بأداء العملية الإدارية ويجعل من الاتصال الإداري وسيلة لهذه العملية.

لذلك تعد عملية الاتصال الإدارية عملية أساسية وحيوية لكل منظمة اذ لا تقف عند وقت أو مرحلة معينة بل هي عملية دائمة تستمر طوال حياة المنظمة ، فنشاط الإدارة للتخطيط والتنظيم واتخاذ القرار والتنسيق والإشراف والرقابة هذا كله لا يمكن أن يؤدى إلا عن طريق الاتصالات الإدارية الجيدة التي تتم في الوقت المناسب وبالطريقة المناسبة.

1) تعريف الاتصال:

لا شك أن هناك اتفاق تام علي ضرورة وجود نظام اتصال فعال في المنشأة إلا أن هناك اختلاف في تحديد تعريف دقيق للاتصالات نورد بعض التعريفات لبعض علماء الإدارة المعروفين.

فقد عرف **كونتز** الاتصال بأنه:

(إرسال وتحويل للمعلومات من المرسل إلى المستقبل مع ضرورة فهم المعلومات من قبل المستقبل المستلم) وكذلك عرف ماكفارلاند الاتصال بشكل واسع على أنه (عملية ذات مغزى بين الأفراد).

وعرفه آخر بأنه:

(عملية إرسال محددة للمعلومات واستقبالها وفهم محتواها بين شخص وأخر) .

وعرف **نيومان سولرمار** عملية الاتصال بأنها **(تبادل للحقائق والأفكار والآراء والمشاعر بين شخصين أو أكثر)** .

عناصر عملية الاتصال:

تتكون عملية الاتصال من عدة عناصر رئيسة هي:

1) المرسل:

وهو الشخص صاحب الفكرة وصاحب الرسالة أو المعلومة التي يتم ترجمتها وترميزها على شكل كلمات أو أرقام أو صور أو إشارات يتم فهمها من قبل المستقبل أو متلقي الرسالة.

2) الرسالة:

وهي المعلومة أو الفكرة المراد إرسالها ويمكن أن نسميها مضمون الاتصال والتي تحتوي على المعلومات المراد إرسالها ويمكن أن تكون الرسالة شفوية أو مكتوبة.

3) مستقبل الرسالة:

وهو الشخص متلقي المعلومة أو هو الشخص الذي يتلقى الرسالة ويحل رموزها و يحولها إلى أفكار أو رموز مفهومة، وعندما يتلقى المستقبل الرسالة ويقوم بترجمتها وفك طلاسمها بنفس الطريقة التي يردها مرسل الرسالة يكون الاتصال قد تم بصورة جيدة ويمكن أن نطلق على هذه الحالة اتصال ناجح.

4) القناة:

هي الوسيلة أو الأداة التي تمرر بها الرسالة أو ترسل عن طريقها المعلومة أو الفكرة، وتختلف هذه الوسيلة باختلاف نوع الرسالة أو المعلومة المراد توصيلها من قبل المرسل، ومن هذه الوسائل أو القنوات ما هو شفهي أو سمعي ومنها ما هو مرئي، واختيار هذه الوسيلة يختلف باختلاف نوع الاتصال وأهميته.

مسؤولية المرسل:

هناك عدة مسؤوليات تقع على عاتق المرسل نذكر منها:

1. أن يتأكد المرسل من الهدف من عملية الاتصال.

2. يجب أن يختار المرسل وقت الاتصال المناسب.

3. يجب على المرسل اختيار وسيلة الاتصال المناسبة والملائمة.

4. يجب على المرسل أن يجعل الرسالة مفهومة لدى المستقبل وذلك باستخدام الرموز المناسبة.

مسؤولية المستقبل:

1. الاستماع بفعالية للمرسل .

2. يجب على المستقبل أن يشير إلى وسيلة الاتصال المناسبة .

3. يجب على المستقبل أن يبادر بالتغذية الراجعة بحيث يتسنى للمرسل أن يتأكد من وصول الرسالة بالصورة المطلوبة.

قواعد الاتصال:

يمكن أن نلخص القواعد والخصائص التي تحكم الاتصال فيما يلي:

1. أن تكون الاتصالات بلغة مفهومة تماما لكل من مرسلها ومستقبلها وهذه الخاصية تمكن من التغلب على كثير من مشاكل الاتصالات مثل الأخطاء أو سوء التعبير.

2. أن يكون هناك انتباه كامل من المرسل عند إرساله للرسالة ومن المستقبل عند تلقيه لها فمن الملاحظ أنه وحتى وإن كانت الرسالة واضحة فلن يكون هناك اتصال جيد إذا لم تفهم الرسالة وهو ما يقتضي الانتباه الكامل .

3. يجب أن يدعم الاتصال الأهداف التنظيمية ، لأن الاتصال ما هو إلا وسيلة وليس غاية وهو في الواقع أداة المدير في الحفاظ والإبقاء على التعاون وتمرير الأوامر وتلقي التغذية الراجعة.

4. من المهم استخدام التنظيم غير الرسمي كوسيلة للاتصال كلما اقتضى الأمر

ذلك فالتنظيم غير الرسمي جزء مهم لا يمكن إغفاله بالنسبة لتنظيم المنشاة ومن الواجب عـل المـديرين تقبله واستثماره الاستثمار الأنسب لتحقيق أهداف المنشأة.

أنواع الاتصالات الإدارية

هناك العديد من أنواع الاتصالات يمكن تلخيصها فيما يلي:

1) الاتصال الشخصي (المباشر):

هو ذلك الاتصال الذي يتلقى فيه المرسل و المستقبل وجها لوجـه أو صوتا لـصوت ومن أمثلـة ذلك (الهاتف، الاجتماعات، المؤتمرات، وغيرها من الوسائل التي تمكن إيجاد اتصال مباشر بين المرسل والمستقبل.

2) الاتصال غير الشخصي (غير مباشر):

هو ذلك النوع الذي يتميز بخلوة من أي نوع من أنواع المباشرة بين المرسل والمستقبل .وعادة ما يتم عـبر الرسائل والمذكرات والتقارير.

3) الاتصال الرسمي:

وهو الذي يتم عبر القنوات الرسمية في المنظمة ويمكن تقسيمه إلى ثلاثة أنواع:

أ) الاتصال النازل :

هو ذلك الاتصال الذي يتجه من قمة الهرم الإداري إلى القاعدة ويسمى بالاتصال النازل وعادة ما يحتوي على الأوامر والقرارات والتعليمات والسياسات ، وتكون طبيعة مثل هذا الاتصال توجيهية حيث يهدف إلى رقابة العاملين وتوجيههم في الاتجاه الصحيح.

ب) الاتصال الصاعد:

هـو عكـس الاتـصال النـازل حيـث يتجـه مـن قاعـدة الهـرم الإداري باتجـاه القمـة، أي مـن الأفـراد المرؤوسـين إلى رؤسـائهم وعـادة مـا يحتـوي عـلى ردة فعـل العـاملين حيـث

يكون على شكل تقارير أو بيانات ويعد هذا الاتصال من الوسائل المهمة في تحفيز العاملين وزيادة إنتاجهم.

ج) الاتصال الأفقي:

هو الاتصال الذي يتم بين الأفراد في نفس المستوي الإداري ، مثل الاجتماع الذي يتم بين مديري الإدارات ، أو رؤساء الأقسام في نفس المنظمة.

4) الاتصال غير الرسمي:

هو الاتصال الذي يتم بين الأفراد داخل المنظمة على أساس العلاقات الشخصية والاجتماعية بينهم، وهذا النوع من الاتصالات هو السبب الرئيس في قيام ما يعرف بالتنظيم غير الرسمي الذي تطرقنا له في فصل سابق (التنظيم الإداري). ودائما ما ينشأ مثل هذا النوع من الاتصالات (الاتصال غير الرسمي) عندما تكون خطوط الاتصالات الرسمية طويلة ومعقدة.

خصائص الاتصال الفعال:

1) الوضوح:

من المهم أن تكون الرسالة واضحة حتى يتحقق الفهم المطلوب للرسالة وهذه المهمة غالبا ما تقع على عاتق المرسل للرسالة.

2) الإعداد الجيد:

وهي مهمة أساسية للمرسل أن يهيئ الوسيلة الجيدة والطريق الأسهل والأفضل لإيصال الرسالة ونوع الوسيلة التي عبرها يتم الارسال.

3) التوقيت الجيد:

لا يمكن للمستقبل أن يستقبل أي رسالة وفي أي وقت فاختيار الوقت المناسب

لإرسال الرسالة مهم جدا حتى يتسنى للمستقبل استقبالها بشكل أفضل وأسهل مما يسهل عملية الفهـم للرسالة.

4)اختيار الوسيله المناسبة:

هذه من الأهمية بمكان، حيث أن اختيار الوسيلة الجيدة يسهل عملية وصول ووضوح الرسالة للمستقبل، حيث أن بعض الوسائل ليست مناسبة وغير ملائمة لبعض عمليات الاتصال.

متابعة عملية الاتصال:

قد نستوفي كل المتطلبات السابقة ولكن إهمال متابعة الاتصالات قد يعني احباط كـل المجهـودات التـي بذلت في عملية الاتصال فالاتصال الجيد يجب أن يتبعه متابعة جيدة لضمان تحقيق المراد من الاتصال.

معوقات الاتصال :

1) لغة الاتصال

تعد اللغة المستخدمة في عملية الاتصال من الأهمية بمكان حيث ان اللغة الغير واضحة او التي تحمـل اكثر من معني او التي تكون غير دارجة او غير شائعة الاستعمال واحدة من اهم الأسباب التـي تعيـق عمليـة الاتصال والتي تسبب صعوبة في إيصال المعلومة المراد إيصالها او تحد من تحقيق الهدف من علمية الاتصال لذلك يجب اختيار اللغة والكلمات التي تناسب المستقبل للرسالة.

2) الوقت :

ان للوقـت أهميـة بالغـة في عمليـة الاتصـال، لـذلك فـان ضغط الوقـت الـذي يـتم فيـه الاتصـال قـد يـؤدي الي عـدم اكـتمال الرسالة اوعـدم الـتمكن مـن إيـصالها بـصورة

واضحة. وان عدم توافر الوقت الكافي للمستقبل لتفهم الرسالة قد يعيق من وصول المعلومة بالصورة التي اريد لها مما يعيق من عملية الاتصال .

3) العنصر الاجتماعي:

يعد الاتصال ظاهرة اجتماعية لذلك فهو يتاثر بالعوامل الاجتماعية والتغيرات النفسية للفرد فالشخص الذي يكون في حالة نفسية جيدة عادة ما يفسر الرسالة بصورة جيدة والعكس فانه يمكن ان يفسر الرسالة بصورة مختلفة وقد تكون سلبية في حال انه غير متوازن نفسيا.

4) حجم المنظمة :

فكلما ذاد حجم المنظمة وتعددت مستوياتها الإشرافية كلما تعقدت عملية الاتصالات فبعد الإدارة العليا عن مواقع التنفيذ واعتمادها علي ما يصل من تقارير ورسائل رسمية ،والتي عادة ما تقلل من كفاءة عملية الاتصال وذلك لعدة أسباب أهمها عدم صدق البيانات والمعلومات المرفوعة للإدارة العليا من قبل المرؤوسين مما يقلل من فعالية القرارات المتخذة والتي قد يترتب عليها أخطاء جسيمة قد تطيح بالمنظمة او توقف نشاطها .

الحفز الإنساني

مقدمة:

تعتبر عملية الحفز الإنساني مهمة فعالة وذات تأثير كبير على مستوى الإنتاج لدى المنظمات الإدارية وقطاعات الأعمال ككل فهي تهتم بأهم عنصر في عناصر الإنتاج ألا وهو المورد البشري (الأفراد).

ويهتم موضوع الحفز الإنساني ببحث ودراسة أسباب قيام الفرد بعمل ما بحماس واندفاع ، بينما لا يتوفر مثل هذا الحماس والاندفاع عند شخص أخر ، أو للشخص ذلته في أزمنة مختلفة ، أن تفسير هذا الاختلاف السلوكي عند الأفراد في العمل له علاقة بالحوافز التي تقدمها المؤسسة للأفراد العاملين بها ومدي تحقيق حالة الرضاء عندهم.

لذلك يمنك القول أن الهدف من الحفز هو زيادة الإنتاج عند الأفراد ، وهذا الانجاز يتحقق عن طريق التفاعل بين الحفز وقدرات الفرد حيث يمكن التعبير عن ذلك بالمعادلة التالية:

(انجاز الفرد = الحفز + قدرات الفرد)

وهذا يعني أن قدرات الفرد ومؤهلاته وخبراته لا تكفي لوحدها لضمان الانجاز بالمستوي المطلوب ، إنما يحتاج إلي عامل أخر يجب علي المؤسسة توفيره وهو الحفز الكافي لكي تحقق الانجاز المطلوب.

تعريف الحفز الإنساني:

يعرف الحفز بأنه مؤثر خارجي يحرك وينشط الفرد لإشباع حاجات ورغبات معينة من اجل تخفيف حالات التوتر المصاحبة للنقص في إشباع تلك الحاجات

الحوافز قد تكون إيجابية (ثواب) أو سلبية (عقاب)، فالحوافز الإيجابية لدعم الأداء المتميز، والسلبية تهدف إلى تغيير السلوك أو الأداء السيئ والمنخفض.

بجدر بنا الإشارة هنا إلي أن الكثير من الناس يخلط بين مفهوم الدافع والحافز بل إن البعض يدرجهما تحت نفس المفهوم لذلك يجب التفريق بينهما حيث أن الدافع هو عبارة عن مجموعة من العوامل الداخلية لدى الفرد والتي تتحكم في تصرفاته وتوجه سلوكه أثناء العمل لتحقيق أهدافه ورغباته ويجب أن نعلم أنه من الصعب التنبؤ بدوافع الفرد أياً كان أما الحافز فيتمثل في مجموعة عوامل تأثير خارجية من شأنها دفع الفرد إلى رفع مستوى الأداء عن طريق إشباع الحاجات ألماديه والمعنوية لديه (أو يمكن القول أن الحافز عبارة عن مؤثر خارجي يتوقعه الفرد نتيجة لأدائه المتميز).

ومن خلال توضيح الفارق هنا يتضح أن الحافز يسبق الدافع عند استخدامه في عملية الإنتاج لطالما أن الحافز سيؤثر على سلوك الفرد وهذا السلوك هو نابع في الأصل من دوافع الفرد أو العامل داخل المنظمة.

من خلال ما سبق يمكن تعريف الحفز الإنساني :

(بأنه مجموعة من المؤثرات المادية والمعنوية التي تعمل على دفع الفرد لأداء الأعمال الموكلة إليه بكفاءة وفعالية عالية).

ونستخلص من هذا التعريف أن الحفز الإنساني عملية لاستثارة القدرات الإنسانية وتحويلها إلى سلوك إنتاجي موجه.

تعريف آخر:

(طالما أن الأجر أو المرتب هو العائد الذي يحصل عليه الفرد مقابل أدائه للأعمال ألموكله إليه فالحافز هو العائد الذي يحصل عليه الفرد نتيجة الأداء

المتميز أو الإنتاج العالي لديه)

أهمية الحفز الإنساني:

يمكن أن نلخص أهمية الحفز الإنساني في الأتي :

1. زيادة الإنتاجية وبالتالي زيادة الربحية.

2. خلق الولاء لدى العاملين من خلال رفع مستوى الدخل لديهم عن طريق الحافز المادي.

3. تقليل الهدر على مستوى الوقت والمواد خلال عملية الإنتاج.

4. القضاء على مشاكل عديدة في العمل مثل دوران العمل السلبي والغياب.

5. خلق شعور الانتماء لدى العاملين وبأنهم يمثلون جزء مهم في المنظمة من خلال رفع الروح المعنوية لديهم عن طريق الحوافز المعنوية.

أنواع الحفز الإنساني:

أن الدوافع هي قوي داخلية تحرك الإنسان لمزيد من العمل. أما الحوافز فهي المؤثرات الخارجية التي تؤثر في القوي الداخلية للإنسان. فيما يلي نستعرض أنواع الحوافز التي يمكن للمؤسسة توفيرها للعاملين من اجل الوصول بهم إلي اعلي إنتاجية ممكنة. ويكمن تقسيم هذه أنواع الحفز الإنساني إلي نوعين رئيسيين.

- الحوافز المادية.
- الحوافز المعنوية

الحوافز المادية:

تتعدد أشكال الحوافز المادية

- فقد تكون على شكل زيادة في الأجر الأساسي للعامل بناءاً على تقارير الأداء التي يعدها المدير وهي تمنح مرة واحدة في العام لكنها تستمر لأنها تضاف

إلى الأجر الرئيسي. وهذه الطريقة من الحوافز تعد الأكثر تأثيراً على مستوى الحوافز ككل.

◄ كما يمكن أن تتمثل في مبلغ معين يتم منحه للموظف كمكافأة نظير الأداء المتميز دون إضافته إلى الأجر الأساسي، وهذه الطريقة تعد الأكثر شيوعاً.

وهنا يجب التنويه على استخدام الحوافز المادية من قبل المنظمة بحذر شديد لأن هذا النوع قد يقلل من فرص العمل الجماعي بشكل فعال ولهذا بعض المنظمات تمنح حوافز جماعية بالإضافة للفردية.

الحوافز المعنوية:

و تتمثل هذا الحوافز في أحد الأشكال التالية:

◄ الترقية.

◄ خطابات الشكر والتقدير.

◄ المشاركة في اتخاذ القرارات.

◄ إقامة حفلات سنوية للمنظمة ومن خلالها يتم منح شهادات التقدير لأفضل العاملين أداء.

◄ منح بعض الجوائز العينية كصرف ملابس العمل أو تقديم هدايا أو ما شابه

◄ ترشيح الموظف ومنحه تذاكر سفر لحضور بعض المؤتمرات أو الندوات

نظريات الحفز الإنساني

هناك العديد من النظريات التي تهتم بموضوع الحفز الإنساني ومدى تأثيره على الأفراد وبالتالي على مستوى الإنتاج في المنظمة وقد بدأ المفكر الإداري **تـايلور** بأول الاستنتاجات حول هذا الموضوع من خلال تجاريه ودراساته في مصنع **هوثورن** في

عام 1927م عندما قام بدراسة تأثير بعض العوامل الخارجية على الأفراد ومدى استجابتهم لهذه العوامل ومن أهم النظريات في مجال الحفز الإنساني وأبرزها ما يلي:

نظرية تدرج الحاجات أو نظرية ماسلو:

تعتبر نظرية تدرج الحاجات الإنسانية للعالم **أبراهام ماسلو** من أهم و أكثر النظريات شيوعاً وتعتبر مساهمات **ماسلو** من المساهمات الرائدة أيضا في مجال العلوم السلوكية بل إنها تمثل نقطة البداية في دراسة موضوع الدافعية والحوافز.

وقد ادارك **ماسلو** بان الحاجات هي من أهم محددات السلوك الإنساني .وفي تفسيرنا لنظرية **ماسلو** ، نرى أن السلوك الإنساني في كثير من الأحيان هو انعكاس لهذه الحاجات ، وذلك كما يلي :

نظرية هيرزبيرغ

وتعرف هذه النظرية أيضاً بنظرية ـ نظرية عوامل الوقاية وعوامل الدفع وقد ظهرت في عام 1959م، وتعتمد هذه النظرية على فلسفة خاصة تتعلق بالرضا الوظيفي وعدم الرضا الوظيفي وكل من هاتين الحالتين مرتبط بعوامل مختلفة .

وتقوم هذه الفلسفة على اعتبار أن الرضي عكسه عدم الرضا وليس استياء، كما أن الاستياء يعني عكسه عدم استياء وليس رضا، بمعني أن الفرد قد يكون غير راضي في العمل ولكن ليس بالضرورة أن يكون مستاء وهذا ما يسمى بالحياد

وللتوضيح أكثر نفترض أن المنظمة قامت على إزالة العوامل التي قد تسبب عدم الرضا فإنه ليس بالضرورة أن تخلق هذه الحالة نوعاً من الرضا بل قد تخلق حالة من عدم الاستياء لدى الفرد وبقاءه على الحياد ومن هنا قام **هيرزبيرغ** بتصنيف

العوامل التي تقود إلى حالة عدم الرضا بالعوامل الوقائية، أما العوامل التي تحقق الرضا فسماها بعوامل الدافعية.

وقد ركزت نظرية **هيرزبيرغ** دور العمل وأهميته في حياة الأفراد العاملين حيث قام بتصنيف العوامل التي تقود إلى حالة عدم الرضا بالعوامل الوقائية، أما العوامل التي تحقق الرضا فسماها بعوامل الدافعية

وتتمثل العوامل الوقائية في.

1. سياسة الشركة وإدارتها

2. نمط الإشراف

3. العلاقة مع الرؤساء

4. ظروف العمل

5. الأجور والمرتبات والمكافآت

6. المركز الاجتماعي

7. الأمن الوظيفي

8. التأثيرات علي الحياة الشخصية.

أما عوامل الدفع فتتمثل في:

1. الشعور بالانجاز .

2. إدراك الشخص لقيمة عمله نتيجة إتقانه.

3. أهمية العمل نفسه كونه إبداعيا وفيه نوع من التحدي

4. المسؤولية ومدي تحكم الشخص في وظيفته ومدي مسؤولية الشخص عن الآخرين

5. إمكانيات التقدم في الوظيفة.

وقد بين **هيرزبرغ** أن العوامل الدافعة ، أن وجدت فهي تؤدي إلي تحسن الإنتاج لأنها دوافع ذاتية وتـوفر شعورا ايجابيا لدي الأفراد وتعطيهم فرصا للتطور الشخصي مما يدفعهم لمزيد من العمل وتحسين الإنتاجية .

X: Z & نظرية دوجلاس ماك جريجور

يعتبر **ماك جريجور** وهو واضع نظريتي Z & X حيـث انتقـد مـن خـلال النظريـة الأولي (X) أفكـار المدرسة الكلاسيكية خاصة في نظرتها إلي العنصر البشري وطريقة تعاملها معه. وفي النظرية الثانيـة (Z) فقـد عبر من خلالها عن وجهة نظره عن كيفية التعامل الصحيح والإنساني وع العنصر البشري، وكان ماك جريجور أول من دعي إلي إحداث التكامل بين أهداف المنشاة وأهداف الفرد العامل .

أولا نظرية (X):

لخص ماك جريجور في نظريته (X) أفكار المدرسة الكلاسيكية في تعاملهـا مـع العنصر البشري بالـشكل التالي:

1. الإنسان يكره العمل ويحاول تجنبه إذا استطاع ذلك وبالتالي لابد من إجباره.

2. الإنسان طموحه قليل فهو لا يبحث إلا عن الأمان والاستقرار في العمل ولا يحب تحمل المسؤولية.

3. الحافز المادي والعاب هما الأسلوب الأمثل والمناسب لإجبار الإنسان علي العمل والإنتاج.

4. الإدارة الضعيفة هي التي تستجيب لطلبات العاملين .

ثانيا نظرية (Z) :

ركز ماك جريجور في نظريته (Z) علي التكامل بين أهداف الفرد وأهداف المنشاة وكتب يقول أن تطبيق نظريو (..) سيؤدي إلي إرضاء الأفراد العاملين وسيعزز انتمائهم وبالتالي فلا خوف علي مستقبلهم الوظيفي و من ابرز الأفكار التي تضمنها نظرية (Z) ما يلي :

1/ عندما ينخفض أداء الفرد العامل فان هذا الفشل لا يكون هو سببه الأول بل رئيسه الذي لم يعرف كيف يوجهه وكيف يحفزه علي العمل ويثير فيه الدافعية.

2/ الحافز المادي والعقاب لا يحفزان علي العمل بل المعاملة الحسنه والإقناع والترغيب هي أدوات تحفيز العمال ، بالإضافة إلي وجود نظام الحوافز المعنوية وليس المادية فقط.

3/ الإنسان يحب عمله إذا وجد معاملة حسنة في المنشاة التي يعمل بها.

4/ إذا اضطرت المنشاة إلي ممارسة السلطة وفرض العقاب علي الأفراد المهملين فيجب أن تمارسها بعقلانية.

5/ الإنسان لا يتهرب من المسؤولية بل يبحث عن التحدي لإثبات نجاحه وتحقيق طموحه.

6/ المرؤوسين يحبون مشاركة الرئيس في اتخاذ القرارات ، ويحبون الشعور بالحرية ويرحبون بالمساعدة في حل مشكلاتهم مع رئيسهم.

مما سبق نفهم أن **ماك جريجور** قصد في نظريته (..) أن تكون المنشاة مكان عمل محبب للنفس ، وإشعاره أن وجوده وعمله فيها هو مصدر مهم لإشباع حاجاته المادية والمعنوية والنفسية والاجتماعية ، وان مستقبله الوظيفي مرتبط بها

نظرية دافع الانجاز لماكيلاند:

وتعرف أيضا بنظرية الحاجة للانجاز وارتبطت هذه النظرية بكل من **(ماكيلاند)** و**(واتكنسون)** وافترضت هذه النظرية أن عوامل الواقعية هي عوامل ذاتية داخلية تتصل بالقوي والرغبات الداخليـة لـدي الفـرد المتمثلة برغبته في التميز والإبداع، وينعكس ذلك عمليا علي الأفراد من هـذه الفئة لأنهـم يفضلون الأعـمال ذات الطبيعة غير الروتينية والتي تتصف بنوع من التحدي، ويمكن قياس أثرها والتفاخر بهـا، والأفـراد هـؤلاء يبذلون جهودا أكثر من غيرها إثباتا لأنفسهم وإرضاء لذاتهم بغض النظر عن ارتباط عملهـم المتميـز بمكافآت ومنافع مادية.

الرقابة الإدارية

الرقابة الإدارية هي الوظيفة المكملة لحلقة الوظائف الإدارية وهى النشاط الذي براد به التأكد من أن الخطة قد تم تنفيذها حسب ما خطط له وهى عملية مراجعة للأداء وقياس النتائج ومقارنتها بالخطة الموضوعة مسبقاً للتحقق من بلوغ الهدف المنشود.

تهدف الرقابة إلى التأكد من أن الأوضاع المعينة تتفق مع الخطط فالرقابة تقيس الأداء وتصحح الانحرافات وتتأكد من تحقيق الخطط الموضوعة. فلا رقابة بدون تخطيط ولا فائدة من خطة بلا رقابة عليها لاكتشاف وتصحيح الانحرافات .

وتستدعي عملية الرقابة أن يكون هناك معايير معينة ومحددة يتم مقارنة النتائج بها وتزداد مشكلة الرقابة وتتعقد كل ما كبر حجم المنشأة وزاد عدد أفرادها وقلت الأعمال الروتينية فيها الأمر الذي يلقي عبئاً كبيراً على نظام الرقابة.

تطورت وظيفة الرقابة في الوقت الحاضر وأصبح لها مفهوم ديناميكي متحرك فبعد أن كانت وظيفة الرقابة هي انتظار وقوع الأخطاء لتقوم بإصلاحها أصبحت هذه الوظيفة تسعى لاكتشاف الأخطاء قبل وقوعها والعمل على منع وقوعها ما أمكن.

يمكن أن نقول ان الرقابة الإدارية هي قياس أداء المرؤوسين وتصحيحه من اجل التأكد من الأهداف والخطط المرسومة لبلوغها قد نفذ1ت مع تحديد مسئولية كل ذي سلطة والكشف عن مواطن العيب والخلل حتى يمكن تفاديها والوصول بالإدارة إلى أكبر كفاءة ممكنة.

وبعبارة أخرى هي الوظيفة التي يستطيع بها كل مدير إبتداء من الوزير إلى رئيس العمال أن يتأكد من إن ما تم فعله هو الذي كان يقصد لإتمامه.

تعريف الرقابة :

عرف الفرنسي **هنرى فايولو** الرقابة بأنها:

(التأكد مما إذا كان كل شيء يحدث طبقاً للخطة الموضوعة والتعليمات الصادرة والمبادئ المحددة وأن غرضها هو الإشارة غالي نقاط الضعف والأخطاء بقصد معالجتها ومنع تكرار حدوثها وهى تطبق على كـل شيء) .

أما جورج تيري فقد عرف الرقابة بأنها:

(قدرة المدير على التأثير في سلوك الأفراد في تنظيم معين بحيث يحقق هذا التأثير النتائج المستهدفة)

وعرفها كذلك وقال:

(الإشراف والمراجعة من سلطة أعلى بقصد معرفة كيفيـة سـير الأعمال والتأكد مـن أن المـواد المتاحـة تستخدم وفقاً للخطة الموضوعة).

وعرفها أحد كتاب الإدارة العرب:

(بأنها العملية التي تسعى إلى التأكد مـن أن الأهـداف والسياسات المرسومة والخطط والتعليمات الموجهة إنما تنفذ بدقة وعناية . كما تعني الرقابة أن النتائج المحققة تطابق تماما ما تتوقعه الإدارة وتصبو إليه) .

وعرفها فايلو

(أن الرقابة في المشروع تقوم على التحقيق مما إذا كان كل شيء يسير وفقاً للخطة الموضوعة وللتعليمات الصادرة والقواعد المنشاة).

ومن خلال التعريفات السابقة الذكر نجد أن علما الإدارة اجمعوا علي التعليمات التالية:

1/ أن الرقابة الإدارية تهتم بقياس الأداء عن طريق مقارنته بالمعايير الموضوعة سلفا في الخطة.

2/ أن الرقابة ليست وظيفة مستقلة أو منفصلة عن الوظائف الإدارية الأخرى وإنما عمليه ملازمـة لأداء كل منها بحيث يكتمل بها العمل الإداري.

3/ أن الرقابة واجبة وضرورية لجميع الأنشطة في المؤسسة للتأكد التـام مـن أن العمـل يـسير بدقـة نحـو تحقيق تلك الأهداف.

4/ أن الرقابة الإداريـة في مـنظمات الأعـمال وظيفـة ضرورية لكـل مـستوي مـن المـستويات الإداريـة في التنظيم.

علاقة الرقابة بالتخطيط:

مما سبق نلاحظ أن هناك علاقة مباشرة ووثيقة وتبادلية بمعني أن التخطيط يعتمد علي نتائج العمليـة الرقابية ، وكذلك فان التخطيط يمد الرقابة بمعايير الأداء والرقابة تمد التخطيط بالمعلومـات الكافيـة عـن سـير تنفيذ الخطة وحجم الانجاز الذي تحقق.

خصائص الرقابة:

آن الرقابة الإدارية تهتم بقياس الأداء عن طريق مقارنته بالمعايير التي تم وضعها في الخطة ثم تـصحيح الانحرافات السلبية وتدعيم الانحرافات إيجابية.

1. أن الرقابة ليست وظيفة مستقلة أو منفصلة عن الوظائف الإدارية الأخرى وإنما هي عملية ملازمة لكل منها.

2. أن الرقابة وظيفة ضرورية لكل مستوى من مستويات الإدارة في التنظيم .

3. أن الرقابة واجبة وضرورية لجميع الأنشطة في المؤسسة.

أهداف الرقابة:

1. الوقوف على المشكلات والعقبات التي تعترض انسياب العمل التنفيذي بقصد تذليلها.

2. اكتشاف الأخطاء فور وقوعها أو وهى في طريقها إلى الوقوع كي تعالج فوراً أو يمنع حدوثها .

3. التأكد من أن العمليات المعينة تؤدى وفقاً للأصول المقررة .

4. التثبت من أن القواعد المقررة مطبقة على وجهها الصحيح .

5. التأكد من أن القوانين منفذه وأن السلطة والعمل التنفيذي يسيران في إطار القانون.

6. التأكد من أن المستويات الإدارية العليا على إلمام تام بما يكن من الأعمال في المستويات التي تـشرف عليها.

7. التأكد من أن حقوق العاملين بالمنشأة محترمة.

8. الحد من تكاليف العمل وإيقاف الإسراف الزائد .

الشروط الواجب توفرها في النظام الرقابي:

1) السرعة في كشف الانحرافات :

أن النظام الرقابي الذي يتنبأ بالانحرافات فور وقوعها يعد نظاماً جيداً أما الأمثل والأجدر هو ذلك النظام الرقابي الذي يكشف الانحرافات قبل أن تحدث ويرجع ذلك إلى وجود وسائل اتـصال سريعـة وجيـدة بحيـث تصل المعلومة ألي المدراء بأسرع ما يمكن.

2) **المرونة في نظام الرقابة :**

يجب أن يكون نظام الرقابة المتبع في الإدارة فعال ومرن حتى يؤدى رسالته على الوجه المطلوب وحتى يتمكن من اكتشاف الأخطاء.

3) **الاقتصاد فئ التكاليف :**

في سبيل ذلك لا ينبغي للرقابة أن تؤدي إلى زيادة التكاليف عما هو مقدرلها وإلا أصبحت الرقابة في حد ذاتها انحرافاً عن الخطة .

4) **الوضوح وسهولة الفهم :**

يجب أن يكون النظام الرقابي واضحاً ومفهوما خاصة إذا استخدمت فيه معادلات رياضية أو خرائط رقابية أو تحاليل إحصائية حتى يتيسر فهمه بواسطة الكثيرين وفي هذه الحالة يجب أن يكون هناك شرحاً وافياً للنظام الرقابي وذ1لك يجب أن يكون هناك قدراً كافياً من التدريب عليه وإذا أمكن يمكن كتابة شرح لطرق استخدام الأدوات الرقابية كل أداة على حدها.

5) إمكانية تصحيح الأخطاء :

يصبح النظام الرقابي نظاماً بناءا وفعالاً حين لا يكتشف الأخطاء فحسب بل حين يصحح هذه الأخطاء.

مجالات الرقابة :

تمارس الإدارة وظيفة الرقابة على جميع الأنشطة والموارد والإمكانيات فهناك الرقابة على :

1. الأموال
2. الرقابة على الخامات والمواد المستخدمة
3. الرقابة على الآلات والمعدات

4. الرقابة على جودة السلعة والخدمة المنتجة

5. الرقابة على الأهداف والخطط والإجراءات

6. الرقابة على الوقت

7. الرقابة على عمل الموظفين

8. الرقابة على علاقة المنظمة بغيرها من المنظمات

وتستخدم الإدارة في ذلك معايير متنوعة - مالية وفنية وإنسانية - لتطبيق الرقابة على البنود المذكورة أعلاه. في الرقابة على الأموال مثلاً نستخدم معايير السيولة والمصاريف والإرادات ، وفي الرقابة على الإنتاج توظف مقاييس الكم والجودة والتكاليف والأداء اليدوي والآلي ، وفي الرقابة على الموظفين نستخدم معادلات الإنتاجية والغياب والتأخير ودوران العمل وتكاليف العمل.

أدوات الرقابة الإدارية

هناك العديد من الأدوات والأساليب التي يمكن استخدامها بالوظيفة الرقابية وأهمها:

1) الميزانية التقديرية:

وتعني عملية الميزانية التقديرية تكوين الخطط الخاصة بفترة زمنية مع التعبير عنها بالأرقام وهى قوائم للنتائج المتوقعة يعبر عنها بقيم مثل الميزانيات التقديرية للإيرادات والمصروفات والإنفاق الرأسمالي والميزانيات العمومية التقديرية.

2) البيانات الإحصائية:

إن التحليل الإحصائي للعديد من أوجه نشاط عمليات المنشأة يمكن المديرين بسهولة تفسير جداول البيانات الإحصائية سواء على شكل جداول أو رسومات بيانية أو خرائط.

3) **التقارير:**

وتعد من هم الأدوات الرقابية على سير الأعمال إذ ترفع التقارير من ادني درجات التنظيم إلى أعلاه متضمنة معلومات عن التغيير في سلوك العاملين أو تجسيداً لبعض الظواهر ونظراً لأن المدير لا يستطيع أن يتفهم دقائق الأمور عن طريق الملاحظة الشخصية لكافة الأعمال فإن التقارير تعينه على ذلك.

4) **السجلات والمراجعة الداخلية :**

تعتبر السجلات وسيلة رئيسية للرقابة الداخلية حيث تستخرج منها البيانات عن الأداء الفعلي للأعمال كما تقارير البيانات الواردة فيما هو مقدر انجازه وتساعد كثيراً في كشف الأخطاء والانحرافات في النواحي المالية .

5) **الملاحظات الشخصية :**

تعتبر من أقدم أدوات الرقابة وهى ما تعرف بالتفتيش وهى عبارة عن اتصال مباشر بين المدير ومرؤوسيه الواقعين تحت أشرافه رأساً ووسيلة الملاحظة الشخصية ها السمع والبصر اى رؤية ما يفعله المنفذون عن كثب والاستماع إلى وجهات نظرهم .

6) **الخرائط الرقابية:**

يرجع فضل ابتكار الخرائط الرقابية لهنري والتي ما زال يعمل بها في مجال الرقابة في كثير من نواحي النشاط ومن أهم هذه الخرائط :

أ) **سجل الآلة :**

ويوضح سجل الآلة كمية العمل الذي تؤديه كل آلة وبيان الوقت الضائع دون استخدام وذلك على هيئة شكل بياني يظهر عدد الساعات التي اشتغلتها الآلة الواحدة في كل يوم وما أنتجته من وحدات سلعية خلال تلك الساعات.

ب) سجل العامل:

والغرض من سجل العامل هو التوصل إلى معرفة الزمن الذي يستغرقه العامل في عمله ومقدار الإنتاج الذي يخرجه خلال تلك الساعات وما يحرزه من تقدم في انجاز العمل.

أنواع الرقابة

يوجد العديد من أنواع الرقابة الإدارية ويمكن التعرف عليها حسب المعايير المستخدمة في تصنيفها مثلاً حسب معيار الزمن، الكمية، النوعية، التكلفة، الشمولية وسوف نستعرض أهم هذه الأنواع فيما يلي :

أولاً : الرقابة من حيث التوقيت حدوثها:

وعلى هذا الأساس يمكن تصنيف الرقابة إلى ثلاثة أنواع :

أ – الرقابة الوقائية

ويعمل هذا النوع على أساس التنبؤ وتوقع الأخطاء واكتشافها قبل حدوثها.

ب- الرقابة المتزامنة :

ويقصد بها مراقبة سير العمل أولاً بأول ويتم قياس الأداء وتقييمه ومقارنته بالمعايير الموضوعة لاكتشاف الانحراف والخطأ لحظة وقوعه والعمل على تصحيحه .

ج - الرقابة اللاحقة :

حيث أن الرقابة لا تتوقف ولا تنتهي بمجرد إنجاز العمل لأنها تقوم بمقارنة الإنجاز الفعلي العام مع المعايير الموضوعة سلفاً في الخطة والغرض هو رصد الانحرافات ومنع تكرار حدوثها في المستقبل.

ثانياً :الرقابة من حيث نوع الانحراف :

وتصنف هذه الرقابة إلى نوعين :

1. **الرقابة الإيجابية:** ويقصد بها تحديد الانحرافات الإيجابية لمعرفة أسبابها وتـدعيمها ومـن ثـم الاستفادة منها بشكل أكبر في المستقبل .

2. **الرقابة السلبية :** ويقصد بها الكشف عن الأخطاء والانحرافات السـلبية وتحديد أسبابها والعمـل على تصحيحها واتخاذ الإجراءات لمنع تكرار حدوثها في المستقبل .

ثالثاً: الرقابة من حيث مستوياتها الإدارية :

وتصنف الرقابة وفق هذا المعيار ضمن ثلاثة أنواع هي :

أ)   الرقابة على مستوى الأفراد :

ويسعى هذا النوع إلى تقييم أداء الأفراد العاملين ومعرفة كفاءتهم وسـلوكهم في العمـل ومقارنـة أدائهـم بالمعايير الخاصة بذلك .

ب)   الرقابة على مستوى الوحدة الإدارية :

ويهدف هذا النوع إلى قياس وتقييم الإنجاز الفعلي لإدارة واحدة أو قسم من أقسامها لمعرفة مدى كفاءة أدائها لمهامها.

ج)   الرقابة على مستوى المؤسسة ككل :

وهو المستوى الثالث والغرض منه تقييم الأداء الكلي للمؤسسة ومعرفة مدى كفاءتها في تحقيق الأهداف العامة التي تعمل من أجل تحقيقها .

رابعاً :الرقابة من حيث مصدرها :

ويمكن تصنيفها وفق هذا المعيار إلى رقابة داخلية ورقابة خارجية :

1 - رقابة داخلية :

وهى الرقابة التي تتم داخل المؤسسة وعلى كافة المستويات الإدارية والأفراد العاملين فيها على اختلاف وظائفهم .

2 - رقابة خارجية :

وهى التي تتم من خارج المؤسسة وتقوم بها أجهزة رقابية متخصصة وتكون تبعيتها في الغالب للدولة مثلاً البنك المركزي جهاز رقابي على البنوك الأخرى

ووزارة الصناعة جهة رقابية على المصانع ووزارة التجارة جهة رقابية على الشركات.

خامساً: الرقابة من حيث تنظيمها:

وتصنف الرقابة وفق هذا المعيار إلى ثلاثة أنواع :

1 - الرقابة المفاجئة :

وهو ذلك النوع من الرقابة الذي يتم بصورة مفاجئة ودون سابق موعد أو إنذار.

2 - الرقابة الدورية :

وهى التي تنفذ وفق جدول زمني منتظم حيث يتم تحديدها يومياً أو أسبوعياً أو شهرياً.

خطوات العملية الرقابية :

قبل الخوض في خطوات العملية الرقابية لابد لنا من معرفة من هو المرقب بمعني من هو الشخص المنوط به القيام بالرقابة وللإجابة علي ذلك علينا أن ندرك أن الرقابة هي مسؤولية جميع العاملين في المؤسسة، ويزداد حجم المسؤولية الرقابية كلما اتجهنا إلي المستويات الاعلي في المنظمة، ولكي تنجح المنظمة في عملها

الرقابي علي تنفيذ الخطة لابد من تحديد وفهم خطوات الرقابة التي سوف نناقشها فيما يلي

الخطوة الأولي

تحديد معايير الأداء :

أن تحديد المعايير علي درجة عالية من الأهمية في العملية الرقابية ، نظرا لأنها تساعد في تقييم الأداء وسلوكيات الأفراد، وتساعد كثير هذه المعايير في تحديد

ماهو متوقع القيام به وكذلك كيفية تقييم العمل المطلوب .

هناك بعض الأسس التي يجب مراعاتها عند وضع المعايير الرقابية ومن هذه الأسس :

1/ وضع معايير بمستوي يناسب كل فرد وقدراته.

2/ اختيار عدد مقبول من المعايير أي لا تكون هذه المعايير قليلة ولا كثيرة يصعب تنفيذها.

3/ المشاركة في وضع المعاير لضمان الالتزام بتنفيذه.

4/ ضرورة شرح المعايير ومضمونها لكل فرد منعا للالتباس.

قياس الأداء الفعلي

تعتمد وسائل قياس الأداء الفعلي علي المعايير التي تم وضعها مسبقا وبالإضافة لذلك مراعاة بعض الأمور عند القيام بقياس الأداء الفعلي والذي كما ذكرنا يعتمد اعتماد كبير علي المعايير الموضوعة ومن الأمور التي يجب مراعاتها هي:

1- نطاق الإشراف:

حيث يجب أن يحدد نطاق الإشراف لمن يقوم بالعملية الرقابية اعتمادا علي مقدراته وإمكانياته .

2- توضح أهداف ألرقابه للمرؤوسين:

يقع علي عاتق المراقب مهمة تهيئة العاملين للمراقبة.

3- ان يكون هناك حد للخطاء المسموح به:

لذلك لانه من الصعب ان يودي الشخص الاعمال المطلوبة منه بدرجة كاملة لذلك من المفترض ترك مساحة للهفوات والاخطاء الطفيفة .

تقيم الانحراف :

وترتبط هذه الخطوة بالخطوة السابقة وعلي ما تسفر به من نتائج والتي اما ان تكون نتائج ايجابية وهذا هو المطلوب وعند اذا لا يكون هناك مبرر للمواصلة للخطوة التالية، او ان تكون النتائج سلبية وهو ما يتطلب القيام بالمرحلة التاية أي الخطوة الرابعه وهي التي تهدف الي تصحيح الانحرافات ليسير العمل في الخط الي رسم له مسبقا عند وضع المعايير والخطط، وهذه الخطوة تستوجب معرفة وحصر اسباب الانحراف للتوصل للمشكلة الأساسية ، وايجاد الطريقة المثلي لتصحيح الانحراف.

اتخاذ الإجراءات التصحيحية :

بعد تحديد الانحراف تاتي هذه الخطوة والتي يتم فيها اتخاذ الاجراءات التصحيحية والتي تتلاءم مع امكانيات وظروف المنظمة المادية والبشرية، والتي تعزز من امكانية عدم تكرار مثل هذه الانحرافات والتي بدورها تجنب المنظمة خطر التكاليف المباشرة والغير مباشرة.

المتابعة :

يجب علي الادارة ان لا تظل حبيسة مكاتبها وان لا تنتظر حتي تطفو المشاكل علي السطح كي تبادر بحلها، ولكن يجب عليها ان تتابع ما اتخذت من اجراءات

تصحيحية كما هو في الخطوة السابقة للتاكد من مدي التزام المرؤسين بهذه الاجراءات ومدي مناسبة هذه الاجراءت التصحيحية لامكانيات المنظمة ، وماهي الايجابيات المحققة من هذه الاجراءات، و ذلك كله يستوجب ان تتحلي الادارة بالنشاط والفعالية والمتابعة المستمرة

تحديد معايير الأداء
قياس الأداء الفعلي
المقارنة وتقييم الانحراف
اتخاذ الإجراءات التصحيحية
المتابعة

شكل يوضح خطوات العملية الرقابية

خصائص الرقابة الفعالة :

من اهم الخصائص التي يجب ان تتوفر في نظام العملية الرقابية :

1- يجب ان يكون النظام الرقابي مرن وقابل للتغيير ومسايرة المتغيرات التكنولوجية .

2- ان تكون المعايير الموضوعة مسبقا والوسائل المستخدمة في العملية الرقابية مناسبة

3- ان تكون الأساليب المستخدمة اقتصادية وغير مكلفة.

4- ان يكون القائم علي امر الرقابة ملما بكيفية استخدام الوسائل الرقابية الحديثة وان تتوفر له الخبرة الفعلية علي تطبيقها.

5- ان لا تكون الوسيلة المستخدمة في العملية الرقابية واحد بل يجب ان تتعدد هذه الوسائل حتي تصلح مع كل الأنشطة او لجميع المنظمات.

التقويـــــم

مقدمة :

من طبيعة الإنسان ومن خلال جهوده المتنوعة في الحياة ، يحاول دائما أن يعرف ماذا أنجز منها ، وماذا بقي عليه لينجز ، والفرد حينما يفعل ذلك إنما يهدف إلى معرفة قيمة الأعمال التي قام بها مقارنة بما بـذل منها من جهد ومال ووقت . وليست معرفة القيمة هنا هدفنا في حد ذاتها ، بقدر ما هـي مقصودة لمعرفة أيستمر الفرد في تلك الجهود التي يبذلها لتحقيق ذلك العمل ، وبنفس الأسلوب الذي كان يتبعه ، أم يتطلب الأمر تغيرا في

الأسلوب ، أو الطريقة للوصول إلى نتائج أفضل . ومـن هـذه المقدمة التي تعتبر خطوة للتعرف عـلى التقويم سوف نتناول معنى التقويم , وأهميته , وأسسه , وخطواته , وأهدافه ووظائفه ومجالاتـه , وأنواعـه

معنى التقويم وأهميته :

المعنى اللغوي :

تعني كلمة التقويم في أصلها اللغوي : تقدير الشيء وإعطائه قيمة ما، والحكم عليه وإصلاح اعوجاجه .

المعنى التربوي :

هو إصدار حكم أو هو العملية التي من خلالها نستطيع أن نتأكد من تحقيق الأهداف التربوية .

المعنى الاصطلاحي :

التقـــويم عمليـــة تشخيصية وعلاجيـــة ووقائيـــة , بمعنـــى أنــه يهــتم بتحديـد نــواحي القـــوة ونقـاط الـضعف في الـشيء أو الموضـوع أو الـشخص المقـوم , وذلـك بالاسـتعانة

بالأدوات والقياسات المتعددة التي تقدم لنا البيانات والأدلة الكافية عما نريد تقويمه , على أن يتم بعد ذلك تقديم العلاج المناسب من أجل التغلب على نواحي الضعف أو أوجه القصور بعد تحديد أسبابها , ثم تدعيم أوجه القوة بالتمسك بمسبباتها .

كذلك يمثل التقويم عملية وقائية , بمعنى أنه يعمل على تفادي الوقوع في الخطأ عندك تكرار المواقف التي كانت موضوع تقويم من قبل , بالاستفادة مما يعرف بالتغذية الراجعة.

وهكذا يكون التقويم عملية تشخيصية علاجية وقائية , حيث يستهدف في المرحلة النهائية تحقيق التعديل أو التحسين والاقتراب قدر الإمكان من الصورة المفضلة , ودليلنا في ذلك قول الله عز وجل (لقد خلقنا الإنسان في أحسن تقويم) , أي في أحسن صورة وأفضل شكل أو هيئة .

تعريف آخر : التقويم هو تقدير مدى صلاحية أو ملائمة شيء ما في ضوء غرض ذي صلة وفي مجال التربية يعرف التقويم بأنه العملية التي يحكم بها على مدى نجاح العملية التربوية في تحقيق الأهداف المنشودة .

ولما كانت التربية تهدف إلى إحداث تغييرات معينة مرغوبة في سلوك المتعلمين , فقد بات من الواضح أن عملية التقويم ترمي إلى معرفة مدى تحقق هذه التغيرات المرغوبة لديهم أو معرفة مدى تقدمهم نحو الأهداف التربوية المراد تحقيقها . ويتضح لنا أن التقويم يمثل جزا لا يتجزأ من عملية التعلم ومقوما أساسيا من مقوماتها , وأنه يواكبها في جميع خطواتها .

ويمكن تبين ذلك بالنظر إلى المهمات الأساسية التي ينبغي على المعلم أن يضطلع بها , حتى يتسنى له النجاح في أداء دوره كمنظم لعملية التعلم , والتي تتمثل فيما يلي :

1- تحديد الأهداف التعليمية أو التغيرات السلوكية التي ينشدها في التلاميذ .

2- اختيار الخبرات التربوية التي يجب أن يمر بها التلاميذ ويتفاعلوا معها حتى تتحقق الأهداف المنشودة .

3- اختيار الطرق والاساليب والوسائل التعليمية التي يقدم بها الخبرات إلى التلاميذ بما يتمشى مع ميولهم واستعداداتهم وخبراتهم السابقة .

4- تقويم مدى تحقق الأهداف , والبحث في مدى مطابقة الأداء الملحوظ للهدف المنشود.

ومن الواضح هذه المهمات تتداخل فيما بينها وتتفاعل , وتسودها علاقات تبادلية , بمعنى أن كل مهمة منها تتأثر بالمهام الأخرى وتؤثر فيها . فالأهداف حين تترجم إلى صيغ سلوكية , فإنها تؤثر في طبيعة الخبرات التي تخطط لمساعدة التلاميذ على تحقيقها ,وفي اختيار الطرق والأساليب والوسائل المستخدمة في تقديم تلك الخبرات.

والتحديد المسبق للنتائج أو العوائد المنتظرة للتعلم يعد شرطا أساسيا لإجراء تقويم سليم والتأكد من مدى تحقق الأهداف , كما أن التقويم يعد ضروريا للحكم على قيمة الأهداف ذاتها , وقد يكشف لنا عن أهداف مفرطة في الطموح , أو أهداف تكون عامة ومثالية إلى الحد الذي يحول دون بلوغها وتقويمها ؛ مما يستدعي العمل على استبعادها وإحلال أهداف محددة وواقعية مكانها .

أهمية التقويم

يعتبر التقويم جزءاً أساسياً بالنسبة للمنهج حيث أن المنهج بمفهومه الشامل يتضمن ثلاثة جوانب رئيسية :

أولاً : تحديد الأهداف التربوية

ثانياً : وضـع الخطـط والبـرامج اللازمـة لتحقيـق هـذه الأهـداف عـن طريـق   اختيـار الطرق والأساليب المختلفة

ثالثاً : عملية تقويم نتائج العملية التربوية بكافة أبعاده ومن ذلك يتبين كيف أن التقويم يعتبر جزءاً أساسياً في العملية التربوية . فهو يتأثر بالمنهج ويؤثر فيه . فهو يتأثر بالمنهج على النحو التالي::

إذا كان المنهج يركز على البيئة أو المجتمع فإن عملية التقويم تنصب على دراسـة التلاميـذ للبيئة ومصادرها وطرق استغلالها . هل أتيحت الفرصة لهم للقيام بالرحلات التعليمية والزيارات الميدانية ؟ هل تكونـت لـدى التلاميذ بعض المفاهيم التي تسخر لخدمة المجتمع ؟ هل أحس التلاميذ بالمشاكل العامـة للمجتمع ؟ وهـل قاموا بالدراسات اللازمة للتغلب على هذه المشاكل ؟

ومن هذا يتضح لنا أن عمليه التقويم تتأثر بمفهوم المنهج.

ومن ناحية أخرى فإن التقويم بدوره لا بد وأن يؤثر في المنهج وفي العملية التربوية:

- فالتقويم الناجح هو الذي يؤدي إلى تغيير بعض الأهداف التربوية وتعديل بعض الأهداف الأخرى
- وهو الذي يؤدي أيضاً إلى تغيير في الطرق والوسائل والأساليب التي تتبع.

- والتقويم الناجح هو الذي يلقي الضوء على الصعاب والمشكلات التي تواجه عند القيام بعملية التربية ، كما يلقي الضوء على جوانب القوة والضعف فيها بحيث يؤدي ذلك في النهاية إلى تدعيم جوانب القوة ومعالجة جوانب الضعف ، وبذلك يكون التقويم أداة هامة من أدوات تطوير المنهج . وهذا الجانب بالذات يغفل عنه الكثيرون .

وللتقويم أهمية بالنسبة للطلاب وآبائهم بحيث يزود الطلاب بالتغذية الراجعة التي تفيدهم في توضيح مدى التقدم الذي أحرزوه أو نقاط الضعف التي مازالوا يعانون منها . كما تؤدي عملية التقويم إلى توضيح الأهداف الخاصة لهم , بحيث يساعدهم ذلك على معرفة ما هو مهم كي يتعلموه , وتعمل على تنمية قدرتهم على التفكير الناقد , والقيام بأعمال تفيدهم في المستقبل . وبالنسبة لأهمية للآباء تكون في توضيح نقاط الضعف عند أبنائهم

ويزودهم بمعلومات عن درجة التقدم التي أحرزها أبنائهم , واكتشاف قدراتهم ومواهبهم وتوضيح الأساليب التي يستطيعون عن طريقتها مساعدتهم .

وكذلك له أهمية بالنسبة للمعلمين والقائمين أو المشرفين على المدارس فهو يفيد المعلمين في تحديد الوضع الحالي لطلابهم وفي إعادة الأهداف الخاصة , وفي الحصول على المعلومات الدقيقة المتعلقة بما حققه الطلاب من نتائج , وفي تحديد أنجح الطرق التي تؤدي إلى إدخال التحسينات في مجال التعليم , وفي اختيار واستخدام المصادر والوسائل الأكثر فعالية للتعلم,وفي مقارنة نتائج تعلم التلاميذ في مدارسهم بنتائج التلاميذ في أجزاء أخرى من القطر الذي يعيشون فيه .

أما بالنسبة للمشرفين على المدارس فالتقويم مهم , وذلك من أجل التعرف على مدى فعالية البرامج المدرسية , والتحقق من جوانب القوة والضعف في المنهج

المدرسي,وتوضيح نقاط القوة نقاط الضعف عند المعلمين , مما يساعد في تحسين طرق تدريسهم , ومقارنة نتائج عملية التدريس في مدرسة ما بنتائج عملية التدريس في مدرسة ثانية على مستوى القطر ثم تحديد جوانب المنهج المدرسي التي تحتاج إلى إجراء بحوث أو دراسات علمية حولها.

- **أسس التقويم :**

هناك مجموعة من الأسس التي ينبغي مراعاتها عند تخطيط وتنفيذ عملية التقويم إذا أردنا لهذه العملية النجاح في بلوغ أهدافها وهذه الأسس هي :

1- أن يكون مستمراً باستمرار العملية التعليمية وبكل مراحلها .

2- أن يكون شاملاً لجميع عناصر العملية التعليمية ولجميع مستويات الأهداف.

3- أن يتم على ضوئه متابعة المتعلم من خلال الخطة العلاجية التي وضعت لتقويمه.

4- أن يتم تقويم البرامج التعليمية .

5- أن يتم التقويم بشكل تعاوني وبحيث يشترك فيه كل من يؤثر أو يتأثر فيه كأولياء أمور الطلاب.

6- أن تستمر متابعة المتعلم أو ما تم تقييمه وتقويمه وملاحظة أية تغيرات إيجابية أو سلبية عليه وأخذها بعين الاعتبار إن لزم الأمر.

- **خطوات عملية التقويم :**

التقويم ليس نشاطا بسيطا ولكنه عملية معقدة تحتوي على الكثير من الأنشطة وتسير في عدة خطوات وهي :

1- تحديد الهدف من التقويم .

2- تقرير المواقف التي يمكننا أن نجمع منها معلومات تقريبية متصلة بالهدف .

3- تحديد كمية الأهداف التي نحتاج إليها .

4- تصميم وبناء أدوات وأساليب التقويم مثل الاختبارات وبطاقات الملاحظة وقوائم الجرد .

5- جمع البيانات بالأدوات المقررة ومن المواقف المحددة .

6- تحليل البيانات وتسجيلها في صورة يمكن منها الاستدلال والاستنتاج , ويستعان في هـذه الخطوة بالأساليب الإحصائية والتوضيحية المختلفة .

7- تفسير البيانات في صورة تتضح بها المتغيرات والبدائل المتاحة تمهيدا للوصول منها إلى حكم أو قرار .

8- إصدار الحكم أو القرار ومتابعة تنفيذه , حتى يمكن معرفة جدوى المعلومات التقويمية في تحسين الموقف أو الظاهرة أو السلوك الذي نقومه , وتعرف هذه الخطوة باسم التقويم , وهي تؤكد على الطبيعة أو الصلة الدائرية للتقويم التربوي.

● **أهداف التقويم ووظائفه :**

○ توجيه الطلاب إلى نواحي التقدم التي أحرزوها .

○ تحديد نقطة البداية عند الطلاب .

○ تنقيح المنهج أو مراجعته .

○ الحكم على فعالية العملية التربوية وتطويرها .

○ الحكم على طرق التدريس المتبعة .

○ تزويد الطلاب بدرجات عن مستويات تحصيلهم .

○ العمل على إعادة تحديد الأهداف أو صياغتها .

- تحديد المستويات أو المعايير : حيث ينبغي أن يتقن الطلاب مهارات معينة , وأن يتم اختبارهم فيها , للتأكد من وصولهم إلى مستويات أو معايير محددة.
- البرهنة على أن طبيعة المعرفة تراكمية ومتداخلة .
- الوظيفة التشخيصية : وتتركز هذه الوظيفة حول تشخيص كلا من المنهج المدرسي القائم , وعملية التدريس المتبعة , والطالب من حيث تعلمه , والخبرات التي مر بها في المدرسة .

مجالات التقويم :

للتقويم مجالات عديدة يمكن حصر بعضها في الأتي : ـ

1. تقويم عمل المعلم وأسلوب تدريسه والعاملين في التعليم .
2. تقويم المناهج وما يتصل بها من مجتمع مدرسي ، وطرق ووسائل تعليمية وكتب دراسية .
3. تقويم الكفاية الإدارية ، وما يرتبط بها من تشريعات تربوية .
4. تقويم علاقة المدرس بالمجتمع المحيط به .
5. تقويم الخطط التربوية ، وما يتبعها من برامج ومشروعات .
6. تقويم السياسية التعليمية .
7. تقويم إستراتيجية التنمية التربوية ، وغيرها من الأنواع الأخرى ، وكل هذه الأنواع من التقاويم يجمعها رابط مشترك هو أهداف التعليم وما وراءها من حاجات مجتمعية ، ومطالب نمو المتعلمين التي تغبر معايير أساسية كل تقويم تربوي .
8. تقويم الكفاية الخارجية للتعليم ، وخاصة العلاقات التي تربط التعليم بالعمل .

ومجال عملية التقويم هذه هو العمل التعليمي بدءا بالتلميذ الذي يعد محور العملية التعليمية كلها ، وهدفها الأول مرورا بالتعليم ، وما يرتبط بها من سلطات، ومؤسسات تعليمية ، وإداريين ومشرفين ، وينتهي بكل المؤسسات العاملة في المجتمع ، والتي يتصل عملها بالتعليم بشكل أو بآخر .

- **أنواع التقويم :**

1- التقويم التمهيدي :

وهو عملية التقويم التي تتم قبل تجريب برنامج تربوي للحصول على معلومات أساسية حول العناصر المختلفة لتجربته . ودور هذا التقويم يكون في معرفة كل الظروف المحيطة الداخلة في البرنامج بما في ذلك المقومين (الطلبة) وذلك بالتعرف على معلوماتهم (معارفهم) واتجاهاتهم ومهاراتهم وسلوكهم الأمر الذي يعطي أنواع التغييرات المتوقعة أهمية خاصة .

2- التقويم التكويني أو البنائي :

يقصد بالتقويم التكوين ذلك التقويم الذي يتم في أثناء تنفيذ العمل , وهو معني بتعرف (تحقق هدف قصير معين أم لا ؟ وإلى أي مدى ؟) , وبعبارة أخرى فإن التقويم التكويني تشخيص لواقع سير العمل في مراحله المختلفة من أجل أخذ تغذية راجعة تساهم في تفعيل سير العمل أو تعديله لضمان تحقيق الأهداف بالمستوى المطلوب .

3- التقويم الختامي :

يأتي هذا التقويم في نهاية الدرس أو وحدة دراسية أو فصل دراسي على شكل أسئلة متنوعة , والهدف منه قياس تعلم الطلاب المطلوب أو المحدد بالدرس أو بالوحدة أو بالفصل الدراسي .

4- تقويم المتابعة :

لم تكن الأنواع السابقة من التقويم التي تمت في بداية العمل التربوي ، وأثنائه ، وبعده هي خاتمة المطاف فقد يتصور البعض أنه نتيجة للتقويم النهائي الذي يحسم الأمر يكون عمل المقومين قد انتهى ، ولكن الواقع عكس ذلك . فإن تقرير البرنامج التربوي والسير فيه يقتضي أن يكون هناك تقويم متتابع ، ومستمر لما يتم إنجازه ، بحيث إنه يمكن التعديل في بعض الآليات المستخدمة في التقويم ، أو في بعض الأساليب المتبعة ، وفي نفس الوقت يتم قياس النتائج التي تحدث من البرنامج .

الفصل السادس
التخطيط الاستراتيجي في الإدارة المدرسية

❖ مفهوم التخطيط الاستراتيجي في الإدارة المدرسية

❖ أهدافه

❖ أهميته

❖ التفكير الاستراتيجي

❖ الفرق بين التخطيط التربوي والتعليمي

❖ عناصر التخطيط الاستراتيجي

❖ التخطيط الاستراتيجي للتعليم المستمر

❖ التحليل البيئي (SWOT)

التخطيط الاستراتيجي للإدارة المدرسية

التخطيط التعليمي

يعرف التخطيط التعليمي بأنه"العملية المتصلة المستمرة التي تتضمن أساليب البحث الاجتماعي ومبادئ وطرق التربية وعلوم الإدارة والاقتصاد والمالية ، وغايتها أن يحصل التلاميذ على تعليم كاف ذي أهداف واضحة وعلى مراحل محددة تحديدا تاما ، وأن يمكن كل فرد من الحصول على فرصة تعليمية ينمي بها قدراته وأن يسهم إسهاما فعالا بكل ما يستطيع في تقدم البلاد في النواحي الاجتماعية والثقافية والاقتصادية"

أهداف التخطيط التعليمي:

التخطيط بمفهومه الشامل يهدف إلى تحقيق أهداف أعدت لها الخطة وبما أن هذه الأهداف تتنوع وتتباين مجالاتها فإن هذا يحتم علينا تنوع وتباين أهداف التخطيط بناء على أهدافه، وبما أن تركيزنا هنا على التخطيط التعليمي بوجه الخصوص، فمن الجدير بنا أن نشير إلى أن التعليم يعتبر العمود الفقري لعملية التنمية، ولا ينفك عنها بل هو مصنع إعداد الكوادر المؤهلة لحمل هم التنمية على عاتقها ، والتنمية منظومة متكاملة من العمليات التي تلامس وتهم المجتمع بكل زواياه وأركانه ، وهي تتنوع مابين سياسية واجتماعية وثقافية واقتصادية وهذا يقرن أهداف التخطيط التعليمي بكل جزء منها لأنه في النهاية يسهم بشكل كبير في صياغة هذه العوامل وتطويرها وربما تغييرها.

أهداف التخطيط التعليمي

الأهداف الاجتماعية للتخطيط التعليمي

1- المحافظة على التقاليد السامية وتعزيزها في المجتمع.

2- تحقيق مبدأ الديمقراطيةوتكافؤ الفرص في التعليم للرجال والنساء على حد سواء.

3- توفير ما يحتاجه العمل من الكوادر البشرية والقوى العاملة.

4- تطوير المجتمع وجعله مجتمعا مواكبة للتطور والتغيرات.

الأهداف السياسية في التخطيط التعليمي:

1- تنمية الروح الوطنية بين أفراد المجتمع

2- زيادة الانسجام والتفاهم بين الأفراد والشعوب

3- تكوين كيان قوي للدولة بين الشعوب

4- الالتزام بقوانين الدولة والعمل على التماشي مع كل ما يخدم المصلحة العامة للدولة.

الأهداف الاقتصادية للتخطيط التعليمي:

1- زيادة الإنتاجية للفرد وبالتالي للقوى العاملة ورفع كفاءة الأداء

2- المساهمة في تطوير القدرات بغرض التحسين من العملية الاقتصادية للبلد ومجاراة التطور الحديث.

3- التغلب على مشكلة البطالة الحقيقية والمقنعة.

4- فتح مجالات جديدة للبحث العلمي الهادف لتنمية الاقتصاد.

5- حسن استغلال المقدرات وترشيد الصرف وفق الحاجات.

الأهداف الثقافية للتخطيط التعليمي:

1- الاهتمام بالبحث العلمي والمساهمة في نشره يعد تدعيما للثقافة في المجتمع.

2- القضاء على الأمية بشتى مظاهرها.

3-   المساهمة في رسم صورة ثقافية للمجتمع تتعاطى مع متغيرات العصر.

4-   إيجاد نوع من الانسجام والتفاهم مع الثقافات الأخرى.

5-   تنويع مصادر الثقافة ، وطرقها وفقا للإمكانات المتاحة والمناسبة لخدمة العملية التعليمية.

مفهوم التخطيط التربوي

يعرف التخطيط التربوي بأنه:

" **إطار عمل تحليلي نظمي للمؤسسة التربوية بكل مكوناتها وعناصرها في علاقتها بيئتها الداخلية والخارجية لتحقيق وتنمية رؤية متكاملة ومتناسقة لما تريد تحقيقه وفقا لطبيعتها ورسالتها ووظائفها، وضمان تكيفها ومواكبتها لما يحدث أو يطرأ على بيئتها من متغيرات**". ويعرف أيضا بناء على العملية التربوية ومعطياتها وأهدافها كما ذكرنا فيما مضى، فهو يعرف بأنه "مجموعة من التدابير التربوية المحددة التي تتخذ من إنجاز أهداف معينة" وهذه العملية تنطلق من منطلقات تحددها طبيعة المجتمع وما يصبوا إليه وكذلك طبيعة التحديات المواتية للعصر على مختلف الصعد فتنتج الأهداف بناء عليها

الفرق بين التخطيط التربوي والتخطيط التعليمي

الفرق بين التخطيط التربوي والتخطيط التعليمي كالفرق بين مفهوم التربية ومفهوم التعليم فالتخطيط التربوي يختص بكل ما يتم داخل النظام التعليمي في حيث أن التخطيط التربوي أشمل وأعم حيث يضم إلى جانب النظام التعليمي جميع المؤسسات التي تقوم بعملية التربية خارج التعليم كالأسرة ومؤسسات الثقافة والإعلام والمؤسسات الدينية والنوادي الرياضية . ولذلك فما نقوم به هو تخطيط

تعليمي إذ علي النظام التعليمي وهو جزء غير منفصل عن التربية حيث ينظر للتعليم علي أنـه عمليـة تـتم ضمن عملية ومكون رئيس لها.

أهمية التخطيط التربوي

1- تشخيص الأوضاع التعليمية والتربوية الحالية وتقييم الهيكل التعليمي القـائم ودراسـة مـدي تناسـق أجزائه وتفرعاته ومدي الارتباط بينهما.

2- رسم السياسة التعليمية جملة وتفصيلاً للاستجابة لمتطلبات التنمية الشاملة للبلاد.

3- النظرة البعيدة الواعية إلي المستقبل ورسم الخطط علي المدى الطويل.

4- التوعية والإصلاح الفني للعملية التربوية وتحديدها وتطويرها.

5- العمل علي التخفيف من حدة الإهدار في التعليم ورفع مستوي كفاءته.

6- إحكام استثمار الوقت.

7- محاولة تقريب الشقة بين التعليم والمجتمع.

8- تحقيق التكامل بين جوانب النظام التربوي.

خصائص التخطيط التربوي

1- التخطيط أسلوب موضوعي للتفكير (تقدير مشكلة معينة واقتراح الحلول المناسبة لها).

2- التخطيط تفكير تحليلي دينام (عدم اتخاذ قرار دون تحليل سابق للبيانات والمعلومات ذات الصلة)

3- التخطيط تفكير تكاملي يراعي التكامل بين عناصر العملية التربوية من حيث المدخلات والمخرجات.

4- التخطيط يتضمن تفكيراً إسقاطياً (النظر للمستقبل نظرة غير أكيدة ومليئة بالاحتمالا)

5- التخطيط يتسم بطابع الفكر التجريبي (تحليل البدائل وتجريبها لاختيار أفضلها)

6- التخطيط نوع من التفكير المثالي(يتسم بالخيال والتخيل منطلقاً من الواقع أو الحاضر)

7- التخطيط تفكير واضح وصريح(يضع أمامه جملة من الاحتمالات والقرارات لكل منها مبرراتها وسندها)

8- التخطيط عملية تفكير ترتبط بالزمن(يفكر في اليوم والغد وما بعد الغد ويحدد أوليات الزمن والتوقيت)

مراحل التخطيط التربوي

-جمع البيانات والمعلومات بشكل مستمر وتحليلها بدقة.

-تحليل البيئة الداخلية للمؤسسة التربوية بكل مكوناتها وعناصرها.

-تحليل البيئة الخارجية للمؤسسة التربوية بكل مكوناتها وعناصرها.

-تحديد الغايات والأهداف والأغراض التربوية.

-تصميم العديد من البدائل (المستقبلات البديلة) في ضوء المعطيات السابقة.

-تحديد العديد من الاستراتيجيات وما يرتبط بها من خطط وقرارات.

-تحديد الإستراتيجية المثلى بما يتناسب مع الظروف الأكثر احتمالا.

-تطبيق الخطة ومتابعة الخطة باستمرار وتقويمها (تغذية راجعه).

وتتلخص عوامل البيئة الداخلية في :

-الموارد المتاحة والممكنة

-الغايات والأهداف.

-طبيعة ومستوى الأقسام اللإداري ونوعيتها.

-طبيعة ومستوى المقررات الدراسي ونوعيتها.

-نوعية ومستوى وأعمار المعلمين.

-نوعية مهارة خريجي المراحل التعليمية ومستواها.

-متوسط الكلفة للطالب الواحد.

-نوعية الطلاب المقبولين بالصف الأول أساسي/عام

صعوبات التخطيط التربوي

- صعوبات ناشئه من علاقة التخطيط التربوي بالتخطيط التنموي
- صعوبات نابعة من بطء متابعة التربية لمتغيرات العصر
- نقص البيانات والإحصاءات الاساسية للتخطيط التربوي
- قلة الخبراء والأفراد المدربين على التخطيط التربوي
- عدم كفاءة التنظيمات والأجهزة الخاصة بالتخطيط التربوي.
- قلة المخصصات المالية لتنفيذ الخطة.

المقومات والمبادئ الأساسية للتخطيط التربوي

1- الواقعية :

تناسب الإمكانيات المتاحة والممكنة مع الأهداف المنشودة.

2- الشمول :

أن يكون للخطة السيطرة والتوجيه علي كافة الموارد.

3- المرونة :

أن تكون الخطة قادرة علي مواجهة الظروف الطارئة.

4- **الاستمرارية :**

الربط العضوي بين مختلف عمليات التخطيط وبين سابقتها من خطط.

5- **الإلزام :**

بحيث تكون الخطة ملزمة التنفيذ وفقاً للجدول الزمني المحدد لها.

6- **المشاركة :**

مشاركة جميع الأفراد والمؤسسات في تنفيذ الخطة.

7- **التنسيق :**

يقصد بها التنسيق والإجراءات والوسائل.

8- **سهولة التنفيذ والمتابعة :**

بحيث تترجم الخطة إلي إجراءات وخطط أكثر تفصيلاً ثم إسنادها إلي جهاز إداري كفء.

9- **مركزية التخطيط ولا مركزية التنفيذ :**

وتعني أن يتولي الجهاز المركزي للتخطيط إقرار الخطة واتخاذ القرارات الأساسية موضع التنفيذ ولا مركزية التنفيذ ويقصد بها تولي الجهة المنفذة تحقيق الخطة وفق الأهداف والإجراءات والزمن المحدد.

متطلبات الخطة:

متطلبات الخطة تتمثل في وجود قاعدة بيانات، توافر القوي البشرية اللازمة لتنفيذ الخطة، الإعلام بالخطة، والمشاركة في وضع الخطة.

مرحلة بناء الخطة التربوية:

1- تشخيص الوضع التربوي الحالي.

2- تحديد رؤية

3-   تحديد الأهداف العامة التي من خلالها يمكن تحقيق الرؤية.

4-   وضع أهداف استراتيجية (تفصيلية) لكل هدف عام بمؤشر يمكن ملاحظته وقياسه.

5-   التنسيق بين البرامج وإلغاء المتكرر منها.

6-   مرحلة التنفيذ.

7-   مرحلة المتابعة والتقويم المرحلي والنهائي.

مراحل إعداد الخطة العملية

عمليات ما قبل الخطة

1-   التشخيص (جمع المعلومات , الوصف ,التحليل , تحديد الأولويات) عمليات إعداد الخطة وبنائها

2-   بناء الرؤية

3-   بناء الأهداف

4-   صياغة الأهداف العامة

5-   صياغة الأهداف التفصيلية

6-   الخطة التنفيذية

7-   الأنشطة والبرامج

8-   المتابعة والتقويم

التخطيط الاستراتيجي للتعليم المستمر

تعتبر مؤسسات التعليم المختلفة من أهم روافد التنمية والاستقرار والنمو الاقتصادي في المجتمع، وللتعليم دور خاص في الدول النامية لمواكبة التطورات الحديثة وتقليل الفجوة بين الدول المنتجة للعلوم والتقنية والدول المستهلكة. كما

للتعليم دور في تأهيل مؤسساته ومساندة المؤسسات الأخرى للحاق بمصاف الدول التي تنتج المعرفة وتسخرها لرفاهية شعوبها والأمم الأخرى، و دور آخر في التواصل والتفاعل مع المجتمع، وتنميته، ونشر وبث المعرفة فيه. وتزداد أهمية دور التعليم في السودان باعتباره من الدول التي تتسارع فيها التنمية وتتوفر فيها المصادر المالية والبشرية التي تؤهلها للقفز إلى مصاف الدول المتقدمة، يتطلب هذا التسارع في التنمية الحاجة إلى كوادر مؤهلة وقادرة على الإبداع والابتكار من أجل التعامل مع المشاكل والعوائق تطوير الحلول العلمية المناسبة لها.

تعريف التخطيط الاستراتيجي

يعرف التخطيط الاستراتيجي بأنه

" **تخطيط يتحرك في أفق زمني معلوم يتراوح بين خمس سنوات وعشر سنوات أو ما يزيد قليلا، وينتهي بخطة إستراتيجية تتضمن عددا من الخطط الإجرائية والتنفيذية ويكون لكل هذه الخطط خطط أخرى احتياطية تصح الاستعانة بها وقت الأزمات أوفي تغير ظروف التنفيذ ، يسير وفق عملية معقلنة تستهدف تحقيق المهام والغايات الطويلة الأجل للنظام التربوي بالاستعانة باستراتيجيات معينة لاستخدام كافة الموارد البشرية وغير البشرية المتاحة والمتوقعة".** أن التخطيط الاستراتيجي تخطيط طويل المدى ، يبنى وفق طرق معقلنة "علمية" تستفيد من الإمكانات المتاحة لتحقيق غاياتها. كما أنه عبارة عن مجموعة من الخطط الإجرائية والتنفيذية التي تكونه في النهاية. والتخطيط الاستراتيجي عموما له صلة بالخطوط العريضة في عملية التنمية باختلاف مجالاتها: السياسية أو الاقتصادية أو الاجتماعية أو الثقافية أو بعملية التنمية عموما كخطة إستراتيجية كبرى للدولة.

والتخطيط الاستراتيجي يعبر عن دراسة الواقع بكل أبعاده ومظاهره، من قوة وضعف وتحديات وفرص، ورسم رؤى وأهداف مستقبلية بناءً على ذلك، ثم وضع برامج عملية تساعد على الانتقال إلى المستقبل المنشود.

التفكير الاستراتيجي

أما التفكير الأستراتيجي فهو ينطلق من التأمل العميق لاستشراف المستقبل وتحديد الاتجاه الذي يقود المؤسسة للاستفادة من الفرص ومواجهة التحديات والمتغيرات المستقبلية. و يقود التفكير الإستراتيجي المؤسسة لاستنباط الإستراتيجيات و رسم الخطوات المناسبة التي تحول رؤيتها إلى واقع، محققاً وضعاً أفضل يؤدي إلى رفع كفاءتها الداخلية والخارجية. التفكير الاستراتيجي متعلق برسم الصورة المستقبلية للمؤسسة و معرفة ما يجب أن تكون عليه في المستقبل، وبضرورة الحاجة إلى التطوير والتحسين. فهو جوهري من هذا المنطلق. فالتفكير الاستراتيجي هو الذي يحرك المنشأة من واقع إلى واقع أفضل كجزء أصيل من أساسيات العمل، وأن لا يكون مجرد تمرين تعتاد عليه المؤسسة أو تجارب تمر بها.

المبادئ الأساسية التي يقوم عليها التفكير الاستراتيجي الفاعل

التفكير الاستراتيجي وسيلة وليس غاية .... التفكير الاستراتيجي يتطلب التزام من القيادة .... التفكير الاستراتيجي يتطلب توسيع المشاركة .... التفكير الاستراتيجي عملية ديناميكية مرنة، هذا الي جانب ضرورة وجود التفكير الاستراتيجي لدى القيادة أو الإدارة العليا في المؤسسة، ودعمه بشكل واضح وفعلي، لأن دعم والتزام القيادة متطلب سابق وضروري لنجاح عمليات التفكير الاستراتيجي، والتزام القيادة يتعدى مجرد الموافقات الإدارية الروتينية إلى

استمرارية الدعم، وإحساس الأعضاء بما لا يدع مجالا للشك، حول موقف القيادة من هذا الالتزام.

باختصار، التزام القيادة متطلب سابق لالتزام بقية الأعضاء، والتزام الأعضاء متطلب سابق للتنفيذ الصادق، فالتزام القيادة ضروري لصنع الاستراتيجية وضروري لتنفيذها.

ولتوسيع المشاركة في القرارات أو العمليات الإدارية، هدفان أساسيان: الهدف الأول هو تحسين القرار من حيث النوعية، والهدف الثاني هو زيادة القبول بالقرار وأثر ذلك في تنفيذه، وينطبق ذلك على العملية الاستراتيجية، و يقع هذان الهدفان في صميم التفكير الاستراتيجي الناجح.

من العوامل المهمة لجعل المشاركة في العملية الاستراتيجية ناجحة:

- توسيع مساحة المشاركة لتشمل ذوي العلاقة الداخليين والخارجيين.

- وجود الرغبة الأصيلة للإدارة العليا في تفعيل هذه المشاركة وإحساس ذوي العلاقة بها.

- الاستخدام الصادق والأمين لما ينتج عن المشاركة.

عملية التفكير الاستراتيجية

هي ليست عملية ليست رتيبة أو منتظمة، بل تتطلب كثير من المرونة لما يعتريها من كثرة المتغيرات، وارتباطها بالبعد الزمني والمكاني. وللتعامل مع هذا كله لابد أن يكون التفكير الاستراتيجي تفكيرا غير نمطي، تفكيرا متقبلا للجديد والمستجد والمختلف، وتفكيرا لا يتناسى أهمية الواقع وأهمية ما هو ممكن ومحتمل التنفيذ. وبالتالي فالتفكير الاستراتيجى هو :

"القدرة على توجيه العقل لملاحظة ورؤية ما يدور حوله ويحيط به من زوايا متعددة، وهو حوار حر حول المستقبل لتفادى المخاطر واغتنام الفرص، و هو القدرة على إحداث مفاجآت دائماً ، والبحث عن طرق بديلة ، والسرعة ، والتميز . كما يشير التفكير الإستراتيجي إلى عملية فكر إبداعية مختلفة . فهو أسلوب لـ "صنع إستراتيجية" تساعد على إعادة خلق المستقبل ، وخلق فضاء تنافسي جديد بدلاً من السعي الحثيث نحو نمو بطيء أو أسواق منكمشة على سبيل المثال.

وهذا النوع من التخطيط (التخطيط الاستراتيجي) الذي نتكلم عنه، هو النوع الملائم لعملية التعليم المستمر ، وهذا دون شك ينبع من المدى الطويل للعملية التعليمية المستدامة، والتي تحتاج لمثل هذا النوع من التخطيط كي تستطيع مواكبة المتغيرات التي تعد المنطلق الأهم لاستمرار عملية التعلم. وبناء عليه فإنه من الجدير بنا أن نعرج على بعض الأساسيات في التعليم المستمر وخصائصه وفلسفته في خدمة المجتمع ، ثم التعرف على التخطيط الاستراتيجي وتطبيقاته في التعليم المستمر، وخصائص الخطة الجيدة.

أولا: التعليم المستمر وخدمة المجتمع

عرف هذا العصر بعصر السرعة فكانت هذه الصفة قاصرة في وصفه ، فقيل هو عصر الانفجار المعرفي فكانت سمة لا تمثله كما يجب ، وهوعصر السباق إلى المجهول عبر الغد ، فهو عصر تسارعت فيه عجلة التنمية على مختلف الصعد تسارعا مريعا يدق أجراس الخطر ، محذراً من أن عجلة التنمية كما ترقى بالأمم إلى القِمم ، فقد تسحق المتأخرة منها ناهيك عن الجامدة . ومن ذلك الجمود، جمود التربية والتعليم واقتصاره على مراحل روتينية كما لو كانت قوالب ثلج تنتج

في الشتاء كما في الصيف ، وفي الليل كما في الهجير متجاهلة بذلك العوامل المحيطة ، والمؤثرة المتنوعة بتنوع الزمان والمكان والمؤثر ذاته.

ولعل الأمم الجامدة في تربيتها وتعليمها واهتمامها بالفرد الذي ينساب ضمن النسق الإنساني المتكامل هي التي أغفلت جانب التجدد وتغاضت عن عامل السرعة حتى تراكمت عليها كل هذه الإشكالات من تخلف في مختلف المناحي ، وعلى النقيض من ذلك فتلك الأمم التي تنبهت للتجدد وعامل السرعة وسعت سعيا حثيثا لأخذ مكان آمن على هذه العجلة تتعهده بالصيانة في كل حين هي التي تقدمت وتطورت وقادت العالم بقدر ما لديها.

مفهوم التعليم المستمر

إن مفهوم التعليم المستمر ليس مفهوما جديدا ساقته لنا التربية الحديثة بل هو مفهوم قديم قدم الحضارات ، كما أنه أمر ملازم للديانات السماوية ، إذ نادت بالتربية المستمرة ضمانا لانتشارها بين الأجيال المتعاقبة ، وبقائها في العصور المتعاقبة. وللتعليم المستمر عدة مصطلحات تطلق عليه منها: " التربية مدى الحياة Lifelong Education " و التربية المستمرة Continuing Education و" التربية الدائمة " Permanente Educationو " التعليم المستمر Continuous Learning " وكل هذه المصطلحات تتفق على أن التربية عملية مستمرة لا تقتصر على مرحلة معينة من العمر ، أو تنحصر في مرحلة دراسية محددة ، متلاحمة مع سياق الحياة. ومما قاله "جون ديوي" في هذا النوع من التعلم: إن التعلم الحقيقي يأتي بعد أن نترك المدرسة ، ولا يوجد مبرر لتوقفه قبل الموت.

التعليم المستمر عبر التاريخ

لقد نادت الحضارات القديمة والديانات السماوية بفكرة التربية المستمرة كمطلب وضرورة لاستمراريتها وتعاقبها عبر الأجيال ، وقد كانت التربية في المجتمعات البدائية تهدف بشكل أساسي إلى تنمية القابلية لمعطيات العصر إذ كانت تعيش على نمط معين من التعليم في المراحل الأولى من العمر تكمن أهدافه الأساسية في معرفة مبادئ العيش وحفظ النفس والدفاع عنها من الأخطار التي قد تحيط بها، وقد نحت العملية التعليمية في ذلك الوقت منحى يرتكز هدفه الرئيس في مواجهة الحياة والتغلب على مصاعبها والبحث عن المطالب الأساسية للعيش بشكل يحاكي فيه الشباب الكبار في أعمالهم من حيث استخدام السلاح ، وتعلم فنون الصيد وركوب الخيل وبناء المسكن وتوفير الغذاء ، وهي أمور لها الاستمرارية التي لا تنقطع لضرورتها في استمرار الحياة ذلك الوقت. أن التعليم المستمر راسخ في رواسخ حضارتنا الإسلامية نادت به لكل أفراد المجتمع دون تفريق ، وما التسميات الحديثة من تربية مستمرة أو دائمة أو متواصلة إلا فكر قديم بثوب معاصر وجديد.

أما في العصر الحديث فالتربية المستمرة أو التعليم المستمر يعود بجذوره إلى المفكر كومنيوس الذي نادى في كتابه "فن التعليم الأكبر" إلى تربية عامة لكل المهنيين وجميع طبقات المجتمع لا فرق في ذلك بين رجل وامرأة ولا غني وفقير ، لأن في ذلك تحرير لهم من السلبية ، وزيادة لإنسانيتهم التي تنمو بالعقل والفكر والعمل. وقد رفع كومينوس شعارا يردده التربويون وهو " تعليم الكل للكل بشكل كلي ". وفي الوقت الحاضر نضجت فكرة التعليم المستمر واتضحت مفاهيمه على المستوى العالمي وها هي الدول تسعى إلى إيجاد الإمكانات المناسبة

التي تخدم هذا التعليم وتلبي متطلباته إيمان منها بقيمته في مواجهة هذا العصر الذي يوصف أقل ما يوصف أنه انفجار معرفي وعصر سرعة ، لذا نرى بعض نماذج الجامعات المفتوحة والدراسة عن بعد وعن طريق المراسلة والتدريب المستمر لمن هم على رأس العمل ...الخ) وما إلى ذلك من سبل تحقق أهداف هذا التعليم التي تسعى إلى مواكبة التنمية والتطور السريعين.

خصائص التعليم المستمر

إن التعليم المستمر يستند على عدد من الخصائص التي جعلت له أهمية قصوى تميزه وتعزز من مكانته في سبيل التعاطي مع ما تعيشه المجتمعات ، وهذه الخصائص تتمحور في خمسة أركان هي:

1- **الكلية أو الشمولية** "Totality":

وهذا يعني أنها تشمل جميع مراحل الإنسان من المهد إلى اللحد ، وجميع أنواع التعلم الرسمية وغير الرسمية.

2- **التكامل** "Integration":

ويقصد به التكامل بين جميع مصادر المعرفة والتربية من البيت والمجتمع والمدرسة ومراكز التدريب وغيرها مما يشكل عملية التعلم والتربية.

3- **المرونة** "Flexibility":

متماشية مع متغيرات العصر ومتطلباته في ما يعلم، وكيف يعلم؟ ولم يعلم؟، تؤمن بضرورة التغيير لوجوده أصلا.

4- **الديمقراطية** "Democratization":

تؤكد على حق جميع الناس في التعلم بغض النظر عن الفروق الاقتصادية الاجتماعية الثقافية والعقلية، فهي تربية للجميع.

5- **تحقيق الذاتٍ" : "Self-fulfillment**

أي أن هذه التربية أو التعليم تسعى لأن يكون الفرد محققا لذاته ومطورا لها ليعيش عيشة متناسقة مع ما يفرضه المجتمع والعصر ، تكيفه مع العوامل المحيطة وتفتح المجال له للإبداع ، وكل ذلك ينعكس في النهاية على مجتمع متقدم متطور تبعا لتقدم وتطور أفراده.

أهداف التعليم المستمر

إن أهداف التعليم المستمر لا تعتبر أهدافاً نهائية بل هي أهدافٌ تتجدد وتتغير وفقاً لتجدد وتغير تطلعات الإنسان وقدراته وظروفه المحيطة ، و من الأهداف ما هو قريب ومنها ما هو بعيد وهما على صلة فتحقيق البعيد يتطلب تحقق القريب . لكن يمكننا أن نقف عند الخطوط العريضة من هذه الأهداف والتي ترتبط ارتباطاً مباشراً بمتغيرات العصر ،ونحن نقف أمام متطلبات جمة يجاهد فيها الفرد ليلحق بركب التقدم ويبقى ضمن تيار التطور المنطلق بسرعة الريح. ولعل الهدف الأسمى من التعليم المستمر هو خدمة المجتمع ، والأخذ به إلى مصَاف المجتمعات المتقدمة المواكبة لمراحل التنمية في مختلف المجالات. ومن أهداف هذا التعليم أيضاً: إعادة فحص الأفكار وأنماط السلوك السائدة في المجتمع ، بناء على المشكلات الجديدة وتحديد ما تتطلبه عناصر التغيير التي طرأت والسعي إلى تحقيقها، وتضييق الهوة الثقافية الناتجة عن اختلاف السرعة بين النمو المادي والنمو الحضاري في جوانب الحياة الاجتماعية. أيضا التوفيق بين القيم والاتجاهات القديمة و متطلبات العصر الجديد، ومواجهة ما ينتج من مشكلات ناتجة عن التغيير الاجتماعي السريع، ودفع تسارع عملية التنمية الاقتصادية وتعزيز موارد دخل المجتمع. هذا الي نشر الوعي حول القضايا الكبرى سواء المحلية أو

الخارجية، وأمكانية تلافي الأخطاء السابقة. وكل هذه الأهداف في مجملها تضع نصب عينيها خدمة المجتمع من خلال تطوير أفراده وهي الفلسفة التي يقوم عليها التعليم المستمر.

التخطيط الاستراتيجي للتعليم المستمر

نماذج التخطيط الاستراتيجي بصفة عامة في نموذجين:

أولا: نموذج البرنامج التعليمي:

النموذج المتعلق بالعملية التعليمية يتم بناءه وفق الحاجات والأهداف والغايات وفي حدود الإمكانات المتاحة. ثانيا: النموذج الشامل: نموذج يستخدم للنظم الكبرى فهو يركز على البيئات الداخلية والخارجية للمجتمع عموما والمجتمع التعليم خصوصا، وقد يستخدم هذا النوع في مجالات أخرى غي التعليم كالصناعة والتجارة وغيرها.

مبررات التخطيط لبرامج التعليم المستمر

التخطيط عملية مهمة في كل شيء يراد له النجاح، ولكن هناك مبررات تدفع الشخص لتحديد نوعية التخطيط بكامل عناصره ومتطلباته، وهذا ما سنتناول من خلاله مبررات التخطيط للتعليم المستمر وهي على النحو التالي:

1- **العامل الديموغرافي:**

يعد النمو السكاني من العوامل المهمة في تحديد عناصر خطط التنمية، وبالتالي فإن هذا العامل يرتبط ارتباطا مباشرا بعملية التعليم بنوعيه النظامي وغير النظامي . ففي التعليم المستمر يجب الأخذ بعين الاعتبار المعدلات الديمغرافية التي تشكل عدد المستهدفين من خلال برامج التعليم المستمر وتصنيف مستوياتهم تبعا لظروفه المحيطة

2- **العامل السياسي:**

وهذا العامل له دور الريادة في عملية التخطيط للتنمية عموما وللتعليم المستمر خصوصا، فمن خلاله يستمد التعليم قوته ، ومن خلال التعليم تستمد السياسة قوتها.

3- **العامل الاقتصادي :**

وهذا العامل يعد حجر الزاوية في منظومة التنمية عموما، ويشكل القطب الثاني من قطبي المدى بين الطموحات والإمكانات، وكذلك فإن هذا العامل يدعم التعليم، والتوسع في التعليم يدعم الاقتصاد.

4- **العامل الاجتماعي:**

ويعد لعامل الاجتماي مهما في صقل الوظيفة الاجتماعية التربوية للمواطن بجانب تأثير العوامل الحضارية والثقافية.

5- **العامل الثقافي:**

وتتضح أخمية هذا العامل من خلال متطلبات الثورة الثقافية المعرفية التكنلوجية والوضع السائد مقارنة مع معطيات العصر.

6- **قصور التعليم النظامي:**

بما أن التعليم النظامي لا يستطيع مسايرة سرعة التغيير في المجتمع فإن التعليم المستمر يحل بديلا له يفي بمتطلبات العصر ويجابه متغيراته على مختلف الصعد.

مميزات التخطيط الاستراتيجي

1- السير على بينة نحو الأهداف.

2- معرفة الغايات بعيدة المدى والعمل للوصول إليها وفق منهجية تأخذ بعين

الاعتبار جميع العوامل المحيطة المهمة والمؤثرة في عملية الوصول للغايات.

3- المرونة حيث يستطيع المخطط إجراء التعديلات والتطويرات الملائمة لما تتطلبه المرحلة وذلك نظرا لطول مدة الخطة الإستراتيجية شريطة أن تكون مبنية على قدر من المرونة والخطط البديلة للمتغيرات المفاجئة.

4- معرفة الجوانب الضعيفة في المجتمع والإشكالات وحلها قبل أن يستفحل ضررها ويستشري في المجتمع.

5-التقليل من الهدر بكافة أنواعه بشرية - مالية - موارد ورسم خطة صرف تحقق الهدف بأقل تكلفة ممكنة.

منهجيات التخطيط الإستراتيجي

هناك منهجيات عديدة تستخدم للتخطيط الإستراتيجي تسلك نفس الخطوات الثلاث التالية : تقييم الوضع الحالي وكيف حدث، تحديد الغايات والأهداف (أو ما يسمى أحياناً(ideal state ، ثم رسم الطريق لتحديد هذه الغايات والأهداف. وهناك منهج آخر يسمى Draw-See-Think : plan ما هي الصورة المثالية أو الوضع النهائي المرغوب ؟ : See ما هو الوضع الحالي ، وما هي الفجوة بينه وبين الوضع المثالي ، ولماذا ؟

: Think -ما هي الإجراءات التي ينبغي اتخاذها لسد الفجوة بين الوضع الحالى والوضع المثالي ؟

: Plan -ما هي الموارد المطلوبة لتنفيذ ذلك ؟

عناصر التخطيط الإستراتيجي

تتمثل في: تحديد الأهداف ، وصياغة إطار عام للإستراتيجية، و دراسة العوامل الخارجية المحيطة ، ثم تحديد الفرص التي تتيحها والمخاطر التي تفرضها،

وكذلك العوامل الداخلية وتحديد ما تتضمنه من نقاط القوة والعنف . SWOT Analysis وتصور وصياغة السيناريوهات ، ثم ترجمة الأهداف طويلة المدى إلى أهداف متوسطة وقصيرة المدى ، ووضع السياسات والخطط والبرامج الزمنية والموازنات لتحقيقها، ثم تقييم الأداء في ضوء الأهداف والخطط الموضوعة ، ومراجعة وتقييم هذه الخطط في ظل الظروف المحيطة، وأخيرا تهيئة المناخ العام للتغيرات المصاحبة للقرارات الإستراتيجية.

التحليل الإستراتيجي الرباعيSWOT Analysis

هو أحد الأدوات التي تستخدم في التخطيط الإستراتيجي، ويهدف إلى تحديد العوامل الداخلية والخارجية الهامة لتحقيق الغايات.

تعتمد هذه الطريقة في التحليل على تحديد:

-العوامل الداخلية المتمثلة في مواطن القوة ومواطن الضعف داخلياً للدولة.

-العوامل الخارجية المتمثلة في الفرص والتهديدات المحيطة بالدولة.

وذلك بهدف الاستفادة من مواطن القوة الداخلية والفرص المتاحة خارجياً في بلوغ الأهداف ، والتقليل من تأثير مواطن الضعف الداخلية والتهديدات الخارجية.

يستخدم SWOT Analysis كمدخلات لوضع الإستراتيجيات الممكنة

من خلال الإجابة على التساؤلات الآتية:

كيف يمكن استخدام كل من مواطن القوة ؟

كيف يمكن الحد من كل من مواطن الضعف ؟

كيف يمكن استثمار كل من الفرص ؟

كيف يمكن مجابهة كل من التهديدات ؟

لماذا تفشل الخطط الإستراتيجية ؟

إما بسبب وضع إستراتيجيات غير مناسبة ،

أو بسبب سوء التنفيذ.

قصور الإستراتيجيات يرجع إلى:

نقص المعلومات.

الفشل في تحديد الغايات بشكل صحيح.

قصور في تحليل SOWT فيما يتعلق بالغايات أو الوضع النهائي المرغوب.

الافتقار إلى الإبداع في تحديد الإستراتيجيات الممكنة.

عجز الإستراتيجيات المحددة عن بلوغ الغايات.

سوء التوفيق بين البيئة الخارجية المحيطة والإمكانيات التنظيمية للدولة.

سوء التنفيذ يرجع إلى:

تقدير مبالغ فيه للموارد والإمكانات.

تقدير أقل من اللازم للوقت ، أو الأفراد ، أو التمويل المطلوب.

الفشل في التنسيق.

عدم القدرة على كسب دعم وتعاطف ومشاركة الناس.

الفشل في اتباع الخطة.

نقص اهتمام القيادة العليا وعدم استمرار كفالتها للخطة.

ولكن:

هل بالفعل يعتبر التخطيط الإستراتيجي طريقة لصنع قرارات المستقبل ؟

هل يعتبر التخطيط الإستراتيجي برنامج عمل للمستقبل ؟

هل يمكن من خلال التخطيط الإستراتيجي إيجاد حل للأوضاع الحرجة التى تهددنا؟

هل ينبغي أن يحل التخطيط الإستراتيجي محل التقديرات الحدسية الجيدة ؟

هل يمكن للتخطيط الإستراتيجي أن يحدد القضايا الحرجة التي ستواجهنا في المستقبل ؟

تحليل SWOT لغايات التخطيط الاستراتيجي لتطوير القيادة التربوية:

مرحلة التشخيص :

التشخيص عملية منظمة تهتم برصد ووصف وتحليل الوقائع الماضية والحاضرة لتحديد عوامل الضعف ومكامنها وعناصر القوة ومظاهرها ورصد الفرص المتاحة التي يمكن توظيفها لصالحها وما قد يواجهها من تهديدات ومخاطر ومن الشائع إجراء تحليل الواقع وتشخيصه باستخدام أسلوب swot

نواحي القوة :

هي تلك الصفات الداخلية أو الظروف التي تسهم في قدرة الادارة على تحقيق رسالتها، وبشكل آخر هي القدرات الذاتية التي تميزها عن غيرها سواء كانت موارد أو إمكانات مادية أو بشرية أو نظم عمل ويمكن استخدامها بكفاءة وفاعلية عالية في تحقيق أهداف ورسالة الإدارة. ومن أمثلة نقاط القوة في الإدارات التربوية : مشاركة المجتمع في العملية التربوية، وحماس المعلمين والمشرفين، ومشاركة القطاع الخاص في دعم برامج الادارة.

نواحي الضعف :

تلك الخصائص الداخلية والأحوال والظروف التي تحد من تحقيق رؤيتها أو العكس أو هي القيود وأوجه القصور والضعف الذاتية سواء كانت في الموارد أو الامكانات المادية او البشرية أو نظم العمل المطبقة. ومن أمثلة بعض نواحي

الضعف: اختلاط المهـام، وعـدم وضوح كثـير مـن التعليمات، وعـدم المساواة في توزيع المصادر الماليـة والإمدادات.

التخطيط الإستراتيجي والمستقبل:

يعرف التخطيط الإستراتيجي بأنه العمليّة التي يتم من خلالها صياغة تصوّر للمستقبل ، واختيار الوسـائل والعمليات اللازمة لتحقيق هذا المستقبل.

غالباً ، يتبنى التخطيط الإستراتيجي الوجهة الإستراتيجية المتفق عليها بالفعل ، ويساعد الإستراتيجيين في إقرار كيف يمكن أن يتشكل النظام وتخصص الموارد لبلوغ هذه الوجهة.

لذا فإن من أكثر الانتقادات التي توجه إلى التخطيط الإستراتيجي أنه يهتم أكثر ممـا ينبغي باستقراء الحاضر والماضي للتنبؤ بالمستقبل.

فوائد و مكاسب التخطيط الاستراتيجي:

- يرسم الطريق الذي بموجب يمكن التنبؤ بالمشاكل والفرص المستقبلية.
- يزود العاملين بأهداف واتجاهات واضحة من أجل مستقبل الإدارة.
- ينتج عن استخدامه أداء أفضل، وأكثر فعالية إذا ما قورن بـأداء إدارات التربيـة والتعلـيم التـي لا تستخدم مفاهيم الإدارة الاستراتيجية.
- يزيد من رضا العاملين وحفزهم.
- يزود صانعي القرارات بمعلومات فورية.
- ينتج عن استخدامات قرارات أفضل وأسرع.
- ينتج عنها توفير في التكاليف. وأخيراً يمكن النظر إليـه باعتبـاره أحـد أدوات التكنولوجيـا الإداريـة والتي قد أساء البعض فهمها فثمة فارقاً بينها وبين استخدام الآلة، وبخاصـة الحاسبات الإلكترونيـة في العمـل الإداري".

التخطيط الاستراتيجي في العملية التعليمية يشمل:

- **الهيكل التعليمي:**

تعني هيكلية التعليم: النظام الكامل المسؤول عن عملية التعليم بدءا من الوزارة إلى الهيئة التعليمية أفقيا وعموديا

- **الهيكلية الإدارية لنظام التعليم:**

ويضم الهيكل الإداري جميع الإداريين المختصين الذين يساندون برامج التعليم المستمر، وما يتبع هـذه البرامج من عمليات إدارية متنوعة.

- **الأبنية:**

ويندرج تحت هذا العنصر بالنسبة لبرامج التعليم المستمر، الأماكن المعدة لعملية التعليم وهـل هـي تابعة للتعليم النظامي أم خاصة بالبرامج التي تندرج تحت مسمى التعليم الغير نظامي، وتخطط عـلى ضـوء البيانات التي تختص بالنمو السكاني والديموغرافي، وتنوع متطلبات البرامج.

- **التجهيزات:**

وهي أيضا تخطط على أساس النمو السكاني والاحتياجـات والمتطلبـات مـع الأخـذ بعـين الاعتبـار كافـة التغيرات المحتملة. وقد تتنوع من تجهيزات قصيرة المدى وأخـرى طويلـة المـدى وفقـا لمـدى الاسـتفادة منهـا بالنظر إلى متطلبات التعلم.

- **المناهج:**

ولا يخفـى أن المنـاهج في بـرامج التعلـيم المسـتمر تحتمهـا طبيعـة الاحتياجـات وتنوعهـا بـين الفئـات المختلفـة في المجتمـع، والأهـداف والغايـات. والمنـاهج في عمليـة التعلـيم المسـتمر تتميـز عـن غـيره بمرونتهـا ومشـاركة المسـتهدفين في بنائهـا وهـي بـذلك

تتباين وتختلف وفق اختلاف خصائص الدارسين وحاجاتهم، ولذا توجب على الخطة الاستراتيجية أخذ هذا الجانب بعين الاعتبار وإعداد الخطط بناء عليه.

- **الكتاب التعليمي:**

وهذا يرجع أيضا لطبيعة الدارسين وخصائصهم بمختلف زواياها ، فلكل فئة خصائصها التي يتوجب بناء عليها ، صياغة الكتب وطريقة إعدادها وإخراجها وما إلى ذلك.

- **إعداد المعلمين المؤهلين:**

يتضمن التخطيط حساب أعداد المعلمين المطلوبين وأخذ النقاط السابقة بعين الاعتبار. والمعلمون في هذا المجال يجب أن يعدوا إعدادا جيدا يتوافق ومتطلبات عملهم وتعاملهم مع الفئة المستهدفة باختلاف شرائحها وخصائصها، وإعداد أقسام تختص بتخريج هذا النوع من المعلمين.

مراحل وضع الخطة

تعد مرحلة التخطيط للتخطيط البنية التحتية لعملية التخطيط حيث يتوفر فيها رسم صورة مستقبلية مفصلة للعملية التخطيطية يتم فيها تحديد الاحتياجات المختلفة والخطوات المستقبلية وجميع ما يتعلق بالعملية التخطيطية قبل البدء بها وتساعد هذه المرحلة الإدارة التعليمية على معرفة مدى استعدادها للقيام والاستمرار في عمليات التخطيط وما هي متطلباته وخطواته الأساسية، ومن المسائل المهمة في هذه الناحية مراحل وضع الخطة. ويقصد بمراحل وضع الخطة بها الخطوات التي تمر فيها عملية وضع الخطة منذ أن كانت فكرة حتى رحلة المتابعة والتعميم و هي:

1- **مرحلة إعداد الخطة:**

وهي التي يتم فيها تحديد الأهداف والغايات المراد الوصول إليها من خلال عملية التعليم المستمر خلال فترة الخطة وبعد ذلك تأتي:

● مرحلة التنبؤ: أي التوقعات المحتملة الحدوث وهذه المرحلة تعتبر من أصعب المراحل نظرا لأنها تتعامل مع المستقبل ومع المتغيرات المتسارعة والمفاجئة.

وعند تحقيق هذه الأهداف وعمل الإحتياطات اللازمة للمستقبل وظروفه في ضوء الموقف الحالي يجب التركيز على أن يشارك في إعداد هذه المرحلة جميع العاملين والمسئولين عن التنفيذ

- عقد الاجتماعات المختلفة على جميع المستويات لمناقشة الأهداف المراد الوصول إليها وأخذ الآراء والاقتراحات حول الطرق والسبل التي يجب إتباعها للوصول إلى الأهداف المرجوة.

- تحديد الأهداف المرجو تحقيقها: وهي خطوة مهمة بل هي من أهم مراحل عملية التخطيط لأنه إذا استطعنا تحديد الأهداف بوضوح و واقعية أمكننا من السير بنجاح في الخطوات الأخرى لعملية التخطيط والخطة.

2- **مرحلة الموافقة على الخطة:**

تقوم الجهة المسئولة عن أي برنامج بالموافقة على الخطة عند التأكد من الأهداف والغايات المراد تنفيذها في المستقبل ، وتعتبر إشارة البدء لتنفيذ الخطة.

3- **مرحلة تنفيذ الخطة:**

تبدأ الجهات المعنية عند اعتماد الخطة بالتنفيذ وفق المرسوم لها وتسعى جاهدة لتحقيق الأهداف الموضوعة.

4-مرحلة المتابعة والتقويم:

ويتم فيا متابعة التنفيذ للتأكد من أن التنفيذ يتم وفقا لما خطط له. وهذه الخطوة مـن الأهكيـة بمكـان كما للخطوات الأخرى بل أكثر، لأنها تتفتق عن مواطن القوة والضعف ومجابهـة الطوارئ والمتغـيرات. ولابـد من التمييز بين مفهوم المتابعة ومفهوم الرقابة التقليدية على العمل ، فالمتابعة هي ملاحظة التنفيذ وتحديـد درجة النجاح أو الفشل فيه خطوة بخطوة والتنبؤ باحتمالات الخروج عن الخطة المحددة بما يضرها ومن ثـم العمل على تلاقيها قبل حدوثها. بينما الرقابة تهتم بتحليل النتائج النهائية . دونما معالجة.

ولمتابعة الخطة يجدربنا إتباع الوسائل التالية:

- **مراجعة الخطة نفسها:**

قد تكون الخطة نفسها مبالغ فيها أو تتجاهل الكثير من الأمور أو قد تكون بنيت على تقديرات وتنبؤات خاطئة.

- **مراجعة التنفيذ:**

متابعة خطوات التنفيذ ومدى التقيد بها، والطارئ عليها وكيفية معالجته وتفادي المـشاكل التـي قـد تمـر بها.

- **ملاحظة الظروف الخارجية:** التنبه للعوامل الخارجية التي تؤثر في الخط ومدى انسجام الخطـة في التعاطي معها، وإيجاد بدائل للمؤثرات التي ينبغي اتخاذ إجراء حيالها لشدة تأثيرها على الخطة.

خصائص التخطيط الجيد

تعـد مراحـل إعـداد الخطـة السابقة مراحـل يجـب في التخطـيط للتعلـيم المستمر الأخـذ بهـا ومتابعتهـا كي تـسير بالـشكل المرسـوم لهـا لكـن أي خطـة كي تحقـق

نجاحها لا بد أن تتسم بعدد من الخصائص التي تميزها وتجعلها ناجعة في مجالها ومن هذه الخصائص:

- **الواقعية** : تناسب الإمكانيات المتاحة والممكنة مع الأهداف المنشودة.

- **الشمول** : أن يكون للخطة السيطرة والتوجيه علي كافة الموارد.

- **المرونة** : أن تكون الخطة قادرة علي مواجهة الظروف الطارئة.

- **الاستمرارية** :الربط العضوي بين مختلف عمليات التخطيط وبين سابقتها من خطط.

- **الإلزام** : بحيث تكون الخطة ملزمة التنفيذ وفقاً للجدول الزمني المحدد لها.

- **المشاركة** : مشاركة جميع الأفراد والمؤسسات في تنفيذ الخطة.

- **التنسيق** : يقصد بها التنسيق والإجراءات والوسائل ".د.ت

المؤسسات التي تقوم بتخطيط وتنفيذ أنشطة التعليم المستمر:

هناك العديد من المؤسسات التي تسهم في تخطيط وتنفيذ أنشطة التعليم المستمر ومنها:

- وزارت الدولة المختلفة كوزارة التربية والتعليم العالي و وزارة و الزراعة والصناعة و وزارة الاقتصاد

ووزارة التنمية الاجتماعية ... ألخ

- المؤسسات الخاصة مثل المعاهد والمؤسسات المهنية والصناعية والزراعية.

- المؤسسات والمصالح شبه الحكومية والمختلطة.

- أجهزة الإعلام والتوعية المختلفة.

- الجامعات والمؤسسات العلمية العليا.

- الجمعيات والاتحادات والنقابات....الخ

ومن المهم أن تضع هـذه المؤسسات العناصـر السـابق ذكرهـا في عمليـة التخطيط الاستراتيجي ضمن الحسبان فمبدأ التعليم المستمر التغير النابع من التغير المصاحب للحياة بشتى ومجالاتها.

العلاقة بين التخطيط، واتخاذ القرارات، والرسالة، والرؤية في الأدارة التعليمية

كثير من الأدارات التربوية والتعليمية تبدأ عملية التخطيط بمراجعة رسالتها الحالية ومن ثم تُقـرر مـا إذا كانت بحاجة إلى تعديل أم لا، وبعد ذلك يتم وضع الرؤية التي تصف النتائج المُتوقعة من الخطة، وقد يقوم مجلس الإدارة بالرجوع إلى الرسالة عند وضع السياسات التي تضبط عمل الأفراد.

نقاط القوة والضعف

إن الفهم الواضح لموارد الأدارة التعليمية وإمكاناتها وجوانب القصور فيها أمـر حيـوي ومهـم جـداً لبنـاء خطة إستراتيجية جيـدة، والإمكانـات والمـوارد يمكن أن تـشمل: المعلمـين، الأفراد العاملين، مجلس الإدارة، الخبراء، الماليين، العلاقات، السمعة، الإمكانات، أو أي موارد أخرى ضرورية لتحقيق أهداف الأدارة التعليميـة. ومن المهم جدا وضع قائمة مبدئية بنقاط القوة والضعف، ثم البدأ في نقاش ومراجعة هـذه القائمـة، وأمثلـة للأسئلة التي يمكن أن تُطرح في النقاش:

- هل هناك نقاط قوة أخرى رئيسة ينبغي أن تُضاف للقائمة؟

- ما هي أبرز نقاط القوة لدينـــا؟

- هل نحن نستغل قوتنا بشكل جيد؟

- هل هناك نقاط قوة نحتاج إليها في المستقبل؟

- هل هناك نقاط ضعف أخرى، أو ثغرات في الإمكانات ينبغي أن تُضاف إلى قائمة نقاط الضعف؟

- هل هناك نقاط قوة أخرى رئيسة ينبغي أن تُضاف للقائمة؟

- ما هي أبرز نقاط القوة لدينــــا؟

- هل نحن نستغل قوتنا بشكل جيد؟

- هل هناك نقاط قوة نحتاج إليها في المستقبل؟

- هل هناك نقاط ضعف أخرى، أو ثغرات في الإمكانات ينبغي أن تُضاف إلى قائمة نقاط الضعف؟

والقاعدة الأستراتيجية هنا، التركيــز عـلى نقـاط القـوة، لا عـلى نقـاط الـضعف، ولقـد أوضـحت التجـارب العملية أن اهتمام العديد من الأدارات التعليمية ينصب على نقاط الضعف، فهم يركزون على الأخطـاء التـى تقع فيها أداراتهم في محاولة لإصلاح وتلافى هذه الأخطاء لكي تبدوا هيئاتهم في مستوى الهيئـات الأقـوى. إذن ما الخطأ في ذلك؟ الجميع يـسعى إلى التحـسين والتطـور. إن جميـع الهيئـات - بـما فيهم الأدارات التعليميـة الناجحة- لديهم نقط قوة ونقاط ضعف. وما لم تكن المنشأة كاملة (وهذا يتطلب مـوارد غـير محـدودة) فـإن هذه المنشأة بلاشك لديها بعض نقاط الضعف. وفي العديد من الحالات فإن نقاط الضعف يكون سببها نقـاط القوة. وهذا تقريباً هو الأمر الطبيعي، فالسلحفاة تفتقر إلى السرعة نتيجة للدرع القوية الثقيلة التي تحملهـا على ظهرها لحمايتها. ولاكتساب السرعة فإن على السلحفاة أن تتخلى عن درعها التي تحميها. وهـل سـيكون ذلك أفضل بالنسبة لها؟ وهل تركيز السلحفاة على زيادة سرعتها سيجعلها تـضاهي سرعـة الأرنـب الـبري؟... ففي بعض الأحيان قد يكون من الضروري تصحيح الأخطاء التي تهدد حياة الأدارة التعليمية ، ولـذلك يجـب أن نتنبه الي إن التركيز على نقاط الضعف هـو بـشكل عـام إهـدار للمـوارد، وذلـك يتطلـب أتبـاع منهجيـات التخطيط الإستراتيجي

الكفاءات الإستراتيجية

أيها القيادي التربوي: قُم بأداء العمل بشكل مختلف وبشكل أفضل، وفي مجال الأعمال من المهم أن تمتلك شيئاً ذا قيمة بالنسبة لطلابك وتلاميذك والمعلمين والعاملين معك، بما يميزك عن الآخرين. وهذا ما نطلق عليه "كفاءة إستراتيجية" ويجب عليك أن تبحث عن شيء له هذه المواصفات. لكن الكفاءات الإستراتيجية لا تشبه العديد من الأشياء الأخرى التي يتضمنها مجال الأعمال ولا يمكنك أن تذهب إلى أي مكان لتجد الكفاءة الإستراتيجية وتشتريها مثلما تشتري ماكينة، أو تعين موظف أو تطلب الحصول على براءة اختراع. وذلك لأن الكفاءات الإستراتيجية الحقيقية هي شيء مختلف، لأنها أصول فكرية وليست أصول وممتلكات مادية وهي القاطرة الخفية التي تقود كل الأدارات الحديثة الناجحة.

ابحث عن كفاءة إستراتيجية

أيها الأداري والقيادي التربوي الناجح: أن الكفاءات الإستراتيجية، أي كفاءة الإستراتيجية يجب أن تتخطى أربعة اختبارات محددة: هل هناك حاجة قوية لهذه الخدمة؟، هل مانقدمه يميزنا عن باقي الهيئات؟ هل ما نقدمه أو نقوم به يمثل قيمة بالنسبة للمُستفيد؟ هل من الصعب تقليدها؟ (هل هي مزيج من المهارات، العمليات والمعرفة؟). إذا لم تحصل على كلمة "نعم" واضحة في الإجابة على كل هذه الأسئلة فمعنى ذلك لا يوجد لدى أدارتك كفاءة إستراتيجية.

التعرف على كفاءتك الإستراتيجية

اسرد كل المهارات، العمليات، والمعرفة التي تشعر أنها تسهم في جعل منشأتك متفردة، ومن ثم ابحث عن مزيج من هذه العناصر التي ربما تضيف شيئاً يجعل من الممكن اجتياز اختبار الكفاءة. انظر إلى كل شيء وقرر ما إذا كنت تستطيع

إضافة بعض الأشياء إلى الكفاءة الإستراتيجية، وتطلع إلى المهارات، العمليات، المعرفة وأجب عن الأسئلة، إن هذه هي غالباً الطريق الموصلة إلى إيجاد كفاءة استراتيجيه لا تشعر بها.

أيها الأداري والقيادي التربوي الناجح: اسأل نفسك أين وكيف تتفوق؟ إذا كان هناك نوع من العملاء بإمكانك أن تأخذه بعيداً عن منافسيك إذن من الممكن أن تكون لديك كفاءة إستراتيجية. إذا تمكنت من إيجاد طريقة لعمل شيء ما بطريقة أفضل من أي فردا آخر، ويجد العملاء أن هناك قيمة من وراء هذا الشيء ومن الصعب تقليده، إذن أنت لديك كفاءة إستراتيجية. إن الكفاءات الإستراتيجية ينبغي أن تنمو، وهذا ما يبقيها مستمرة وإلا سيباغتها المنافسون. فإذا تخصصت المنشأة في شيء ينبغي لها أن تستخدم معرفتها لتضيف إلى المنتج أو الخدمة بعض الجودة من وقت لآخر لكي تظل دائما في المقدمة.

ليس هناك كفاءات؟ لا تقلق

أيها الأداري والقيادي التربوي الناجح: قد لا تجد كثير من الأدارات أي كفاءة إستراتيجية، وعدم وجود كفاءة إستراتيجية واحدة ليس معناه الحكم بفشل المنشأة، فلحسن الحظ الكفاءات الإستراتيجية عبارة عن أصول مبنية على الخبرات والمعرفة، وهذه المعرفة يمكنك بناؤها من خلال تحسين الأصول الفكرية في أدارتك التعليمية والمدرسية. ومن الأساليب المفيدة لتحسين هذه الأصول: التدريب وبناء الخبرات وتعيين الموظفين المهرة لسد ثغرات معرفية معينة في أدارتك التعليمية والمدرسية، ولكن قبل أن تشرع في بناء وتحسين الكفاءات ، يجب أن تتعرف أكثر على استراتيجياتك حتى لا تقوم ببناء كفاءات في اتجاه

خاطئ وغير متوافقة مع نظرتك الإستراتيجية، أي لابد من تحديد التركيز الاستراتيجي.

أنواع التركيز الاستراتيجي

1- المنتجات / الخدمات

2- الإمكانات

3- المجالات / المُستفيدين (الطلاب/ التلاميذ)

4- التقنية

5- المواد الخام

6- طريقة تقديم الخدمة

سياسة التركيز هي الأفضل

مـاذا تـقدم ؟ من هـي الفـئة المستهـدفة؟ قد يبدوا هذان السـؤالان واضحان، وكثيرا مـن الأدارات التعليمية قد تجيب عنهما بسرعة، ولكن القليل منها تقـف عنـدها وتركـز عـلى شيء محـدد يجعلهم فعلاً ناجحين، فكثير من الأدارات التعليمية تريد أن تكون كـل شيء ولكـل النـاس، ولـذا فهـم يبعثرون جهـودهم فيصبحوا ضعفاء (هزيلين). إن فقـدان التركيـز يجعل الأدارات التعليميـة تنـثر رشاشاً في كثير مـن المجالات المتاحة، وهذه الطريقة لا تقود الأدارات التعليمية إلى التميز والإبداع في المجال الذي تعمل فيه، ولذلك فإن التركيز يعتبر عنصراً حيوياً في نجاح الأدارات التعليمية.

نصيحة مهمة

هـذه نصيـحة مهمـة جـداً لكـل القـادة التربـويين: "ابحـث عـن شيء يعتـبره الطالب / التلمـيـذ حيويـاً جـداً، ومـن ثـم ركـز حـول هـذا الـشيء بحيـث تجمـع حولـه مواهـب

وقدرات عدة، وموارد أكثر من أي أحد آخر، فجميع الأدارات التعليمية الناجحة تستطيع أن تجد طريقة للتميز في مجالها"

الأدارات التعليمية التي ليس لديها تركيز غالباً ما يكون العمل فيها صعباً، لأن جداول العمل فيها متضاربة، والتعليمات محيرة، كما أن العاملون يغيرون أسلوبهم في العمل مع كل إستراتيجية، فمرة يعملون على منهج جديد أو خدمة جديدة، والفترة التالية يبذلون كل جهدهم لفئة جديدة لتقديم منهج جديد أو خدمة جديدة. وهنا كل واحد يبذل كل جهده دون تأثير يُذكر في محاولة لخدمة الجميع، وأكبر مؤشر لفقدان التركيز هو ضعف الخدمة أو التأثير، ولذلك "إذا كنا نريد عملاً ناجحاً فيجب أن يكون لدينا تركيز جيد."

لابد من ضبط التركيز الاستراتيجي مع الكفاءة الإستراتيجية

أيها الإداري والقيادي التربوي الناجح: أي نشاط لابد له من الإجابة على الأسئلة الإستراتيجية الثلاثة: ماذا نقدم؟ من هم الفئة المُستهدفة؟ كيف ستتميز وتبدع في مجالك؟، وتحديد التركيز الاستراتيجي يجيب على السؤالين الأولين. والسؤال الثالث يتضمن اختيارك الإستراتيجية التنافسية (الكفاءة الإستراتيجية)، فكل عمل أو نشاط ينبغي أن ينشد التواؤم (التناغم) والتطابق بين التركيز الاستراتيجي والكفاءة الإستراتيجية. فلو كان لدينا طريقة فريدة لإيجاد قيمة للعميل صعبة التقليد - كفاءة إستراتيجية- وهي في نفس الوقت تسير مع التركيز الاستراتيجي، فإن فرصة النجاح ستكون عالية جداً بإذن الله تعالى.

الفرص والمخاطر

لابد للإدارة التعليمية من أن تنظر إلى البيئة الخارجية لتعرف الفرص والمخاطر الرئيسة التي تحيط بها، وهذه تتعلق بـ: الناس والمجتمعات التي تخدمها الجمعية،

المنافسون أو الحلفاء المُحتملون، أي قوى أخرى (اقتصادية، سياسية، اجتماعية، ثقافية، تقنية،...الخ) قد تؤثر في نجاح أو فشل الجمعية، والمهمة هنا هي حصر أبرز هذه العوامل التي تؤثر في مستقبل الإدارة التعليمية والعملية التعليمية. ولابد للإدارة التعليمية الناجحة أن تكون قريبة من الفئات التي تخدمهم، فمثل هذه للإدارة التعليمية تكون خدماتها وبرامجها ومنتجاتها ملائمة لاحتياجات وتطلعات المستفيدين منها. هناك آخرون ممن يعنيهم شأن للإدارة التعليمية وما تقوم به، مثل الداعمون، الهيئات المستفيدة، الدوائر الرسمية الأخرى. أما المنافسون فمبدئياً كل أدارة التعليمية تُنافس على شيء معين - على سبيل المثال، تجويد العملية التعليمية، الطلاب، الأساتذة والعاملين بصورة عامة... وهنا لابد أن يكون التركيز في تحليل الفرص والمخاطر على نقاط التميز في الإدارات التعليمية الأخرى وموقفها التنافسي في المجتمع، وبشكل عام أين مكامن القوة لديك مقارنة بالإدارة التعليمية التي تُقدم خدمات مثيلة لك، ولماذا يُفضل الناس المجيء إليك بدلاً من غيرك؟

طرق تحليل الوضع التنافسي

أمثلة مبسطة لبعض الأسئلة: على ماذا نُنافس؟ من هم المُنافسون لنا؟ ما هي نقاط قوة المنافس ونقاط ضعفه (على سبيل المثال- الجودة، النتائج، التكلفة، القدرة على تفصيل الخدمات حسب الطلب، أو أي ميزات فريدة أخرى)؟ مثل هذه المنافسة قد تجعل الجمعية تعيد النظر في الخدمات التي تُقدمها للناس.

عصـــر التحـــالفـــات

أما بالنسبة للحلفاء ففي المقابل هناك منظمات لا ينبغي أن ننظر إليها على أنها منافسة أو تُشكل تهديد على للأدارة التعليمية، بل ينبغي أن نسأل أنفسنا:

"هل يوجد جهات أخرى لديها شيء تُقدمه لمجتمعنا، وكيف يمكننا أن نتعاون لتطوير هذا المجتمع؟". هذه اللأدارات التعليمية والمنظمات والجمعيات (السكان، الجمعيات، الجهات الحكومية، القطاع الخاص) يجب أن تتعاون مع بعضها لتكوين فريق يسعى لتقديم أفضل الخدمات للمجتمع، ولقد آن الأوان لكي تتحالف الجهات المختلفة لكي تتكامل وتعمل كفريق. فهناك الكثير من المنظمـــــــات التي بـدأت بالارتباط مـع بعضها البعض بصور مختلفة إما بالاندماج أو تشكيل شبكة منظمات لكي تحقق فوائد مثل: زيـادة الحجـم، قوة الخدمات، تقليل المصاريف الثابتة، آفاق جديدة ....الخ، وهذا التعاون يحتاج إلى تنظيـم، وليس هناك طريقة مثلي غيرالتخطيط الاستراتيجي و التعاون، لتحقيق الأهداف المشتركة. القيادي التربوي يجب علي أقل تقدير أن يسأل، "هل توجد طرق نُشكل بها فريق مع غيرنا لتحقيق أهداف مُشتركة"، مثال لذلك: صور العمل المشترك المختلفة - التعاون - التنسيق - التكامل.

القوى الاجتماعية، الثقافية، الاقتصادية، السياسية، والتقنية

الفـرص والمخـــاطر تـأتي أيضا مـن مجـالات أخـرى مثـل: الوضـع الاجتماعـي والثقـافي (التغيـرات الديموغرافيـة، التوجهـات الاجتماعيـة أوالثقافيـة)، الوضـع السـياسي (أنظمـة جديـدة، تغيرات سياسية، تحول في الـدعم ...)، التقنيـة (المخترعـات والتطور السـريع في المعلومـات والتقنيـة، طرق حديثة في مجـال عمـل الجمعيـة...). هذه الخطوة قد تتضمن جمع كمية كبيرة مـن المعلومـات أو القيام ببحوث تـسويق مُكثفـة، وبعـض الأحيـان تكون الجمعيـة عـلى معرفـة جيـدة ببيئتهـا فتكتفـي بخـبرة فريـق التخطيـط بـالفرص والمخـاطر المحيطـة. بعـد إعـداد قائمـة أوليـة للفـرص والمخـاطر، هنـاك عـدة طـرق لمناقشـتها وتعـديلها ومـن ثـم تقليصها حسب معايير

محددة للاكتفاء بأهمها، يُنظر إلى الفرص والمخاطر من حيث تأثيرها واحتمالية حدوثها.

شبكة التحليل (الفرص والمخاطر)

هناك عدة طرق لتحليل الفرص والمخاطر. وتعتبر شبكة التحليل مناسبة كتصفية أولية، ثم يمكن أن تكون هناك معايير أكثر تفصيلاً لمناقشة البقية. مثل مصفوفة ماكميلان على سبيل المثال، كما يمكن أن نضع معاييرنا الخاصة حسب طبيعة العمل وما نراه أولوية بالنسبة لنا.

تهديدات فرص

دافع (مجال التهديد يتوافق مع نقاط القوة، وهذا يستدعي إدارة أفضل للمواد بشكل فردي أو بالتعاون مع الآخرين) استثمر (تطابق واضح بين الفرص ونقاط القوة) قوة تراجع (مجال التهديد يتطابق مع نقاط الضعف، وهذا يبين الحاجة إلى التراجع والانسحاب) قرر(مجال الفرص يقابله نقاط ضعف وهذا يحتاج إلى قرار إما بالاستثمار، أو تراجع، أو تعاون) ضعف

كيف ستكون الأمور في المستقبل؟

يجب أن يسأل القيادي التربوي نفسه: ماذا نتوقع أن يحدث في المستقبل، وما هي خصائص الأدارة التعليمية التي نتوقع لها النجاح والتفوق؟ أي استشراف المستقبل. واستشراف المستقبل: يتطلب أولاً، محاولة التعرف على الاتجاهات الهامة والسيناريوهات الخاصة بمجال عمل المنشأة، و وثانياً، تحديد خصائص وسمات الفائز في هذا المستقبل المحدد. يتم ذلك في وضع افتراضات تتعلق بإن العالم يتغير ونحن جميعاً نسير في ركبه، وسيعتمد نجاحنا على ما سيحمله المستقبل لنا، وعند التخطيط، يفترض البعض أنه ستكون هناك تغيرات في المستقبل، في حين

يتصرف البعض الآخر وكأنه لن تكون هناك أي تغيرات في المستقبل. ولذا فإن البعض سيكون مستعداً للتغيرات - ويجب أن نكون نحن من هؤلاء، ولكن الأكثرية في الغالب سيفاجئون بما سيحدث، وستكون مفاجآت غير سارة، والمفاجآت السارة تحدث للإدارات المستعدة فقط.

أذا أيها المعلم والقيادي التربوي كيف تضع الافتراضات؟

ركز اهتمامك على الأمور المهمة التي تقود وتوجه مسار العملية التعليمية، ابحث عن أسس هذه الأشياء التي تمثل البنية التحتية للعوامل التي توجه دفة العمل في أدارتك التعليمية أو المدرسية، تجنب الأماني، ولا تتعامل مع الافتراضات وكأنها حقائق.

افتراضات حول بيئة العمل

سوف يتغير عالمك بطرق لن يمكنك التحكم فيها ، وعليك أن تتفاعل مع هذه التغيرات. وأفضل ما يمكنك عمله هو أن تضع مجموعة من الافتراضات حول ما تظن أنه سيحدث في المجالات الأربعة التالية: - الممولين والداعمين، - التقنية، - الوضع الاقتصادي، - القوانين والأنظمة الحكومية.

أما بخصوص الافتراضات حول قطاعات العمل التعليمي أو النشاط التعليمي، فيجب أن نختبر كل قطاع (مسار) من قطاعات (مسارات) النشاط التعليمي وأن تضع افتراضات حول كل منها بشيء من التفصيل. وهناك سؤالان هامّان إستراتيجياً: الأول: ما الذي سيحدث لهذه القطاعات (المسارات)؟، والثاني: ما الذي سيجعل الأشياء تتغير؟. كما أن أربعة أشياء محددة سيتم اختبارها: (1) الاحتياجات من جهة والرغبات من جهة أخرى (2) معدل النمو في تقديم

الخدمات التعليمية وجودتها (3) مستويات الأداء وتطوره حسب الأحتياجات والرغبات(تحقيق الربحية)(4) ما الذي يمكن أن يمحو هذا المجال بالكلية

الاحتياجات والرغبات

يجب أن نستشرف المستقبل لمعرفة التغيرات التي ستطرأ على احتياجاتنا عبر السنوات الخمس القادمة، مثلا. أفضل طريقة لمعرفة احتياجات المستقبل، هي بالنظر إلى رغبات وتفضيلات اليوم، فغالباً ما تكون تفضيلات ورغبات اليوم هي احتياجات المستقبل، بمعنى ما هو من الكماليات اليوم سيصبح من الأساسيات في المستقبل، وعندما تحاول التعرف على الرغبات والتفضيلات المستقبلية، فمن المفيد الاطلاع على الاتجاهات السائدة في المجتمع.

معدل النمـــــو

هل هذا المجال سينمو ؟ وإن كان الأمر كذلك، ما هو معدل النمو ؟ ليس بالنسبة لك فقط ولكن بالنسبة لكل الأدارات الأخري في نفس المجال، وعندما تحاول أن تتوقع معدل النمو ، عندئذ تحتاج إلى التعرف على العوامل التي تقود قطاع العمل نحو الارتفاع أو الانخفاض. فما هي العوامل المحركة والتي سوف تخلق فرصاً وما هي العوامل المحركة التي يمكن أن تخلق تهديدات في السوق بشكل عام؟ عليك التعرف على هذه العوامل، وما هي الأشياء التي ستظل في مصلحة هذا العمل لك أنت ومنافسيك

مستويات الأداء وتطوره حسب الأحتياجات والرغبات

هـل يمكنـك تحقيـق عائـد في هـذا المجـال مـن النـشاط؟ فليس الهـدف هـو أن تحـافظ علـى بقائـك في الواقـع، بـل لابـد أن تحقـق أرباحـا، ولـذا عليـك أن تفعـل هنـا

مثلما فعلت بالنسبة بمعدل النمو، عليك أن تهتم بالعوامل الإيجابية والسلبية التي تؤثر على الربحية في مجالك.

ما الذي يمكن أن يمحو هذا المجال كلية؟ قد يحدث ذلك لأسباب عدة منها:

أن الحاجة التي تلبيها الإدارة التعليمية، غير واضحة أو صعبة التحقيق، أو لأن هناك من توصل إلى طريق أفضل بكثير لتلبية هذه الحاجة من خلال منتج أو خدمة مختلفة اختلافاً كليا، ويسمى هذا الموقف الأخير بعملية الإزاحة.

أيها القائد التربوي .... فكر دائما في ضع افتراضات حول الفرص والتهديدات وذلك لأن:

عالم المستقبل يحمل معه المتغيرات، وعند إعدادك للإستراتيجية ، تحتاج إلى التفكير في كيفية الاستفادة من هذه التغيرات وتجنب الأضرار الناجمة عن هذه التغيرات. ولأن بعض هذه التغيرات ستمثل فرصاً لك في حين أن البعض الآخر يمثل مخاوف وتهديدات، وعليك التعامل مع كل منها، ولكن يجب أن ينصب تركيزك على الفرص. فالإدارة التعليمية الناجحة هي التي تحول هذه الفرص إلى نجاح، ولاشك أن عليك أن تهتم بالتهديدات التي قد تظهر، فمستقبلك سيعتمد على مدى استعدادك. وكما هو الحال مع أنواع الكائنات الحية، فالإدارة التعليمية إذا ما أرادت أن تظل وتبقى في بيئة تنافسية، فإن ذلك يتطلب منها بعض التحورات لكي تتمكن من تهيئة نفسها للظروف الجديدة. فالإدارة التعليمية المبادرة التي تُعنى وتكتشف وتستثمر الفرص وفق خطة، تحول هذه المخاطر والتهديدات التي مصدرها البيئة المتغيرة إلى فرص كبيرة جديدة.

التخطيط الإستراتيجي وخصائص الإدارة التعليمية الناجحة

في أطار التعريف العام للأهداف: "**بأنها المقاصد أو الغايات التي ترغب الإدارة في الوصول لها في المستقبل وتأتي ضمن حدود الرؤية بحيث تكون ترجمة لها بصورة أكثر تفصيلا وتحديدا** " إن تحقيق الأهداف والوصول إلى نتائج ومخرجات محددة هي ما تلتزم به الإدارة في خططها والتخطيط الجيد يتطلب أن يكون عدد الأهداف محدودا حيث تعتبر الأهداف الحقيقية التزاما بنتائج معينة يمكن قياسها من حيث الوقت والتكلفة والجودة والنوعية والكمية. وبما أن الأهداف تنقسم إلى نوعين: **أهداف عامة:**

وهي ما تهدف الإدارة إلى تحقيقه على المدى البعيد دون الدخول في تفصيلات دقيقة حول الإجراءات التي ستتبع لتحقيقها ودون أن ترتبط بزمن معين.

وأهداف تفصيلية :

وهي أهداف تم اشتقاقها من الأهداف العامة ويغلب عليه التفصيل الدقيق والقابلية للقياس وعادة ما تكون الأهداف التفصيلية مرتبطة بأرقام ونسب معينة وتصب الأهداف التفصيلية مجتمعة في تحقيق الأهداف العامة حيث يمكن أن يتبع كل هدف عام مجموعة من الأهداف التفصيلية.

وبعد وضع الفرضيات حول المستقبل وما ستؤول إليه الأمور على جميع المحاور، ينبغي أن نستعرض صفات الإدارة التعليمية التي ستنجح في هذه البيئة الجديدة. وبعد مراجعة الإستراتيجية التنافسية وأخذها في الاعتبار مع الإستراتيجية التنافسية المطلوبة (الخاصة بصفات الإدارة التعليمية الناجحة). نختار منها 2-3 استراتيجيات تنافسية متوافقة مع التركيز الاستراتيجي الذي وقع عليه الاختيار (والتزمنا تطويره لكي يكون بمواصفات عالمية في السنوات القادمة). عند هذه

النقطة ينبغي للفريق أن يكون لديه المعلومات الأساسية التي بحثها وناقشها والتي تتعلق بالوضع الـراهن وهذا الملخص يتضمن مراجعة لـ: التطورات الأخيـرة، الرسالة، نقاط القوة والضعف، الفرص والمخاطـر، أي عوامل أخرى يرى الفريق أنها مهمة وحيوية. الأمر الثاني: النظرة المستقبلية، أي ماذا ينبغي أن يكون تركيزنـا الاستراتيجي؟ أي الجوانب هي الأكثر جاذبية بالنسبة لنا لكي نركز عليها؟ كيف سـنحقق الـسيطرة والتغلـب على المنافسين في شريحة المجتمع المُستهدفة؟ أي الفرص سوف تحقق لنا أكبر عائد؟ كيـف يمكـن أن نـستفيد من إمكاناتنا بأقصى ما يمكن ونقلل من نقاط ضـعفنا؟ كيـف يمكـن أن نـستغل الكفـاءات الإسـتراتيجية التـي نملكها وكيف يمكن أن نطورها؟ خصائص وصفات المنظمات الناجحة في البيئة الجديدة؟

الفصل السابع
العلاقات الإنسانية في الإدارة المدرسية

❖ مفهوم العلاقات الإنسانية

❖ تعريف العلاقات الإنسانية

❖ مجالات العلاقات الإنسانية

❖ أسس العلاقات الإنسانية

العلاقات الإنسانية في الإدارة المدرسية

مفهوم العلاقات الإنسانية :

ويقصد بها عملية تنشيط واقع الأفراد في موقف معين مع تحقيق توازن بـين رضـائهم النفـسية وتحقيـق الأهداف المرغوبة.

ومن هنا يمكن أن نفهم أن الهدف الرئيسي للعلاقات الإنسانية في الإدارة يدور حـول التوفيـق بـين إرضـاء المطالب البشرية الإنسانية للعاملين وبـين تحقيـق أهـداف المنظمـة ولهـذا فإن الهـدف الرئيـسي للعلاقـات الإنسانية يتضمن إرضاء أو إشباع الحاجات الإنسانية وما يرتبط بها من دوافع وتنظيم غير رسمي ورفع الروح المعنوية وتحسين ظروف العمل والوضع المادي للعاملين.

تعريف العلاقات الإنسانية

وعرفت العلاقات الإنسانية بأنها الأساليب والوسائل السلوكية التي يمكـن عـن طريقهـا اسـتثارة دافعيـة العاملين وحفزهم على المزيد من العمل المثمر المنتج.

ولذا يمكن القول أن العلاقات الإنسانية ليست مجرد كلمات طيبة أو عبارات مجاملة تقال للآخرين وإنمـا هي بالإضافة إلى ذلك تفهم عميق لقدرات العاملين وطاقاتهم وإمكانـاتهم وظـروفهم ودوافعهـم وحاجـاتهم واستخدام كل ذلك لحفزهم على العمل معا كجماعـة تسعى لتحقيـق هـدف واحـد في جو مـن التفـاهم والتعاون والتعاطف.

مجالات العلاقات الإنسانية:

1- تهيئة المكان المناسب المريح للعمل.

2- الأمن والطمأنينة.

3- الشعور بالانتماء.

4- النجاح والتقدير .

5- المكانة الاجتماعية.

6- تحقيق الذات.

أسس العلاقات الإنسانية :

1- الاهتمام بقيمة الفرد.

2- المشاركة والتعاون.

3- العدالة في توزيع العمل .

4- التحديث والتجديد والتطوير .

والطريقة الأساسية التي تساعد على إيجاد جو مرضي وتكوين علاقات إنسانية جيدة في المدرسة:

-احترام شخصية العاملين الذين يعمل معهم مدير المدرسة ، واحترام شخصيتهم له مظاهر عديدة:

- الاهتمام بهم وبمشكلاتهم.

- إعطاء حق الاعتبار التام لآرائهم وأفكارهم ومقترحاتهم وذلك نابع من اجتماعات هيئة التدريس.

- تشجيع أوجه النشاطات الاجتماعية التي تساعد على إقامة علاقات صداقة بين أعضاء هيئة المدرسة وبين إدارة المدرسة.

ولا يقتصر هذا الاحترام على شخصية المدرس فحسب بل يتعداه أيضا إلى احترام شخصية الطلاب ، فكل من في المدرسة يجب أن يحس بأنه مرحب به وأنه جزء من برنامج المدرسة كما يجب أن يعامل كل طالب معاملة عادلة ، وأن يحس

أن إدارة والمدرسين أصدقائه وليسو مجرد أشخاص يوجهون كـل جهـودهم لتـشكيله وفق نمـط معين مـن السلوك.

ولا شك أن مثل هذه الروح تتطلب طرقا خاصة تتعلق بمدير المدرسة أما طلابه فعليه أن يسمع لرغباتهم وشكاواهم ، وان يوجد وسائل الاتصال التي يمكـن عـن طريقهـا سماع آرائهـم ، وأن يـشجع جمـع البيانات الكافية عن كل منهم حتى يمكن للمدرسة أن توجههم التوجيه المناسب.

فالإدارة المدرسية يجب أن تقدر أهميـة مـساعدة المدرسـين والطـلاب في حـل مـشكلاتهم الشخصية وأن تعاونهم على التغلب على هذه الصعاب ومعالجتها.

ولا شك أن مدير المدرسة بحله للمشكلات الشخصية للمدرسين يساعد على إيجـاد جـو عـاطفي وروحـي طيب للطلاب ، إذ تنعكس حالة المدرسين النفسية على الطلاب.

معرفة الدافعية إلى العمل :

وتقـوم الدافعيـة إلى العمـل في أساسـها عـلى مـا يـسمى بالتسلـسل الهرمي للحاجـات الإنسانية لماسلو "Maslowa" ويقسمها ماسلو إلى خمسة أنواع هي :

- الحاجات الفسيولوجية (مثل الأكل والشرب والنوم والراحة) (الحاجات الأساسية).
- الحاجة إلى الانتماء إلى المؤسسة .
- الحاجة إلى الأمن والطمأنينة .
- الحاجة إلى التقدير والمكانة الاجتماعية.
- الحاجة إلى تحقيق الذات.

ويمكن ترجمة هذه الحاجات إلى دوافع تدفع الإنسان إلى العمل والنشاط ويمكن أن تكون هذا الدوافع مادية وغير مادية كما جاءت في نظرية العاملين لهرزبرج "Herzberg" العوامل الدافعية والعوامل الوقائية والصحية.

الحوافز :

وتتمثل في التقدير والاستقلال والإنجاز، المسؤولية ، التقدم والرقي ، والعوامل الوقائية والصحية وتتمثل في الراتب ، الأمن ، والظروف المادية للعمل ، العلاقة مع الزملاء والرؤساء ، والإشراف ، والاستقرار ، العوامل الأولى تتفق مع تحقيق الذات في نظرية الحاجات لماسلو والعوامل الثانية تتفق مع حاجات ماسلو الدنيا.

العمل مع الجماعة:

ويتم عن طريق :

أ-   تقليل الخلافات بالإقناع والاقتناع والحصول على اتفاق جماعي .

ب-   التعاون لا التنافس.

ويستطيع رجل الإدارة بطرق مختلفة أن يساعد مجموعته على الوصول إلى اتفاق أو إجماع بشأن اتخاذ القرار ، كما يساعد على تقارب الجماعة والتفاعل بهم ويجعل الفرد يساهم في اتخاذ القرار بالطرق التالية:

1-   تجنب المجاملة والتعرف على إمكانات كل فرد.

2-   أن تكون صلته بمرؤوسيه صلة رسمية لكن إنسانية في نفس الوقت قائمة على الاحترام .

3-   أن يبتعد عن الانتقادات الشخصية.

4-   أن لا يغتر بالسلطة الممنوحة له ويسيء استغلالها.

الاعتبارات التي تساعد على تماسك الجماعة وتفاعلها:

أ ـ توفير الاتصال الفعال:

نقل المعلومات والبيانات ومنه **الاتصال الأوتوقراطي** الذي يتميز بالبطء في الأداء ومن عيوبه عزل ألأفراد عن بعضهم البعض ، يضع العبء على الرئيس (وحيد الاتجاه). وهناك الاتصال الديمقراطي ويؤدي إلي تبادل الآراء ويتميز الاتصال المتبادل بالسرعة في الأداء.

ب ـ المشاركة :

عملية نفسية سلوكية تساعد الأفراد على إشباع حاجاتهم من حيث المكانة والتقدير الاجتماعي وتحقيق الذات ، وتجعل الفرد يحس بنفسه وأهميته وهذه المشاركة تسهم بطريقة مباشرة بإيجاد العلاقات الإنسانية وترتبط ارتباطا طرديا بها.

ج ـ التشاور :

يعد مظهر عمليا للمشاركة ويترتب عليه إبداء الرأي والنصيحة.

د ـ الاهتمام بالنواحي النفسية والاجتماعية:

يترتب على المشكلات في العلاقات الإنسانية مشكلات نفسية واجتماعية وقد يترتب على عدم معالجتها مظاهر سلوكية تشير إلى ضعف العلاقات الإنسانية مثل (التغيب ، الانقاطع ، المرض ، انخفاض الأداء ، الشقاق ، الخلافات ، النزاع ، الشكاوي ، وكثرة التظلمات .

ـ الروح المعنوية :

الجو العام الذي يسيطر بين الجماعة ويوجه سلوكها ، وأنها واضحة على وجود العلاقات الإنسانية في المنظمة ن أي هناك ارتباط بين الروح المعنوية والعلاقات

الإنسانية وهذا الارتباط ارتباط طردي بمعنى كلما ارتفعت الروح المعنوية أدى إلى ارتفاع نسبة العلاقات الإنسانية الجيدة بينهم.

المظاهر العامة التي يمكن الاستدلال بها على مستوى الروح المعنوية :

أ ـ مستوى الأداء والإنتاج.

ب ـ مدى استمرار العاملين في العمل.

ج ـ مدى غياب العاملين وانقطاعهم عن العمل.

د ـ مدى ما يسود بين الأفراد من شقاق ونزاع وخلاف .

هـ ـ مدى كثرة الشكاوي والتظلمات.

ـ الصراع :

مرتبط بسوء التفاهم والخلافات والمنازعات بين الجماعة وهذا مرتبط بالحياة البشرية إلا أنها في حاجة ماسة إلى التكيف وأن المسؤولين يقللون ويعاجلون حدة الصراع بين العاملين حيث أظهرت درجة كفاءة المنظمة والصراع يرتبط ارتباطا عكسيا مع العلاقات الإنسانية بمعنى كلما ارتفعت درجة الصراع بين العاملين في المدرسة كلما أدى ذلك إلى انخفاض العلاقات ألإنسانية بينهم.

ويتطلب إيجاد الجو المدرسي الصحيح أن يكون مدير المدرسة (صفاته):

1- الشخصية المتكاملة.

2- أن يكون ودودا محبا للعاملين وان يجيد العاملين العمل معه.

3- الإخلاص في العمل .

4- أن يتميز بالحكم الصائب.

5- القدرة على كسب ثقة الآخرين.

6- القدوة في العمل.

الفصل الثامن
القيادة التربوية

❖ القيادة والإدارة

❖ القيادة وأنماطها

❖ القيادة التربوية بين الأصالة والمعاصرة

❖ تطور مفهوم القيادة التربوية

❖ مفاهيم خاطئة للإدارة التربوية

❖ الصفات والمهارات القيادية التربوية

القيادة التربوية

المقدمـــــة

تمثل القيادة التربوية أهمية كبرى في نجاح الإدارة التعليمية . بيد أن القيادة نفسها عملية نسبية، وذلك أن الفرد قد يكون قائدا في موقف وتابعا في موقف آخر. ومن هنا يرتبط مفهوم القيادة بمفهوم الدور الوظيفي والمسئولية ارتباطا وثيقا وبنمط الشخصية والمهارات الإدارية والفنية اللازمة لرجل الإدارة التعليمية

ويعرف كاتز وكاهن Katz &Kahan الدور الوظيفي بأنه إطار معياري للسلوك يطالب به الفرد نتيجة اشتراكه في علاقة وظيفية بصرف النظر عن رغباته الخاصة أو الالتزامات الداخلية الخاصة البعيدة عن هذه العلاقة الوظيفية. ويتحدد محتوى الدور The Role متطلبات الواجبات الوظيفية والنظام الهرمي

القيادة والإدارة

الإدارة بالنسبة لرجل الإدارة التعليمية تتعلق بالجوانب التنفيذية التي توفر الظروف المناسبة والإمكانيات المادية والبشرية للعملية التربوية، أما القيادة فهي تطلعه إلى الأهداف البعيدة الكبرى والتخطيط لها للعمل على مواكبة المستجدات التربوية المعاصرة لإحداث التغيير والتطوير المناسب. فكل رجال الإدارة التعليمية يمارسون سلطتهم بحكم مراكزهم ووظائفهم ، وهذه سلطة رسمية تستند في شرعيتها إلى القانون وقواعد التنظيم

أما القيادة فيستمدها رجل الإدارة التعليمية من خلال مكانته بين العاملين معه التي تجعل له تأثيرا ونفوذا عليهم تضفي عليه صفة القيادة لا تعتمد على سلطة القانون وقواعد التنظيم، فليس كل إداري قائدا

وعلى هذا فإن رجل الإدارة يحافظ على الوضع الراهن بتطبيق النظم واللوائح فهو عنصر من عناصر الاتـزان والاستقرار، أما القائد فيحدث تغييرا في البنـاء التنظيمـي للعمـل التربـوي مـما يـشكل عـاملا مقلقـا للأوضـاع الراهنة في عمله وعامل الاستقرار والاتزان من مرتكزات العمل التربوي، لـذلك أضـاف التربويـون إلى صـفات القائد الناجح القدرة على تهيئة العاملين في الحقل التربوي للتجديد بما يشيع جو الاسـتقرار النفـسي كي يـسير العمل في إطاره الطبيعي

القيادة وأنماطها

قام رالف ستوجديل بتحليل 124 دراسة سابقة مسحية في موضـوع القيـادة اتبعـت أسـاليب مختلفـة في دراسة القيادة ، وكان أهم ما توصل إليه:

1. أن من يقوم بدور القيادة يتفوق على مجموعته من حيث الذكاء والقـدرة العلميـة والاسـتقلال في تولي المسئولية والنشاط الاجتماعي والمكانة الاقتصادية والاجتماعية

2. أن الصفات والمهارات المطلوبة في القائد تتوقف إلى درجة كبيرة على متطلبات الموقف الـذي يقـوم فيه بدور القيادة .

أنماط القيادة

التصنيف الأول: المبكر لماكس ويبر

1. القيادة التقليدية : يتوقع القائد ممن معـه الطاعـة المطلقـة والـولاء الشخـصي لـه، ويعتمـد المثـل القائل (أكبر منك بيوم أعرف منك بسنة)، ويسود هذا النوع في المجتمعات القبلية والريفية. وهذا النوع مـن القيادة يحاول المحافظة على الوضع الراهن ويقاوم أي التغيير تعزيزا للسلطة وتدعيما للنفوذ .

2. القيادة الجذابة :يتمتع صاحبها بجاذبية قوية إلى شخصيته المحبوبة المثالية .ويرى العاملون معـه أنه يتمتع بقوة خارقة وأنه منزه عن الخطأ فله الولاء الكامل، فتغلب على القيادة الصفة الشخصية البحتة

3. القيادة العقلانية :تقوم على سيادة القوانين واللوائح ، ويتميز هذا النمط بأنه غير شخصي ، والـولاء فيه لا للاعتبارات الشخصية وإنما لمجموعة الأصول والمبادئ والقواعد المرعية الثابتة

التصنيف الثاني: - حديث-

1. القيادة الديمقراطية:

تقوم على احترام شخصية الفرد وحرية الاختيار والإقناع والاقتناع وأن القرار للأغلبية دون تسلط أو خوف أو إرهاب، مع تشجيع القائد للعاملين معه على العمل والإنتاج وتنمية الـذات ولا يطلـب لنفسـه امتيازات خاصة ينكرها عليهم

2. القيادة التسلطية : Authoritarian

تقوم على الاستبداد بالرأي والتعصب وتستخدم أسـاليب الإرغـام والإرهاب والتخويـف، ولا تفتح بـاب الحوار والنقاش وسماع لرأي الآخر. والقائد التسلطي يأمر مرؤوسيه بما عليهم فعله وكيف؟ ومتى ؟ وأيـن ؟ دون نقاش .ويكون القائد منعزلا لا تربطه بمرؤوسيه علاقات إنسانية. وتماسك العمـل يظل مرهونا بوجود القائد ، فإذا غاب القائد انفرط عقد المجموعة

3. القيادة الترسلية : Laissez – Faire

تقوم على إيصال المعلومات إلى العاملين وترك لهم مطلق الحرية في التصرف دون تدخل من القائد، ممـا يقلل الإنتاج ولا يبعث على احترام العـاملين لشخصية القائد ، فيشعر الأفراد بالـضياع وعـدم القـدرة عـلى التصرف

4. **القيادة الأوتوقراطية :**

قيادة عن بعد حيث يكون التخطيط واتخاذ القرار بعيدا عن مركز التنفيـذ، فيحـرم العـاملون في الميـدان من إبداء آرائهم والمشاركة في صنع القرار الذي يخصهم، فتتسم هذه القيادة بالصبغة الدكتاتوريـة ، ويكـون العاملون في الميدان عنصرا ثانويا في المنظومة التربوية

5- **القيادة البيروقراطية:**

القيادة التربوية بين الأصالة والمعاصرة

يرى الباحثون التربويون أن رجل الإدارة التعليمية عليه القيام بدور يجمـع بـين الأصـالة والمعاصـرة وبـين المحافظة والتجديد، فعنصرا الأصالة والمحافظة يحققان الثبات والاستقرار في العمل التربوي دون اضطراب أو انقطاع ، والعاملون في الحقل التربوي - عادة - يحبون ما اعتادوا عليه من أساليب ووسائل ومناهج سـواء في الإطار الفني أو الإداري، ويكرهون التغيير والتحديث لما سيكلفهم من جهد وعناء

أما المعاصرة والتجديد فيحققان أهداف القائد الناجح بدفع مسيرة العمل التربوي وتنمية طرق التدريس وتحديث المناهج والوسائل التربوية وتحديث النظم واللوائح الإدارية، وهذا مما يكرهـه - عـادة - العـاملون في المجال التربوي ويقاومونه، فقد يترتب على التجديد اهتـزازا وارتباكا وحـيرة للعـاملين في الحقـل التربـوي ، فتظهر أهمية القيادة الناجحة بتحقيق الدافعية المتجـددة لمؤسسته التربويـة و تهيـأة الجـو والمنـاخ اللازم لإدخال جرعات التجديد تدريجيا حتى يعود العمل إلى وضعه المطمئن واستقراره المعهود.

تطور مفهوم القيادة التربوية

كانت القيادة التربوية في الماضي تعنى فقط بالمبادئ والقيم والأحوال وأصبحت في هذا القرن تهتم بالنظرية التحليلية والقيم العلمية التي تعني ماذا؟ ولماذا؟ والاتجاه الجديد في مفهوم القيادة التربوية يستهدف الوصول إلى معايير تقاس بها فعالية الإدارة بطريقة علمية وموضوعية

المفهوم الحديث للقيادة التربوية

القيادة استراتيجية منظمة تقوم على أساس اعتبار المؤسسة التربوية نظاما له أهداف يمكن تحديدها بوضوح ، ويمكن متابعة تحقيق هذه الأهداف خلال فترة زمنية معينة عن طريق التنسيق وإيجاد الحوافز لدى العناصر المختلفة التي يتكون منها النظام. واستراتيجية القيادة التربوية تقوم على أربعة مبادئ

1. **مبدأ النظام الكلي:** يقرر أن المؤسسة التربوية مجموعة من الأجزاء أو العناصر يتم التنسيق بينها لتحقيق أهداف المؤسسة، وكل عنصر يسهم في تحقيق الأهداف المنشودة

2. **الأهداف:** تحديدها مرتبط بالتخطيط وترتكز على استراتيجية زمنية، وتكون محددة بوضوح بحيث يمكن قياسها، وتتصف بالشمولية كي تغطي جميع مراكز المسئولية وجوانبها بصورة جدية بحيث يتمسك القائد بتحقيق الأهداف أثناء التنفيذ

3. **مبدأ المشاركة والالتزام:** بحيث يتحمل كل شخص جزءا من المسئولية

4. **مبدأ المراقبة وتقويم الأداء:** عن طريق مقارنة الإنجازات الفعلية مع الإنجازات المستهدفة .

فالقيادة التربوية فن يقوم به من تتقبله الجماعة لتميز قدراته وسماته التي قلما توجد في غيره، فيمارس القيادة بقدرته على التوجيه والتنسيق والرقابة في مؤسسته التربوية لتحقيق الأهداف والأغراض المطلوبة

والتمتع بالصفة القيادية لا يكون بمجرد التحلي بصفات وسمات محددة فقط بل يتجلى فن القيادة في الدور الذي يلعبه القائد في التأثير إيجابا على سلوك الآخرين، فلا يكون قائدا لأنه ذكي أو ماهر أو مفكر أو مخلص فحسب ، بل لأن ذكاءه ومهارته وأفكاره تعتبر في نظر العاملين معه ضرورية لتحقيق أهداف المجموعة. بذلك يتحول القائد من رجل مفروض على مرؤوسيه إلى رجل يحبه الناس ويحترمونه ويتعاونون معه ويخلصون له ويوالونه ، مما يزيد من تأثيره عليهم، فتصبح مجموعته أكثر إنتاجا وفعالية. فالقيادة خاصية من خصائص الجماعة ذات نشاط إيجابي يباشره شخص معين لتحقيق الأهداف التربوية المنشودة بوسيلة التأثير والاستمالة أو باستعمال السلطة الرسمية إذا اقتضى الأمر ذلك

مبادئ القيادة التربوية

نستعرض مبادئ القيادة التربوية من خلال إطارين نظريين معروفين بإطار فايول وإطار موني

أولا:إطار فايول

يقدم فايول 14 مبدأ للقيادة التربوية

1- مبدأ تقسيم العمل

2- مبدأ السلطة

3- - مبدأ النظام

4- مبدأ وحدة الأمر: تلقي الموظف الأمر من رئيس واحد فقط

5- مبدأ وحدة الاتجاه: تعني رئيسا واحدا وخطة واحدة تجاه هدف واحد.

6- تلاشي المصالح الفردية أمام المصلحة العامة .

7- مبدأ مكافأة العاملين

8- درجة المركزية واللامركزية تتوقف على حجم العمل ومدى الإشراف والمنظور الزمني والبعد المكاني

9- مبدأ تسلسل الرئاسة

10- مبدأ الترتيب والتنظيم : يخصص لكل شيء مكانه ويوضع كل شيء في مكانه ، ويخصص لكل فرد مكانه ويوضع كل شخص في مكانه حتى تتسق الأمور.

11- مبدأ المساواة

12- مبدأ استقرار العاملين

13- مبدأ التحفيز للعمل

14- مبدأ العمل كفريق والمحافظة على روح الجماعة

ثانيا: إطار موني

Monney's Framework

يقوم إطار موني على أسس تنظيمية ثلاثة

1- مبدأ التنسيق

2- مبدأ التسلسل

3- مبدأ الواجبات الوظيفية

مفاهيم خاطئة للقيادة التربوية:

1. اعتقاد رجل الإدارة التربوية أن أعضاء مؤسسته يجب عليهم أن يتبعوه لمجرد أنه يقوم بهذه الوظيفة خطأ فاحش، لأن القيادة التربوية أمر يكتسب ولا يصاحب الوظيفة بطريقة آلية. فالقائد التربوي من له القدرة على حسن استخدام السلطة لا مجرد من يتمتع بالسلطة التربوية. وهذه القدرة تكمن في الذكاء والابتكار واتخاذ القرار وإقناع الآخرين بطريقته في التفكير والعمل واحترام قدرات وجهود الآخرين

2. افتراض رجل الإدارة التربوية أن أعضاء مؤسسته يجب عليهم أن يتلاءموا مع رغباته وأهوائه دون أن يهتم بمشاعرهم وأحاسيسهم. والجدير بالذكر أن القيادة التربوية أمر تمنحه الجماعة للفرد الذي يحسن استخدام سلطته عليهم

3. الاعتقاد بأن الولاء للعمل التربوي هو الموافقة بالضرورة لكل ما يصدر عن صاحب السلطة التربوية من أفكار وآراء، وكل ذلك يؤدي إلى ضعف الثقة بين أعضاء هذه الهيئة ، ومن ثم تفككهم وتمزقهم وضعف إنتاجهم

4. الاعتقاد أن ما يحسه الآخرون أو يشعرون به غير هام تجاه ما يقوم به رجل الإدارة التربوية. والحق أنه لابد من إقناع الآخرين وتفسير القرارات لهم والدافع من اتخاذها مع الاستماع لنقدهم ولآرائهم

5. أن رجل الإدارة التربوية يمكنه أن يتخذ القرارات بمفرده

6. أن رجل الإدارة التربوية يمكنه الإبقاء على البرامج التربوية والتعليمية على ما هي عليه دون تطوير.وهذا أمر مستحيل مع تغير المستجدات على الساحة التربوية، والبرامج التعليمية لابد أن تتميز بالمرونة والديناميكية. فإن لم يدرك رجل الإدارة

التعليمية هذه الحقيقة ولا يضع خططا لنمو العمل التربوي يجد نفسه بين أمرين: إما أن يمنع التطوير في العمل التربوي أو ينسحب من دوره القيادي

7. أنه يمكن إجبار المرؤوسين في العمل التربوي على النظام الديموقراطي. لأنهم إذا لم يكونوا راغبين ولا مقتنعين بالاشتراك في وضع السياسة التعليمية والبرامج التربوية فإن إجبارهم على ذلك سيكون غير منتج، بل ينبغي أن يكون إشراكهم بعملية تدريجية يظهر فيها القائد التربوي الحكمة في قيادته وتوجيهه

8. أن رجل الإدارة التربوية عليه أن يحقق أقصى استفادة ممكنة من العاملين معه بكافة الطرق والوسائل التي تتنافى مع الجانب الإنساني ، مع إحكام عملية التخطيط والتنظيم والتوجيه والرقابة من خلال المبادئ الإدارية العامة المتمثلة بالنظم واللوائح دون مراعاة العلاقات الإنسانية، بل ينبغي الموازنة بين احتياجات الفرد واحتياجات المؤسسة التعليمية مع الربط بينهما لتحقيق الأهداف المنشودة

الصفات والمهارات القيادية التربوية

تبين لنا أن القيادة التربوية لها معنى واسع وشامل تتشابك في مفهومها الآراء والنظريات إلا أن الصفات والمهارات القيادية التربوية الناجحة يكاد يجمع عليها المنظرون التربويون ونسردها فيما يلي

1. قوة الشخصية المؤثرة على الآخرين إيجابا

2. العناية بالمظهر الشخصي والمظهر العام للمؤسسة

3. التمتع بفلسفة تربوية عميقة، مع فهم واضح لطبيعة العمل التربوي

4. التحصيل العلمي العالي

5. التدريب المهني

6. الصحة الجسمية والعقلية والنفسية

7.النظرة المتفائلة

8.الاستقرار العاطفي

9.الخلق العظيم والاستقامة والنزاهة والأمانة

10. الروح علمية

11. الشعور بالرسالة

12. التقويم الذاتي

13. القدرة الفكرية فائقة

14. الذكاء الاجتماعي

15. سعة الاطلاع

16. الحس المرهف بالآخرين

17. سرعة البداهة

18. حسن التصرف في المواقف المختلفة

19. روح التعاون والرغبة في تطوير ما لدى الآخرين أكثر من ممارسة السلطة عليهم

20. الجاذبية الشخصية

21. القدرة على العمل الشاق والصبر لتحقيق الأهداف المنشودة

22. الحكم السديد على الأمور العامة

23. مهارة القيادة في تنمية البرنامج التعليمي

24. مهارة العلاقات الإنسانية

25. مهارة تنظيم العمل الجماعي

26. مهارة التعامل مع التقنيات الحديثة

27. مهارة تهيئة الظروف الملائمة للعمل

28. مهارة التقويم

29. القدرة على التجرد عند تقويم الأداء

30. مهارة التنظيم والترتيب والتنسيق والجدولة

31. مهارة ترتيب الأولويات

32. مهارة تقدير مستوى كفاءة العاملين

33. مهارة العمل كفريق

34. مهارة التعرف على مظاهر الرضا عن العمل أو السخط عليه بين العاملين

35. مهارة التشويق وتحفيز الآخرين للعمل

36. مهارة الابتكار والإحساس بالمشكلات والتفنن في الحلول

37. مهارة الإنماء التربوي الإداري والفني بالنقاش الجماعي والمؤتمرات والندوات والحوار المفتوح والحلقـات الدراسية والزيارات الميدانية

38. مهارة معالجة المعلومات المالية

39. مهارة الآلية الإدارية

40. الحكمة والهدوء والبعد عن الانفعالية مهما كانت الظروف صعبة

41. القدرة على التعرف على الفروق الفردية في الميول والقدرات والحاجات والاستعدادات

42. القدرة على التخطيط

43. القدرة على اتخاذ القرار المناسب والحزم والجدية في تنفيذه

44. حزم من غير شدة ولين من غير ضعف

45. مشاركة العاملين في الميدان عند اتخاذ القرار

46. حسن التوقيت في اتخاذ القرار

47. معقولية القرارات وعدم تناقضها

48. حسن استخدام السلطة

49. القدرة على المتابعة والتقويم والتوجيه والإشراف

50. الموازنة بين العلاقات الإنسانية وتنفيذ الأنظمة واللوائح

51. العدالة في تطبيق النظام

52. مهارة تبادل المعلومات والاتصال

53. المناقشة والسماع لمقترحات الآخرين

54. تحليل المواقف وعدم التسرع في الحكم

55. الحرص على البشاشة في وجوه العاملين

56. مبدأ الثواب للمحسن والعقاب للمسيء

57. التطلع الدائم إلى مستقبل المؤسسة التربوية

58. تشجيع البحوث والدراسات العلمية

الفصل التاسع
الإدارة الصفية

❖ مفهوم الإدارة الصفية

❖ أهمية الإدارة الصفية

❖ دور المعلم في الإدارة الفصلية

❖ أنماط الإدارة الصفية

❖ عناصر عملية إدارة الصف

❖ المجالات الهامة للإدارة الصفية

إدارة الصف

مفهوم الإدارة الصفية:

أخذت إدارة الصف مدلولات ومفاهيم متعددة فهناك من يعرفها أنها:

"**هي مجموعة الممارسات المنهجية واللا منهجية التي يؤديها المدرس أثناء تواجده داخل غرفة الصف، وهي علم له أسسه وقواعده وفي الوقت ذاته هي فن تطبيق هذا العلم.**"

او أنها "**مجموعة النشاطات التي يقوم بها المعلم لتأمين النظام في غرفة الصف والمحافظة عليه** ".

ويلاحظ في هذا التعريف أنه يقوم على أساس تركيز مهمة الإدارة الصفية في المعلم وينظر إلى الإدارة على أنها موجهة نحو حفظ النظام الصفي فقط. فهو تعريف يستند على الفلسفة التسلطية في الإدارة من جهة وهو محدود في مضمونه من جهة أخرى.

أما التعريف الآخر فيرى أن الإدارة الصفية هي : "**مجموعة من النشاطات التي يؤكد فيها المعلم على إباحة حرية التفاعل للتلاميذ في غرفة الصف**". ويتبين من هذا التعريف أنه يأخذ الاتجاه الفوضوي في الإدارة الذي يؤمن بإعطاء الحرية المطلقة للتلاميذ في غرفة الصف وهو اتجاه متطرف ، أما من وجهة نظر أصحاب **المدرسة السلوكية** في علم النفس فإن إدارة الصف تمثل" **مجموعة من النشاطات التي يسعى المعلم من خلالها إلى تعزيز السلوك المرغوب فيه لدى التلاميذ ويعمل على إلغاء وحذف السلوك غير المرغوب فيه لديهم**".

وهناك تعريف يرى أن الإدارة الصفية تمثل" مجموعة من النشاطات التي يسعى المعلم من خلالها إلى خلق وتوفير جو صفي تسوده العلاقات الاجتماعية الإيجابية بين المعلم وتلاميذه وبين التلاميذ أنفسهم داخل غرفة الصف".

وبذلك يمكن تحديد مفهوم إدارة الصف على أنها "تلك العملية التي تهد ف إلى توفير تنظيم فعال من خلال توفير جميع الشروط اللازمة لحدوث التعلم لدى التلاميذ"

أهمية الإدارة الصفية

يمكن تحديد أهمية الإدارة الصفية في العملية التعليمية من خلال كون عملية التعليم الصفي تشكل عملية تفاعل إيجابي بين المعلم وتلاميذه ، ويتم هذا التفاعل من خلال نشاطات منظمة ومحددة تتطلب ظروفاً وشروطاً مناسبة تعمل الإدارة الصفية على تهيئتها، كما تؤثر البيئة التي يحدث فيها التعلم على فعالية عملية التعلم نفسها، وعلى الصحة النفسية للتلاميذ ، فإذا كانت البيئة التي يحد ث فيها التعلم بيئة تتصف بتسلط المعلم ، فإن هذا يؤثر على شخصية تلاميذه من جهة، وعلى نوعية تفاعلهم مع الموقف التعليمي من جهة أخرى. ومن الطبيعي أن يتعرض الطالب داخل غرفة الصف إلى منهاجين أحدهما أكاديمي والآخر غير أكاديمي ، فهو يكتسب اتجاهات مثل الانضباط الذاتي والمحافظة على النظام ، وتحمل المسؤولية ، والثقة بالنفس ، وأساليب العمل التعاوني ، وطرق التعاون مع الآخرين ، واحترام الآراء والمشاعر للآخرين.

إن مثل هذه الاتجاهات يستطيع التلميذ أن يكتسبها إذا ما عاش في أجوائها وأسهم في ممارستها وهكذا فمن خلال الإدارة الصفية يكتسب التلميذ مثل هذه الاتجاهات في حالة مراعاة المعلم لها في إدارته لصفه . وخلاصة القول أنه إذا ما أريد للتعليم الصفي أن يحقق أهدافه بكفاية وفاعلية فلا بد من إدارة صفية فعالة

دور المعلم في الإدارة الصفية

الإدارة الصفية ذات أهمية خاصة في العملية التعليمية لأنها تسعى إلى توفير

وتهيئة جميع الأجواء والمتطلبات النفسية والاجتماعية لحدوث عملية التعلم بصورة فعالة .

فالتعليم في رأي البعض هو ترتيب وتنظيم وتهيئة جميع الشروط التي تتعلق بعملية التعليم سواءً تلك الشروط التي لم تتصل بالمتعلم وخبراته واستعداداته ودافعيته ، أم تلك التي تشكل البيئة المحيطة بالمتعلم في أثناء حدوث عملية التعلم ، إن هذه الشروط والأجواء تتصف بتعدد عناصرها وتشابكها وتداخلها وتكاملها مع بعضها.

أهداف الإدارة الصفية

1. توفير المناخ التعليمي الفعال.
2. توفير البيئة الآمنة والمطمأنة للطلاب.
3. رفع مستوى التحصيل العلمي والمعرفي لدى التلاميذ.
4. مراعاة النمو المتكامل للتلميذ.

أنماط الإدارة الصفية

1- النمط الفوضوي:

يسود هذا النمط لدى المعلمين ضعاف الشخصية، والمهملين الغير قادرين على جذب انتباه الطلاب فتجد التلاميذ يتنقلون بين المقاعد المختلفة ويتصرفون وفقاً لأهوائهم في غرفة الفصل دون الإحساس بوجود ضوابط لتصرفاتهم. أما المعلم فهو غير مخطط وعديم المقدرة على القيام بالجهد اللازم لتقويم سلوك التلاميذ، غير مبادر وتكاد شخصيته تذوب بين التلاميذ بحثاً عن صداقات معهم، وبذلك تكون إنتاجية العملية التربوية ضعيفة ومتدنية، ويضيع الوقت في استفسارات التلاميذ التي لا طائل لها.

2-   **النمط التسلطي:**

ويتميز هذا النمط بمناخ صفي يتصف بالقهر والإرهاب والخوف، حيث يرى المعلم في نفسه مصدراً رئيساً بل ووحيداً للمعلومات، وينتظر من تلامذته الطاعة التامة لتعليماته وأوامره مزاجياً في علاقته بالتلاميذ فهو الذي يمتلك القدرة على الثواب والعقاب، مفقِداً للتلاميذ ثقتهم بأنفسهم من خلال اعتمادهم عليه كلياً مقاوماً لأي تغيير في نمطه الإداري معتبراً ذلك تحدياً لسلطته.

الآثار الإيجابية للنمط التسلطي:

1-   المعلم محدد لهدفه ولذلك لا يستنزف الجهد والوقت لتنفيذ الهدف.

2-   مستوى تحصيل الطلاب مرتفع.

الآثار السلبية للنمط التسلطي:

1-   ظهور الإتكالية والشرود الذهني، ومظاهر الغيبة والنميمة، والخوف من المعلم والخضوع له لكف أذاه.

2-   فشل التلميذ في وضع أهداف لنفسه، وضعف شديد لقدرته على التخطيط لحياته ومستقبله وضياع لشخصيته.

3-   الدافعية للتعلم خارجية مصدرها الثواب والعقاب مما يفقد العملية التعليمية أهم خصائصها وهي نقل أثر التعلم، ويبقى التعديل في السلوك محدوداً ومرتبطاً بزمن الرهبة والخوف.

3-   **النمط الديمقراطي:**

وهو ذلك النمط الذي يوفر الأمن والطمأنينة لكل من التلميذ والمعلم، حيث يسوده جو التفاعل الإيجابي بين المعلم وتلامذته من جهة وبين التلاميذ أنفسهم من جهة أخرى، وهو يراعي النمو المتكامل للتلميذ من كل جوانبه الجسدية

والنفسية، حيث يعطي للتلميذ الفرصة في التعبير عن نفسه، والتواصل والتحاور مع زملائه مما يوفر إمكانية التعلم بالأقران، ويبني شخصية الطالب الخاصة به القادرة على نقد الآراء والأفكار المطروحة، والقادرة على الإبداع، وفيها تكون الحرية للمدرس بوضع خطنه الخاصة بالمنهاج وبالاتفاق مع تلامذته من حيث التقديم أو التأخير في بعض موضوعات المنهاج، أو إثراء المنهاج بما يتفق مع حاجات تلاميذه، ولذلك يحتاج هذا النمط التربوي لمدرسين ذوي كفاءة عالية حتى يتمكنوا من الحفاظ على البيئة الصحية للصف، مع الحفاظ على مستوى عال من التحصيل، فالمعلم هنا لا يعطي الأولوية لحفظ المعلومات والمعارف، ولكنه يعطيها لفهم المعلومات فهماً صحيحاً وعميقاً، مما يتيح الفرصة أمام التلميذ لنقل اثر التعلم وتطبيقه بصورة فعالة في مواقف جديدة.

عناصر عملية إدارة الصف:

التخطيط:

وهو أول المهام الإدارية للمعلم، حيث أن أي خلل في هذا الجانب ينعكس على مختلف جوانب العملية الإدارية برمتها، وقوم المعلم بوضع العديد من الخطط أهمها:

أ. الخطة السنوية

ب. الخطة الدراسية

ج. الخطة الزمنية للمنهاج

د. خطط علاجية

هـ خطط للمتفوقين

و. المشاركة في إعداد الخطة التطويرية للمدرسة.

القيادة:

رغم تغير النظريات التربوية وتقلبها على مر الزمن إلا أن المدرس يبقى الرائد في العمل الصفي ولا يمكن الاستغناء عن دوره القيادي في العملية التعليمية/التعلمية، فيجب على المعلم أن يكون قادراً على:

◆ **خلق الدافعية للتعلم**: وذلك من خلال إثارة اهتمام التلاميذ بموضوع الدرس والمحافظة على انتباه التلاميذ خلال الموقف التعليمي وإشراك التلاميذ في نشاطات الدرس واستخدام وسائل التعزيز لإنجازات التلاميذ

◆ **مراعاة الحاجات النفسية والاجتماعية للتلاميذ**: فلكل مرحلة نمو خصائصها التي يجب أن يراعيها المعلم ويحاكي التلاميذ من خلالها، فالتلميذ كائن بشري بحاجة للانتماء، بحاجة للمديح، بحاجة للاستقلال ولديه غريزة حب التملك والسيطرة.

◆ **مواجهة الملل والضجر**: كثيراً ما يصاب التلميذ بحالة من الملل والضجر وعلينا أن لا ننسى أن التلميذ في هذه المرحلة من العمر لا يستطيع التركيز في موضوع واحد أكثر من (10-15) دقيقة، ولذلك يجب على المعلم أن يكون حريصاً على تنوع الأنشطة الصفية واختيار الوسائل التعليمية المنتمية للموضوع، وربط الموضوع ببيئة الطالب وواقعه.

◆ **الانتباه لميل الطالب لجذب الانتباه**: في الغالب ما نجد أن بعض التلاميذ يميل لجذب الانتباه إليه وإذا كان هذا السلوك أكثر وجوداً بين التلاميذ ضعاف التحصيل ولكننا نجده بين التلاميذ المتفوقين أحياناً، وعلينا أن نتعامل مع كل حالة على حدة والبحث عن أسباب لجوء التلميذ لهذا السلوك ومحاولة إيجاد الحلول المناسبة حسب طبيعة الحالة.

◆ **مراعاة الفروق الفردية:** لا يستجيب أبناؤنا التلاميذ لعملية التعلم بنفس الدرجة من الفاعلية والاستيعاب فكما بينت الدراسات العلمية الحديثة أن هناك ثمانية أنواع مختلفة من الذكاء لدى الإنسان فيجب أن نلاحظ دائماً أن بعض التلاميذ يستجيبون لطريقة ما أكثر من غيرها. وكذلك فإن بعض التلاميذ يتمتعون بقدرات عالية من التفوق والذكاء فأولئك يجب وضع برامج خاصة بهم أثناء الحصة الدراسية.

التنظيم:

تعد عملية التنظيم مؤشر قوي على مدى فاعلية العملية التعليمية/التعلمية، فالمعلم الذي يدير الوقت بدقة وفاعلية هو معلم ذو خبرة ودراية، فهو يتنقل بين مراحل الدرس المختلفة بيسر وسهولة معطياً كل مرحلة منها ما تستحقه من الوقت ففي عملية التهيئة قد يبدأ درسه باختبار قصير يقيس خبرات التلميذ السابقة ومنتمي في الوقت ذاته لموضوع الدرس الجديد، أو يهيئ للموضوع بطريق حافزة مناسبة، وهو قادر على تنظيم التفاعل الصفي سواء بينه وبين التلاميذ أو بين التلاميذ أنفسهم، حيث ينظم عملية التعلم بالأقران بيت تلامذته، وهو مبرمج لحصته فلا يداهمه الوقت فيل تحقيق أهدافه وقياسها، وهو في الوقت ذاته منظم في عرضه لوسائل الإيضاح الملائمة والمنتمية. ويحافظ على سجلاته المختلفة بطريقة رتبة ومنظمة.

التقويم:

إذا كان مفهوم التقويم إصدار أحكام عند انتهاء مرحلة معينة فإننا ننظر للتقويم أيضاً بكونه عملية استمرارية، وبذلك فهو مدخل لتعديل الانحراف عن المسار المرسوم وتقويمه، ولا يمكن لنا أن نحكم على أية عملية تربوية إلا من

خلال عملية التقويم الذي بدونه تصبح العملية التعليمية/التعلمية ارتجالية فردية غير موضوعية، ولـذلك وجب على المعلم أن يولي التقويم بأنواعه المختلفة كإعـداد الاختبـارات التشخيصية والتحصيلية وتحليـل نتائجها أهمية خاصة، بل يمكن اعتبار أشكال التقويم السابقة بمثابة إشارة مرور التي تعطي للمعلم الـضوء الأخضر للانطلاق بأمان من تحقيق هدف لآخر.

اهم الهارات الازمة لادارة الصف

- الدافعية

- المثيرات

- التهيئة للدرس

- غلق الدرس

- التعزيز

- الأسئلة الصفية وتوجيهها

- التحرك داخل الصف

المجالات الهامة للإدارة الصفية :

إن المعلم الجيد هو المعلم الذي يهتم بإدارة شئون صفه من خـلال ممارسته للمهمـات التي تـشتمل عليهـا هذه العملية بأسلوب ديمقراطي يعتمد على مبادئ العمـل التعاوني والجماعـي بينـه وبـين تلاميـذه في إدارة هذه المهمات التي يمكن أن تكون أبرز مجالاتها على النحو التالي:

المجال الأول: المهمات الإدارية العادية في إدارة الصف :

هناك مجموعة من المهمات العادية التي ينبغي على المعلـم ممارستها والأشراف علـى إنجازهـا وفـق تنظيم يتفق عليه مع تلاميذه ، ومن بين هذه المهمات :

أ ـ تفقد الحضور والغياب.

ب ـ توزيع الكتب والدفاتر.

ج ـ تأمين الوسائل والمواد التعليمية.

د ـ المحافظة على ترتيب مناسب للمقاعد.

ه ـ الأشراف على نظافة الصف وتهويته وإضاءته.

مثل هذه المهمات وأن بدت مهمات سهلة بسيطة ولكنها مهمة وأساسية وأن إنجازها يضمن سير العملية التعليمية بسهولة ويسر ، ويوفر على المعلم والتلاميذ الكثير من المشكلات ، بالإضافة إلى توفير في الجهد والوقت ، في حالة اعتماد المعلم لتنظيم واضح ومحدد ومتفق عليه بينه وبين تلاميذه لإنجازها على أساس اعتماد مبدأ تفويض المسئولية.

المجال الثاني: المهمات المتعلقة بتنظيم عملية التفاعل الصفي :

تمثل عملية التعليم عملية تواصل وتفاعل دائم ومتبادل ومثمر بين المعلم وتلاميذه أنفسهم ، ونظراً لأهمية التفاعل الصفي في عملية التعليم ، فقد احتل هذا الموضوع مركزاً هاماً في مجالات الدراسة والبحث التربوي ، وقد أكد ت نتائج الكثير من الدراسات على ضرورة إتقان المعلم مهارات التواصل والتفاعل الصفي ، والمعلم الذي لا يتقن هذه المهارات يصعب عليه النجاح في مهماته التعليمية ويمكن القول بأن نشاطات المعلم في غرفة الصف هي نشاطات لفظية ويصنف البعض الأنماط الكلامية التي يدور في غرفة الصف في كلام تعلمي ، وكلام يتعلق بالمحتوى ، وكلام ذي تأثير عاطفي. ويستخدم المعلم هذه الأنماط لإثارة اهتمام التلاميذ للتعلم ولتوجيه سلوكهم وتوصيل المعلومات لهم.

و صنف البعض الآخر السلوك الصفي داخل الصف إلى :

أ ـ كلام المعلم .

ب ـ كلام التلميذ .

كما صنف كلام المعلم إلى :

أـ كلام مباشر.

ب ـ كلام غير مباشر.

فالكلام المباشر هو الكلام الذي يصدر عن المعلم ، دون إتاحة الفرصة أمام التلميذ للتعبير عن رأيه فيه ، أي أن المعلم هنا يحد من الحرية التلميذ ، ويكبح جماحه ويمنعه من الاستجابة وهذا فإن المعلم يمارس دوراً إيجابياً ويكون دور التلميذ سلبياً.

ومن أنماط الكلام المباشر: التعليمات التي تصدر عن المعلم للتلاميذ ، أما كلام المعلم غير المباشر فيضم تلك الأنماط التي تتيح الفرصة أمام التلاميذ للاستجابة والكلام بحرية داخل غرفة الصف وذلك حين يستخدم المعلم أنماطاً كلامية مثل ما رأيكم ؟ هل من أجابه أخرى؟ وقد قسم كلام التلاميذ إلى قسمين : فقد يكون كلامهم، استجابة لسؤال يطرحه عليهم المعلم ، وقد يكون الكلام صادراً عن التلاميذ. وهناك حالة أخرى يطلق عليها حالة التشويش والفوضى حيث ينقطع الاتصال بين الأطراف المتعددة داخل غرفة الصف.

وفيما يلي أصناف التفاعل اللفظي الصفي في التصنيف الأخير:

كلام المعلم غير المباشر:

يأخذ كلام المعلم ذو الأثر غير المباشر الأنماط الكلامية التالية :

1ـ يتقبل المشاعر :

وذلك حين يتقبل المعلم مشاعر التلاميذ ويوضحها لهم دون إحراج, سواء أكانت

مشاعر إيجابية أم سلبية ، فلا يهزأ المعلم بمشاعر التلاميذ وإنما يتقبلها ويقوم بتوجيهها.

2ـ يتقبل أفكار التلاميذ ويشجعها:

يستخدم أنماط كلامية من شانها أن تودي إلى توضيح أفكار التلاميذ وتسهم في تطويرها .

3ـ يطرح أسئلة على التلاميذ:

وغالباً ما تكون هذه الأسئلة من نمط الأسئلة التي يمكن التنبؤ بإجابتها ، وبالتالي يطلق عليها الأسئلة الضيقة أي محدودة الإجابة ولا تتطلب استخدام مهارات التفكير العليا

4ـ يطرح أسئلة عريضة :

وهي تلك الأسئلة التي تتطلب الإجابة عنها استخدام مهارات تفكيرية مختلفة كالتحليل والتركيب والاستنتاج والتقويم ، والتي يعبر التلاميذ فيها عن أفكارهم واتجاهاتهم ومشاعرهم الشخصية .

ب ـ كلام المعلم المباشر :

ويأخذ كلام المعلم المباشر أنماطاً مختلفة فهو :

1ـ يحاضر ويشرح:

ويتضمن هذا النمط الكلامي قيام المعلم بشرح المعلومات أو إعطائها ، فالمعلم هنا يتكلم والتلاميذ يستمعون . وبالتالي فإن تفاعلهم يتوقف عند استقبال الحقائق و الآراء والمعلومات .

2ـ ينتقد أو يعطي توجيهات:

ويتضمن هذا النمط قيام المعلم بإصدار الانتقادات أو التوجيهات التي يكون

القصد منها تعديل سلوك المتعلمين ، وبالتالي فأن المعلم يصدر التعليمات والتوجيهات والتلاميذ يستمعون .

ويتضح أن تفاعل التلاميذ في النمطين السابقين هو تفاعل محدود جداً. أما بالنسبة لكلام التلاميذ فيأخذ الأشكال التالية:

أ- استجابات التلاميذ المباشرة :

ويقصد بها تلك الأنماط الكلامية التي تظهر على شكل استجابة لأسئلة المعلم الضيقة واستجابتهم السلبية أو استجاباتهم الجماعية .

ب - استجابات التلاميذ غير المباشرة :

ويقصد بها تلك الأنماط الكلامية التي تأخذ شكل التعبير عن آرائهم وأفكارهم وأحكامهم ومشاعرهم واتجاهاتهم .

ج - مشاركة التلاميذ التلقائية :

حيث يكون كلام التلاميذ في هذا الشكل صادراً عنهم ويبدو ذلك في الأسئلة أو الاستفسارات التي تصدر عن التلاميذ لمعلمهم ، أي أنهم يأخذون زمام المبادرة في الكلام .

د- الكلام الإداري : مثل قراءة إعلان أو قراءة أسمائهم.

هـ - الصمت : وهي فترات الصمت والسكوت القصيرة ، حيث ينقطع التفاعل .

و - التشويش : وهي فترات اختلاط الكلام حيث تدب الفوضى في الصف ويصعب فهم الحديث أو متابعه أو تمييز الكلام الذي يدور.

ويمكن القول أن التفاعل الصفي يتوقف على قدرة المعلم على تنظيم عملية التفاعل وذلك باستخدامه أنماطاً كلامية وخاصة تلك الأنماط الكلامية غير المباشرة ، لأنها تؤدي إلى تحقيق تواصل فعال بين المعلم والتلاميذ في الموقف التعليمي .

ومن أهم هذه الأنماط الكلامية ما يلي :

1ـ أن ينادي المعلم تلاميذه بأسمائهم

2ـ أن يستخدم المعلم الألفاظ التي تشعر التلميذ بالاحترام والتقدير مثل :

من فضلك ، تفضل ، شكراً، أحسنت ،..

3ـ أن يتقبل المعلم آراء وأفكار التلاميذ ومشاعرهم ،بغض النظر عن كونها سلبية أو إيجابية.

4ـ أن يكثر المعلم من استخدام أساليب التعزيز الإيجابي الذي يشجع المشاركة الإيجابية للتلميذ.

5ـ أن يستخدم المعلم أسئلة واسعة وعريضة وأن يقلل من الأسئلة الضيقة التي لا تحتمل إلا الإجابة المحددة مثل لا أو نعم أو كلمة واحدة محدودة وإنما عليه أن يكثر من الأسئلة التي تتطلب تفكيراً واسعاً واستثارة للعمليات العقلية العليا.

6ـ أن يستخدم النقد البناء في توجيه التلاميذ ، وينبغي أن يوجه المعلم النقد لتلميذ محدد وعليه أن لا يعمم.

7ـ أن يعطي التلاميذ الوقت الكافي للفهم وأن يتحد ث بسرعة مقبولة وبكلمات واضحة تتناسب مع مستويات تلاميذه.

8 ـ أن يشجع التلاميذ على طرح الأسئلة والاستفسار.

ولا بد أخيراً الإشارة إلى أمر هام لا يجوز إغفاله عند الحديث عن الأساليب الفعالة لتشجيع التلاميذ على التفاعل في الموقف التعليمي ، وهذا الأمر يتعلق بوسائل الاتصال غير الكلامية مثل حركات المعلم و إشاراته وتغاير وجهه ، فينبغي على المعلم أن لا يصدر أي حركة أو إشارة من شأنها أن تشعر التلميذ بالاستهزاء أو السخرية أو الخوف ، لان هذا يؤدي إلى عدم تشجيعه على المشاركة في عملية

التفاعل الصفي .

أنماط غير مرغوب فيها لأنها لا تشجع حدوث التفاعل الصفي:

1- استخدام عبارات التهديد والوعيد.

2- إهمال أسئلة التلاميذ واستفساراتهم وعدم سمعها .

3- فرض المعلم آراءه ومشاعره الخاصة على التلاميذ.

4- الاستهزاء أو السخرية من أي رأي لا يتفق مع رأيه الشخصي .

5- التشجيع والإثابة في غير مواضعها ودونما استحقاق.

6- استخدام الأسئلة الضيقة .

7- إهمال أسئلة التلاميذ دون الإجابة عليها .

8- احتكار الموقف التعليمي من قبل المعلم دون إتاحة الفرصة للتلاميذ للكلام .

9- النقد الجارح للتلاميذ سواء بالنسبة لسلوكهم أم لآرائهم.

10- التسلط بفرض الآراء أو استخدام أساليب الإرهاب الفكري.

المجال الثالث: المهمات المتعلقة بإثارة الدافعية للتعلم:

تؤكد معظم نتائج الدراسات والبحوث التربوية والنفسية أهمية إثارة الدافعية للتعلم لدى التلاميذ باعتبارها تمثل الميل إلى بذل الجهد لتحقيق الأهداف التعليمية المنشودة في الموقف التعليمي . ومن أجل زيادة دافعية التلاميذ للتعلم ينبغي على المعلمين القيام باستثارة إنتباه تلاميذهم والمحافظة على استمرار هذا الانتباه ، وأن يقنعوهم بالالتزام لتحقيق الأهداف التعليمية ، وأن يعملوا على استثارة الدافعية الداخلية للتعلم بالإضافة إلى استخدام أساليب الحفز الخارجي للتلاميذ الذين لا يحفزون للتعلم داخلياً ، ويرعى علماء النفس التربوي وجود مصادر متعددة للدافعية منها:

- الإنجاز باعتباره دافعاً:

يعتقد أصحاب هذا الرأي أن إنجاز الفرد وإتقانه لعمله يشكل دافعاً داخلياً يدفعه للاستمرار في النشاط التعليمي ، فعلى سبيل المثال أن التلميذ الذي يتفوق أو ينجح في أداء مهمته التعليمية يؤدي به ذالك ويدفعه إلى متابعة التفوق والنجاح في مهمات أخرى، وهذا يتطلب من المعلم العمل على إشعار التلميذ بالنجاح وحمايته من الشعور بالخوف من الفشل.

- القدرة باعتبارها دافعاً:

يعتقد أصحاب هذا الرأي أن أحد أهم الحوافز الداخلية يكمن في سعي الفرد إلى زيادة قدرته ، حيث يستطيع القيام بأعمال في مجتمعه وبيئته ، تكسبه فرص النمو والتقدم والازدهار ، ويتطلب هذا الدافع من الفرد تفاعلاً مستمراً مع بيئته لتحقيق أهدافه ، فعندما يشعر التلميذ أن سلوكه الذي يمارسه في تفاعله مع بيئته يؤدي إلى شعوره بالنجاح ، تزداد ثقته بقدراته وذاته وأن هذه الثقة الذاتية تدفعه وتحفزه لممارسة نشاطات جديدة ، فالرضا الذاتي الناتج في الأداء والإنجاز يدعم الثقة بالقدرة الذاتية للتلميذ ويدفعه إلى بذل جهود جديدة لتحقيق تعلم جديد وهكذا. وهذا يتطلب من المعلم العمل على تحديد مواطن القوة والضعف لدى تلاميذه ومساعدتهم على اختيار أهدافهم الذاتية في ضوء قدراتهم الحقيقية وتحديد النشاطات والأعمال الفعلية التي ينبغي عليهم ممارستها لتحقيق أهدافهم ومساعدتهم على اكتساب مهارات التقويم الذاتي .

- الحاجة إلى تحقيق الذات كدافع للتعلم:

لقد وضع بعض التربويين الحاجة إلى تحقيق الذات في قمة سلم الحاجات الإنسانية

فهم يرون أن الإنسان يولد ولديه ميل إلى تحقيق ذاته ، ويعتبرونه قوة دافعية إيجابية داخلية تتوج سلوك الفرد لتحقيق النجاح الذي يؤدي إلى شعور الفرد بتحقيق وتأكيد ذاته ، ويستطيع المعلم استثمار هذه الحاجة في إثارة دافعية التلميذ للتعلم عن طريق إتاحة الفرصة أمامه لتحقيق ذاته من خلال النشاطات التي يمارسها في الموقف التعليمي ، وبخاصة تلك النشاطات التي تبعث في نفسه الشعور بالثقة والاحترام والاعتبار والتقدير والاعتزاز.

أما أساليب الحفز الخارجي لإثارة الدافعية لدى التلاميذ فإنها تأخذ أشكالاً مختلفة منها التشجيع واستخدام الثواب المادي أو الثواب الاجتماعي أو النفسي أو تغيير البيئة التعليمية ، أو استخدام الأساليب والطرق التعليمية المختلفة مثل : الانتقال من أسلوب المحاضرة إلى النقاش فالحوار فالمحاضرة مرة أخرى ، أو عن طريق تنويع وسائل التواصل مع التلاميذ سواءً كانت لفظية أو غير لفظية أم باستخدام مواد ووسائل تعليمية متنوعة ، أم عن طريق تنويع أنماط الأسئلة الحافزة للتفكير والانتباه ، بالإضافة إلى توفير البيئة النفسية والاجتماعية والمادية المناسبة في الموقف التعليمي تمثل عوامل هامة في إثارة الدافعية .

وفيما يلي اقتراحات يسترشد بها في عملية استخدام الثواب أو العقاب لأهميتها في عملية استثارة الدافعية للتعلم:

1- أن الثواب له قيمته الايجابية في إثارة دافعية وانتباه التلاميذ في الموقف التعليمي ، ويسهم في تعزيز المشاركة الايجابية في عملية التعلم ، وهذا يتطلب من المعلم أن يكون قادراً على استخدام أساليب الثواب بصورة فعالة ، وأن يحرص على استخدامه في الوقت المناسب ، وأن لا يشعر التلاميذ بأنه أمر روتيني ، فعلى سبيل المثال هناك معلمون يرددون عبارات مثل : حسناً أو ممتاز...، دون مناسبة ،

وبالتالي فإن هذه الكلمات تفقد معناها وأثرها .

2- أهمية توضيح المعلم سبب الإثابة ، وأن يربطها بالاستجابة أو السلوك الذي جاءت الإثابة بسببه

3- أهمية تنويع المعلم أساليب الثواب .

4- أهمية عدم إسراف المعلم في استخدام أساليب الثواب ، وأن يحرص على أن تتناسب الإثابة مع نوعية السلوك ، فلا يجوز أن يعطي المعلم سلوكاً عادياً إثابة ممتازة ، وأن يعطي في الوقت ذاته الإثابة نفسها لسلوك متميز .

5- أهمية ربط الثواب بنوعية التعلم .

6- أهمية حرص المعلم على استخدام أساليب الحفز الداخلي .

ولكن أهمية استخدام أساليب الثواب لا تعني عدم لجوء المعلم إلى استخدام أساليب العقاب ، فالعقوبة تعد لازمة في بعض المواقف ، وتعد أمراً لا مفر منه. **لكن ينبغي على المعلم مراعاة المبادئ التالية في حالة اضطراره لاستخدامها:**

1- تعد العقوبة أحد أساليب التعزيز السلبي الذي يستخدم من أجل تعديل سلوك التلاميذ عن طريق محو أو إزالة أو تثبيط تكرار سلوك غير مستحب عند التلاميذ ، وبعبارة أخرى يستخدم العقاب لتحقيق انطفاء استجابة غير مرغوب فيها

2- يأخذ العقاب أشكالاً متنوعة منها العقاب البدني واللفظي واللوم والتأنيب ، وهناك عقوبات اجتماعية ومعنوية ، وبالتالي فإن العقوبات تتدرج في شدتها

3- يشكل إهمال المعلم لسلوك غير مستحب في بعض الأحيان تعزيزاً سلبياً لهذا السلوك عند التلميذ ، ويمثل هذا نمطاً من أنماط العقوبة .

4- يمثل تعزيز المعلم للسلوك الايجابي لدى تلميذ عقوبة للتلميذ الذي يقوم بسلوك سلبي.

5- ينبغي أن يقترن العقاب مع السلوك غير المستحب .

6- ينبغي ألا تأخذ العقوبة شكل التجريح والإهانة ، بل يجب أن يكون الهدف منها تعليمياً وتهذيبياً.

7- يجب أن لا يتصف العقاب بالقسوة ، وأن لا يؤدي إلى الإيذاء الجسمي أو النفسي وأن لا يأخذ صفة التشهير بالتلميذ.

8- يجب التذكر دائماً أن الأساليب الوقائية التي تؤدي إلى وقاية التلاميذ من الوقوع في الخطأ أو المشكلات ، أجدى وأنفع من الأساليب العلاجية .

9- يجب الابتعاد عن العقوبات الجماعية وينبغي أن لا تؤثر عملية العقوبة على الموقف التعليمي.

المجال الرابع: المهمات المتعلقة بتوفير أجواء الانضباط الصفي:

الانضباط لا يعني جمود التلاميذ وانعدام الفاعلية والنشاط داخل غرفة الصف ، وذلك لان البعض من المعلمين يفهمون الانضباط على أنه التزام التلاميذ بالصمت والهدوء وعدم الحركة والاستجابة إلى تعليمات المعلم ، كما أن البعض من المعلمين مازالوا يخلطون بين مفهومين هما: مفهوم النظام ومفهوم الانضباط ، فالنظام يعني توفير الظروف اللازمة لتسهيل حدوث التعلم واستمراره في غرفة الصف ، ويمكن الاستدلال من هذا المفهوم أن النظام غالباً ما يكون مصدره خارجياً وليس نابعاً من ذات التلاميذ بينما يشير مفهوم الانضباط إلى تلك العملية التي ينظم التلميذ سلوكه ذاتياً من خلالها لتحقيق أهدافه وأغراضه ، وبالتالي فإن هناك اتفاقاً بين مفهوم النظام والانضباط باعتبارهما وسيلة وشرطاً لازمين لحدوث عملية التعلم واستمرارها في أجواء منظمة وخالية من المشتتات أو العوامل المنفرة أو المعيقة للتعلم لكن الفرق يكمن في مصدر الدافع لتحقيق النظام أو

الانضباط ، فالنظام مصدره خارجي أما الانضباط فمصدره داخلي من ذات الفرد ولا شك أن الانضباط الذاتي في غرفة الصف على الرغم من أهميته وضرورته للمحافظة على استمرارية دافعية التلاميذ للتعلم يعد هدفاً يسعى المربون إلى مساعدة التلميذ على اكتسابه ليصبح قادراً على ضبط نفسه بنفسه.

ممارسات تحقيق الانضباط الصفي الفعال لإتاحة فرص التعلم الجيد للتلاميذ :

1- أن يعمل المعلم على توضيح أهداف الموقف التعليمي للتلاميذ.

2- أن يحدد الأدوار التي يتحملها التلاميذ في سبيل بلوغ الأهداف التعليمية المرغوب فيها

3- أن يوزع مسؤوليات إدارة الصف على التلاميذ جميعاً ، حيث يحرص على مشاركة التلاميذ في تحمل المسؤوليات كل على ضوء قدراته وإمكاناته.

4- أن يتعرف على حاجات التلاميذ ومشكلاتهم ، ويسعى إلى مساعدتهم على مواجهتها.

5- أن ينظم العلاقات الاجتماعية بين التلاميذ ، وأن ينمي بينهم العلاقات التي تقوم على الثقة والاحترام المتبادل ويزيل من بينهم العوامل التي تؤدي إلى سوء التفاهم.

6- أن يوضح للتلاميذ النتائج المباشرة والبعيدة من وراء تحقيق الأهداف التعليمية للموقف التعليمي.

7 - أن يعمل على إثارة دهشة التلاميذ واستطلاعهم وذلك من خلال أسئلة تخلق عند التلاميذ الدهشة وحب الاستطلاع ، وتدفعهم إلى الانتباه والهدوء مثل : ماذا يحدث لو أن الشمس لم تظهر طوال العام؟

8- أن يستخدم ما يمكن تسميته (بأسلوب الاستثارة الصادقة) ويقصد بهذا

الأسلوب وضع التلميذ في موقف الحائر المتسائل ، وذلك بأن يطرح المعلم سؤالاً على تلاميذه مثل : لماذا لا تطير الدجاجة مثل العصفور ؟ علماً بأن للدجاجة جناحين أكبر من جناح العصفور ، وقد يتبادر للذهن أن هذا الأسلوب يتشابه مع أسلوب إثارة الدهشة ،لكن خلق الصدمة يعطي استجابة أقوى من الأسلوب الأول.

9- أن يستخدم أساليب التعزيز الايجابي بأشكالها المختلفة.

10ـ أن يلجأ إلى تقسيم التلاميذ إلى مجموعات وفرق صغيرة وفق متطلبات الموقف التعليمي.

11ـ أن يستخدم استراتيجيات تعليمية متنوعة ، فيغير وينوع في أساليبه التعليمية ولا يعتمد أسلوبا أو نمطاً تعليميا محددا.

12ـ أن يستخدم أساليب التفاعل الصفي التي تشجع مشاركة التلاميذ وأن يغير وينوع في وسائل الاتصال والتفاعل سواء في الوسائل اللغوية أم غير اللغوية ، وعليه أن يغير نغمات صوته تبعاً لطبيعة الموقف التعليمي.

13ـ أن يعتمد في تعامله مع تلاميذه أساليب الإدارة الديمقراطية مثل العدل والتسامح والتشاور ، وتشجع أساليب النقد البناء واحترام الآراء.

14ـ أن ينوع في الوسائل الحسية للإدراك فيما يختص بالسمع واللمس والصبر.

15ـ أن يجنب التلاميذ العوامل التي تؤدي إلى السلوك الفوضوي .

16ـ أن يعالج حالات الفوضى وانعدام النظام بسرعة وحزم ، شريطة أن يحافظ على اتزانه الانفعالي.

17- أن يخلق أجواء صفية تسودها الجدية والحماس واتجاهات العمل المنتج.

18- أن يعمل على مساعدة التلاميذ على اكتساب اتجاهات أخلاقية مناسبة مثل: احترام المواعيد واحترام آراء الآخرين ، المواظبة ، الاجتهاد ، الثقة بالنفس

الضبط الذاتي.

19- أن يفسح المجال أمام التلاميذ لتقييم سلوكهم وتصرفاتهم على نحو ذاتي.

20- أن يوضح القاعدة الأخلاقية للسلوك المرغوب فيه ومواصفات هذا السلوك ومعاييره ، وأن يناقش تلاميذه بأهمية وضرورة السلوك المرغوب فيه ونتائج إهماله.

على أية حال وعلى الرغم من أهمية كل هذه الأمور السابقة وضرورتها فلا بد من وجود المعلم القادر على فهم التلاميذ والتعامل معهم ورعاية شؤونهم الصحية والنفسية والاجتماعية والتربوية ، وفهم البيئات الاجتماعية التي تحيط بهم ، ومساعدتهم على التكيف الاجتماعي.

الفصل العاشر
مسئوليات المدير والوكيل والمعلم

❖ مسئولية مدير المدرسة

❖ مسئولية وكيل المدرسة

❖ مسئولية المعلم

❖ معوقات الإدارة المدرسية

مسؤوليات مدير المدرسة

1. الاحاطة الكاملة بأهداف المرحلة وتفهمها والتعرف على خصائص طلابها وفقاً لما جاء في سياسة التعليم بالمملكة .

2. تهيئة البيئة التربوية الصالحة لبناء شخصية الطالب ونموه من جميع الجوانب وإكسابه الخصال الحميدة

3. متابعة الإشراف على مرافق المدرسة وتجهيزاتها وتنظيمها وتهيئتها للاستخدام ، مثل : (المصلى ، والمعامل والمختبرات ، ومركز مصادر التعلم ، والمقصف المدرسي وقاعات النشاط ، والأقنية والملاعب ، وأجهزة التكيف وتبريد المياه وغيرها ...) وتنظيم الفصول وتوزيع الطلاب عليها .

4. اتخاذ الترتيبات اللازمة لبدأ الدراسة في الموعد المحدد وإعداد خطط للعمل في المدرسة ، وتنظيم الجداول ، وتوزيع الأعمال وبرامج النشاط على منسوبي المدرسة وتشكيل المجالس واللجان في المدرسة ومتابعة قيامها بمهامها وفق التعليمات وحسب ما تقتضيه حاجة المدرسة .

5. الإشراف على المعلمين وزيارتهم في الفصول والإطلاع على أعمالهم ونشاطهم ومشاركتهم .

6. تقويم الأداء الوظيفي للعاملين في المدرسة وفقاً للتعليمات المنظمة لذلك مع الدقة والموضوعية والتحقق من وجود الشواهد المؤيدة لما يضعه من تقديرات .

7. الإسهام في النمو المهني للمعلم من خلال تلمس احتياجاته التدريبية واقتراح البرامج المناسبة له ومتابعة التحاقه بما يحتاج إليه من البرامج داخل المدرسة وخارجها ، وتقويم آثارها على أدائه والتعاون في ذلك مع المشرف التربوي المختص .

8. التعاون مع المشرفين التربويين وغيرهم ممن تقتضي طبيعة عملهم زيارة المدرسة وتسهيل مهماتهم ومتابعة تنفيذ توصياتهم وتوجيهاتم مع ملاحظة المبادرة في دعوة المشرف المختص عند الحاجة

9. تعزيز دور المدرسة الإجتماعي وفتح آفاق التعاون والتكامل بين المدرسة وأولياء أمور الطلاب وغيرهم ممن لديهم القدرة على الإسهام في تحقيق أهداف المدرسة .

10. توثيق العلاقة بأولياء أمور الطلاب ودعوتهم للإطلاع على أحوال أبنائهم ومواصلة إشعارهم بملاحظات المدرسة ومرئياتها حول سلوكهم ومستوى تحصيلهم والتشاور معهم لمعالجة ما قد يواجهه أبنائهم من مشكلات.

11. تفعيل المجالس المدرسية وتنظيم الاجتماعات مع هيئة المدرسة لمناقشة الجوانب التربوية والتنظيمية ، وضمان قيام كل فرد بمسئولياته على الوجه المطلوب ، مع ملاحظة تدوين ما يتم التوصيل إليه ومتابعة تنفيذه .

12. المشاركة في الإجتماعات واللقاءات وبرامج التدريب وفق ما تراه إدارة التعليم أو المشرف على التربوي المختص .

13. اطلاع هيئة التدريس على التعاميم والتوجيهات واللوائح والأنظمة الصادرة من جهات الاختصاص ومناقشتها معهم لتفهم مضامينها والعمل بموجبها ، وذلك من خلال اجتماع يعقد لهذا الغرض .

14. الإشراف على برامج التوجيه والإرشاد في المدرسة والاهتمام بها ومتابعة برامج النشاط وتقويمها والعمل على تحقيق أهدافها .

15. الإشراف على مقصف المدرسة والتأكد من تطبيق الشروط المنظمة لتشغيله و من توفر الشروط الصحية فيما يقدم للطلاب ودعوة من يحتاج إليه من

المختصين عند الحاجة للتأكد من سلامته .

16. الإشراف على أعمال الأختبارات وفق اللوائح والأنظمة ومتابعة دراسة نتائج الاختبارات وتحليلها واتخاذ ما يلزم من إجراءات في ضوء ذلك .

17. الإشراف على برنامج الاصطفاف الصباحي وتوجيه العمل اليومي والتأكد من انتظامه واكتمال متطلباته وتذليل معوقاته والتحقق من أن كل فرد من منسوبي المدرسة يقوم بما هو مطلوب منه على أكمل وجه .

18. تفقد منشئات المدرسة وتجهيزاتها والتأكد من نظافتها وسلامتها وحسن مظهرها . وإعداد سجل خاص بحالة المبنى وأعمال صيانته والمبادرة في إبلاغ إدارة التعليم عن وجود أية ملاحظات معمارية أو إنشائية يخشى من خطورتها .

19. المبادرة في الإجابة على المكاتبات الواردة للمدرسة مع ملاحظة العناية بدقة المعلومات ووضوحها .

20. تقديم تقرير في نهاية كل عام دراسي إلى إدارة التعليم يتضمن ما تم إنجازه خلال العام . إضافة إلى ما تراه إدارة المدرسة من مبادرات ومرئيات تهدف إلى تطوير العمل في المدرسة بصفة خاصة ، وفي المدارس الأخرى وفي التعليم بوجه عام .

21. تهيئة وكيل المدرسة للقيام بأعمال مدير المدرسة عند الحاجة ، مثل تمكينه من المشاركة في زيارة المعلمين ومتابعة أدائهم ورئاسة بعض اللجان وغير ذلك .

22. القيام بتدريس ما يسند إليه من حصص حسب الأنظمة .

23. أية أعمال أخرى تسندها إليه إدارة التعليم مما تقتضيه طبيعة العمل التعليمي .

24. يولي مدير المدرسة المعلم الجديد عناية خاصة ويزوده بكل ما يلزمه من التعليمات والتوجيهات ، ويساعده على الإحاطة الكاملة بواجباته وأسس القيام بها ، ويمكنه من المشاركة في اللقاءات والبرامج التنشيطية والدورات التدريبية الخاصة بالمعلمين الجدد .

25. يقوم مدير المدرسة بمتابعة المعلم الجديد وتقويمه وفقاً للتعليمات الخاصة بسنة التجربة ، ويوثق زيارته له في الفصل وتوجيهاته في (سجل متابعة مدير المدرسة للمعلم وتقويمه) ويبلغ المعلم كتابياً بعد كل زيارة بما عليه من ملاحظات . ويعد في ضوء ذلك تقويم الأداء الوظيفي الخاص بالمعلم ويبعثه إلى إدارة التعليم في الوقت المحدد مبيناً فيه رأيه بمدى صلاحيته للعمل أو تحويله إلى عمل آخر .

26. يقوم مدير المدرسة بتوثيق حالات غياب وتأخر العاملين في المدرسة من المعلمين وغيرهم ، ويتخذ جميع الإجراءات النظامية من تدوين ملاحظة في دفتر الدوام ومن مساءلة وتحقيق .

27. يتخذ اللازم لحسم أيام الغياب من راتب المعلم أو الموظف ، وتطبيق مبدأ الأجر مقابل العمل .

28. يكتب لإدارة التعليم بما يحصل في المدرسة من حالات غياب وتكرار تأخر ، ويبين ما يرى اتخاذه بشأن كل حاله من إجراء غير الحسم من الراتب ، لأن حسم أيام الغياب لا يعد عقوبة .

29. يلاحظ مدير المدرسة وضع ما يوثقه من حالات الغياب والتأخر في الإعتبار عند إعداد تقويم الأداء الوظيفي للمعلمين والعاملين في المدرسة ، وعند كتابة

ما يطلبونه من توصيات يحتاجون إليها حين التقدم لعمل قيادي أو الالتحاق بدورة تدريبية أو إيفاد للتدريس في الخارج أو غير ذلك من الفرص المتاحة .

30. يعد مدير المدرسة لنفسه قبل بداية كل عام دراسي خطة عمل مفصلة لما يقرر القيام به من أعمال وواجبات ، ويصنفها إلى مهام (يومية - وأسبوعية - وشهرية وفصلية - وسنوية) . ويراجع ما نفذه من الخطة بصفه دورية وفق بطاقة (التقويم الذاتي لعمل مدير المدرسة) .

مهام وكيل المدرسة

وكيل المدرسة هو الساعد الأيمن لمدير المدرسة ويمكن إجمال مهامه على النحو التالي

1. المشاركة في تنفيذ السياسة العامة للمدرسة .
2. المشاركة في مجلس إدارة المدرسة .
3. المشاركة في الإشراف على سير العمل بالمدرسة .
4. توزيع الاختصاصات على العاملين في المدرسة , والمعاونة في الشئون الإدارية والفنية على النحو التالية :

شؤون الموظفين :

1. تنظيم السجل الخاص بأحوال الموظفين وتعبئة كل الخانات من جميع الموظفين.
2. المشاركة في إعداد الجدول الدراسي .
3. توزيع حصص الانتظار على معلمي المدرسة في حالة غياب أحد المعلمين.
4. الإشراف على الإحصائيات الشهرية المرسلة إلى ادارة التعليم والمتعلقة بالمعلمين والطلاب .

5. تنظيم البريد الوارد والصادر من وإلى المدرسة وتسجيله في السجلات الخاصة به وحفظه في الملفات الإدارية المخصصة له مع أخذ تواقيع العاملين على التعاميم المهمة .

الإشراف على أعمال الموظفين الإداريين وتوزيع العمل بين المستخدمين والعمال .

6. الإشراف على جدول الحصص اليومي والأنشطة والنظافة والنظام العام للمدرسة .

7. الإشراف على متابعة النشاط غير الصفي داخل المدرسة والإشراف العام للمدرسة .

8. الإشراف على النواحي المالية لجماعات النشاط المدرسي .

شؤون الطلاب :

1. حث جميع الطلاب على اداء الصلاة جماعة بأسلوب مرن يحبب العبادة إلى النفوس .

2. فحص طلبات الطلاب المستجدين قبل قبولهم بالمدرسة لمعرفة مطابقتها للشروط .

3. توزيع الطلاب على الصفوف الدراسية مع مراعاة الفروق الفردية بينهم وإعداد قوائم بأسماء طلبة كل صف دراسي .

4. تسجيل الطلاب وتطبيق شروط القيد (مستجد-مرفع-معيد-منقول)

5. متابعة مواظبة الطلاب ومعرفة حالات التسرب والانقطاع عن المدرسة .

6. تحويل الطلاب للوحدة الصحية المدرسية في حالة الضرورة والسماح للبعض بالخروج أثناء اليوم وعند الضرورة فقط .

7. العمل على إعداد سجل خاص يحتوي على عناوين طلاب المدرسة وأولياء أمورهم وأرقام هـواتفهم للرجوع لها عند الحاجة .

8. التعقيب على الطلاب المتأخرين عـن الطابور الصباحي وحـالات الغياب اليومية واستدعاء ولي الأمر في حالة تكرار الغياب بصورة ملفتة للنظر .

9. المشاركة في استقبال أولياء أمور الطلاب وتعريفهم بمستويات أبنائهم وإحالة بعض الحـالات عـلى مدير المدرسة إذا لزم الأمر .

10. تلقي مشكلات الطلاب .

الشؤون الفنية :

1. يمكن لمدير المدرسة إنابة وكيله في حضور بعض الحصص مـع معلمـي المدرسة في مجال تخصصه لمعرفة مستوى الطلاب وطريقة المدرس في الصف وتعامله مـع الطـلاب , ويقدم تقريـرا لمـدير المدرسـة بشأن ذلك .

2. ضرورة قيام وكيل بالتدريس في المرحلة الابتدائية .

3. في حالة غياب مدير المدرسة بعـذر شرعي ينوب الوكيل عنـه في رئاسة مجلس المعلمـين والآبـاء والقيام بجميع أعماله .

شؤون الاختبارات :

1. العمل على مشاركة مدير المدرسة في الإعداد لاختبارات الفصل الدراسي الأول والثاني .

2. متابعة دفاتر أعمال السنة وتطبيق اللوائح والتعليمات المنظمة لذلك .

3. الإشراف العام مع مدير المدرسة على سير الاختبارات المدرسية .

4. إعداد الجدول الخاص بالملاحظة اليومية للاختبارات المدرسية .

5. إدخال جميع الدرجات للاختبارات الشهرية والفصلية في الحاسب الآلي .

6. الاحتفاظ بكشوف درجات المواد الدراسية وأوراق الإجابة وكراسات النتيجة لكل فصل دراسي.

أعمال ونشاطات وواجبات وكيل المدرسة

الأعمال اليومية :

1. إدارة المدرسة في حالة تأخر أو غياب المدرسة .

2. العمل على تنفيذ توجيهات مدير المدرسة .

3. متابعة دخول المدرسين للحصص وخصوصا بعد الفسحة والصلاة .

4. تسجيل الطلاب المستجدين و المحولين إلى المدرسة .

5. الإشراف على انتظام الطلاب في الطابور الصباحي .

6. الإشراف على دخول الطلاب إلى فصولهم بعد الفسح والصلاة .

7. متابعة الطلاب المتأخرين عن الطابور الصباحي وحصرهم .

8. الإطلاع على دفتر دوام الموظفين ومتابعة حضور المدرسين جميعا .

9. توزيع حصص الانتظار في حالة وجود مدرس متأخر أو غائب بالتنسيق مع المراقبين ..

10. متابعة الطلاب أثناء الفسح مع المراقبين .

11. أخذ ومتابعة غياب الطلاب يوميا وتسجيله بسجل الغياب اليومي والشهري مع الاتصال على أولياء أمورهم لمعرفة سبب الغياب .

12. إرسال إشعار غياب لأولياء أمور الطلاب المتغيبين ووضع سجل خاص بذلك لمن لم يتم الاتصال به

13. المرور على الفصول وأفنية المدرسة وممراتها لملاحظة الطلاب الذين هم خارج الفصول أثناء الحصص .

14. متابعة تنفيذ البرامج الثقافية في الطابور مع مشرف الإذاعة .

15. إنهاء إجراءات الطلاب المنقولين .

16. السعي إلى تعميق الروابط بين المعلمين في المدرسة .

17. متابعة الفصول الدراسية والتأكد من وجود المعلمين بها أثناء الحصص بالتعاون مع المراقبين .

18. الإشراف على نظافة المدرسة وحث الطلاب على نظافة فصولهم والاهتمام بمحتويات المدرسة .

19. متابعة الطلاب من حيث المواظبة اليومية والاستئذان والانصراف من المدرسة .

الأعمال الشهرية:

1. عقد اجتماع مع عرفاء الفصول لتوضيح مهامهم وعلاج مشاكلهم .

2. متابعة عرفاء الفصول فيما كلفوا به .

3. وضع جدول الاختبارات نصف الفصلية مع المرشد الطلابي وبالتشاور مع الطلاب بعد تنسيقهم مع مدرس المادة .

4. التأكد من كل طالب غير سعودي يحمل إقامة سارية المفعول .

5. طباعة كشوف متابعة درجات الواجب والمشاركة بالتنسيق مع المشرف التعليمي.

6. تصوير كشوف متابعة درجات الواجب والمشاركة للطلاب وتوزيعها على المدرسين بالتنسيق مع المنسقين .

7. تنظيم جميع سجلات المدرسة بالتعاون مع سكرتير المدرسة .

أعمال فصلية أو سنوية :

8. مشاركة مدير المدرسة في إعداد الخطة العامة للمدرسة .

9. مشاركة مدير المدرسة في جدول الحصص الأسبوعي .

10. وضع جدول حصص الانتظار .

11. توزيع المناوبة اليومية على مدرسي المدرسة بالتعاون مع مسؤول المناوبة .

12. توزيع الطلاب المحولين على الفصول.

13. حفظ وترتيب وتنظيم ملفات الطلاب مفهرسة بالتعاون مع شؤون الطلاب.

14. توزيع الطلاب على الفصول بالشكل الذي يخدم العملية التربوية والتعليمية .

15. تنظيم كتب المقررات الدراسية داخل المستودع وتهيئتها .

16. توزيع المقررات الدراسية على الطلاب مع بداية كل فصل دراسي.

17. حصر المقررات الدراسية داخل المستودع مع بداية كل فصل دراسي.

18. مخاطبة المدارس المجاورة لتزويد المدرسة بالمقررات الناقصة .

19. حفظ جميع النماذج المستخدمة في المدرسة والاستفادة منها عند الحاجة.

20. إعداد ملف لحفظ قضايا الطلاب .

21. وضع جدول الاختبار الفصلية والدور الثاني مع المرشد الطلابي .

22. توزيع الملاحظين والمصححين والمراجعين على اللجان .

23. توزيع الطلاب على لجان الاختبارات .

24. حفظ أوراق إجابات الطلاب خلال المدة المقررة .

25. تهيئة مكان لإعلان نتائج اختبارات نهاية الفصل و العام الدراسي .

26. حفظ نتائج الاختبارات .

27. إعداد ملف لحفظ نماذج الأسئلة ونماذج الإجابة للاختبارات .

28. تعبئة الكراس الإحصائي .

29. مطالبة الطلاب المتخرجين إحضار صورة شمسية في نهاية العام , مع مطابقة المعلومات مـن واقـع حفيظة الطالب أو الأب . والإقامة سارية المفعول لغير السعوديين .

30. إعداد ما يلزم للاختبارات .

31. توزيع أوراق استلام الإجابات على لجان الاختبارات .

32. إرسال نسخة من نماذج الأسئلة لمركز الإشراف التربوي .

33. مشاركة مدير المدرسة في الاطمئنان على سير الاختبارات.

34. إعداد سجل خاص بالطلاب لغير السعوديين .

35. إعطاء شهادات تعريف للطلاب وخطابات طلب تخفيض الخطوط السعودية .

السجلات المطلوب وكيل المدرسة متابعتها وتنظيمها :

1. سجل الانتظار

2. سجل قيد التلاميذ

3. سجل الرواد

4. سجل تعقيب الغياب اليومي والشهري

5. سجل الصادر

6. سجل تسليم الملفات

7. سجل إيرادات ومصروفات المدرسة

8. سجل استئذان الطلاب

9.   سجل الاتصالات على أولياء أمور الطلاب

10.   سجل هواتف التلاميذ

11.   سجل تحويل المعلمين للطلاب

12.   سجل التأخر الصباحي

13.   سجل رصد السلوكيات للطلاب المخالفين

الملفات المطلوبة من وكيل المرحلة :

1.   ملف التعاميم .

2.   ملفات قضايا الطلاب وتعهداتهم .

3.   ملف التقارير الطبية .

4.   ملف الفواتير .

النماذج :

1.   نموذج تعبئة بيانات الطلاب .

2.   نموذج تعريف طالب .

3.   نموذج تحويل للوحدة الصحية .

4.   نموذج تخفيض الخطوط السعودية .

5.   نموذج تعهد طالب .

6.   نموذج إشعارات ولي الأمر بتكرار غياب طالب .

7.   نموذج تقرير عن سلوك الطلاب .

مهام ومسؤوليات المعلم

المعلـم صاحب مهمـة نبيلـة ، ومـؤتمن عـلى الطالـب وهـو المـسؤول الأول عـن تربيتـه تربيـه صالحه تحقـق غايـة سياسـة التعلـيم في المملكـة وأهـدافها .وتـشمل مـسؤوليات

المعلم وواجباته الجوانب الآتية :

1- الالتزام بأحكام الإسلام والتقيد بالأنظمة والتعليمات وقواعد السلوك والآداب واجتناب كل ما هو مخل بشرف المهنة .

2- احترام الطالب ومعاملته معاملة تربوية تحقق له الأمن والطمأنينة وتنمي شخصيته ، وتشعره بقيمته وترعى مواهبه ، وتغرس في نفسه حب المعرفة ، وتكسبه السلوك الحميد والمودة للآخرين وتؤصل فيه الاستقامة والثقة بالنفس.

3- تدريس النصاب المقرر من الحصص كاملاً ، والقيام بكل ما يتطلبه تحقيق أهداف المواد التي يدرسها من إعداد وتحضير وطرائق تدريس وأساليب تقويم واختبارات وتصحيح ونشاط داخل الفصل وخارجه ، وذلك حسبما تقتضيه أصول المهنة وطبيعة المادة ووفقاً للأنظمة والتوجيهات الواردة من جهات الاختصاص .

4- المشاركة في الإشراف اليومي على الطلاب وشغل حصص الانتظار والقيام بعمل المعلم الغائب وسد العجز الطارئ في عدد معلمي المدرسة وفق توجيه إدارة المدرسة .

5- ريادة الفصل الذي يسنده إليه مدير المدرسة ، والقيام بالدور التربوي والإرشادي الشامل لطلاب ذلك الفصل ، ورعايتهم سلوكياً واجتماعياً ، ومتابعة تحصيلهم وتنمية مواطن الإبداع والتفوق لديهم ، وبحث حالات الضعف والتقصير وعلاجها ، وذلك بالتعاون مع معلميهم وأولياء أمورهم ، ومع إدارة المدرسة والمرشد الطلابي إذا لزم الأمر .

6- دراسة المناهج والخطط الدراسية والكتب المقررة وتقويمها ، واقتراح ما يراه مناسبا لتطويرها من واقع تطبيقها .

7- تنفيذ ما يسنده إليه مدير المدرسة من برامج النشاط والالتزام بما يخصص لهذه البرامج من ساعات

.

8- التقيد بمواعيد الحضور والانصراف وبداية الحصص ونهايتها واستثمار وقته في المدرسة داخل الفصل وخارجه لمصلحة الطالب ، والبقاء في المدرسة في أثناء حصص الفراغ ، واستثمارها في تصحيح الواجبات وتقويمها ، وإعداد الوسائل التعليمية ، والاستفادة من مركز مصادر التعلم بالمدرسة ، والإعداد للأنشطة .

9- حضور الاجتماعات والمجالس التي ينظمها مدير المدرسة للمعلمين خارج أوقات الدراسة ، والقيام بما يكلف به من أعمال ذات علاقة بهذه الاجتماعات والمجالس . وهذا واجب ملزم على كل معلم .

10- التعاون مع إدارة المدرسة وسائر المعلمين والعاملين بالمدرسة في كل ما من شأنه تحقيق انتظام الدراسة وجدية العمل وتحقيق البيئة اللائقة بالمدرسة .

11- السعي لتنمية ذاته علمياً ومهنياً ، وتطوير طرائقه في التدريس ، واستخدام التقنية الحديثة ، والمشاركة في الاجتماعات واللجان ، وبرامج النشاط ، والدورات التربوية التجديدية وورش العمل التي تنظمها إدارة التعليم أو المشرف التربوي المختص وفق التنظيم والوقت المحددين لذلك .

12- التعاون مع المشرفين التربويين والتعامل الإيجابي مع ما يوصون به وما يقدمونه من تجارب وخبرات

13- القيام بما يسنده إليه مدير المدرسة من أعمال أخرى مما تقتضيه طبيعة العمل التعليمي .

المعوقات التي تواجه الإدارة المدرسية

1- كثرة الأعباء والمهام وتشعبها لمدير المدرسة وكثافة الأعباء الكتابية مما يضعف دوره للقيـام بمهامـه أدى إلى العزوف عن تولي المنصب .

2- ضعف التواصل والاتصال مع الإدارة التعليمية التابعة لها .

3- بطئ تفاعل الإدارة مع ما يعانية مدير المدرسة مـن أحداث تـستدعي الـسرعة في الانجـاز والتجـاوب السريع .

4- عدم توفر مباني مدرسية حكومية مجهزة .

5- قلة عدد الحراس والعاملين والمراسلين بالمدارس مما يترتب عليه إعاقة وصول الخطابات .

6- قلة الموارد المالية خاصة في المدارس التي يوجد بها كثافة بعدد الطلاب وتستغرق مبالغ مالية لتنفيـذ الأنشطة .

7- عدم كفاءة الخط الهاتفي للتعامل مع الانترنت في ظل الحاجة الماسة لتسهيل التواصل الإلكتروني

8- عدم تفهم الكثير من أولياء الأمور لأهمية التواصل مع إدارة المدرسة مما يفقد المدرسـة تعاونهـا مـع الأهالي في حل المشكلات .

9- كثرة غياب المعلمين يعرقل الخطة الدراسية للمنهج المدرسي ويربك العملية التعليمية .

10- تعطل الأجهزة وكلفة صيانتها مثل آلات التصوير والمكيفات والحاسب

11- رفض بعض المعلمين تنفيذ الندب لسد العجز مما يؤدي الى تعطيل المناهج.

12- قلة التحفيز والتشجيع للموظفين مما يؤدي الى ممارسة الأعمال روتنياً لا دافعية له .

13- صعوبات يواجهها مدراء المدارس في المباني المشتركة .

14- مقاومة التغيير من بعض منسوبي المدرسة .

15- عدم التدريب الكافي للعاملين في المجال التربوي .

16- تقليص الكادر الإداري في ظل عدم توفر (الإداريين) .

17- ازدواجية القرارات من قبل الإدارة .

18- غياب الطلاب وعدم تطبيق آلية الحسم عليهم خاصة بعد استكمال الإجراءات.

بعض الصعوبات التي تواجه الإدارة المدرسية

مشكلات تتعلق بأولياء الأمور :

-عدم وعي بعض الأسر بأهمية دور المدرسة.

-عدم زيارة أولياء الأمور للمدرسة للسؤال عن أولادهم.

عدم مقدرة بعض أولياء الأمور على الحوار وتفهم وضع اولادهم

-عدم مشاركة أولياء الأمور في حضور مجلس المدرسة رغم دعوتهم.

- عدم دعم أولياء الأمور لنشاط المدرسة.

الحلول المقترحة والتوصيات:

1-توعيـة الأسرة والمجتمـع المحـيط بأهميـة التواصـل مـع المدرسة لمـا لـذلك مـن أثـر إيجـابي يـنعكس عـلى مـصلحة اولادهـم ويـساهم في حـل مـشاكلهم ويرفـع مـن

مستواهم ويشعرهم بالمتابعة والإهتمام من قبل المدرسة والأسرة.

2-إشراك أولياء الأمور في وضع خطط المدرسة والمشاركة أيضاً في تنفيذها حسب التخصصات والمهارات والقدرات التي يتمتعون بها

3-تهدئة ولي الأمر وإمتصاص غضبه عند حضوره لمناقشة مشكلة تتعلق بابنه.- توعية الأسر في دعم المدرسة

4-التواصل المستمر مع أولياء الأمور عن طريق المكاتبات أو الإتصالات أو عن طريق بعض أولياء الأمور لحل المشكلات

5-تطوير الأنشطة ومشاركة الطلاب في التخطيط لها لتناسب ميولهم ورغباتهم وتوفير الإمكانات لها.

6-توعية الطلاب بالتقيد بمواعيد بداية ونهاية الدوام الرسمي اليومي والفصلي وأثره في بناء شخصية الطالب.

مشكلات تتعلق : بمدراء المدارس

1- عدم كفاءة بعض المدراء للقيادة وقلة خبرتها

2- عدم العدل فى توزيع الجدول ((الحصص ، الاشراف ، الاحتياط ، الريادة ، النشاط.))

3- الاعتماد على الروتين واللوائح فقط.

4- الميل لبعض المعلمين والموظفين ومجاملتهم

5- عدم أشراك الاخرين فى اتخاذ القرارات.

6- عدم القدرة على اتخاذ القرار.

7- ضعف شخصية المدير ما يؤدى الى تسيب العاملين بالمدرسة واهمالهم.

8- تداخل الصلاحيات .

9- عدم وضع خطة يسير على ضوءها مدير المدرسة

10- إهمال النشاط المدرسي أو تنفيذه بطريقه لا تؤدي إلى تحقيق الهدف التربوي المنشود

11- عدم الإهتمام بعقد الإجتماعات رغم أهميتها.

12- عدم الإلمام بالأنظمه واللوائح التنظيميه لعمل مدير لمدرسة.

13- عدم إهتمام مدير المدرسة بالجوانب الانسانيه والتقيد بالروتين.

14- نقص الإمكانات الماديه عن الوفاء بمتطلبات المدرسة وتلبية حاجات خطتها

15- التغيير المستمر في الجداول (نقل معلمه،نقص معلمات ومن ثم إكتمالهم.. ألخ)

16- تسلط مدير المدرسة.

17- ازدواجية القرارات من قبل الإدارة

مشكلات تتعلق بالمباني المدرسية

1- المبني المستأجر وينتج عنه زيادة في عدد المعلمات لصغر حجرات الدراسة.

2- عدم وجود ساحات كافية وخاصة فى المبني المستأجر.

3- عدم وجود مسرح لحفلات المدرسة أو الندوات أو المحاضرات التي تتم بها وخاصة في المباني القديمة والمستأجرة.

4- عدم مثالية موقع المدرسة وخاصة المستأجرة لضيق الشوارع المجاورة.

5- عدم وجود مخارج متعددة وخاصة في المباني المستأجرة.

6- نقص وسائل السلامة وخاصة في المباني القديمة أو المستأجرة مثل عدم وجود خراطيم مياه ومحابس الحريق وأجهزة الإنذار

7- مواقع بعض المدارس والمجمعات على شوارع ضيقة مما يعيق الحركة ويؤدى إلى حدوث الفوضى

8- عدم توفير الأجهزة والوسائل بالشكل المناسب وعندما ترغب المدرسة في شراء ما ينقصها خذي من الخطابات ما يعيق تنفيذ المشروع إلى أجل بعيد

مشكلات تتعلق بالاتصالات

1- عدم وجود شبكة داخلية (دس ل)الذي أصبح في وقتنا الحاضر ضرورة ملحة

2- عدم وجود أجهزة حاسب كافية لتفي بمتطلبات المدرسة وخاصة اذا ضمت المرحلتين

نموذج مقترح لتطوير العمل في الإدارة المدرسية :

النموذج المقترح لتطوير العمل في الإدارة المدرسية تحت مسمى

(الإدارة الناجحة)

القيادة المدرسية تلعب دورا جوهرياً في دعم التطور ولكنها ليست سوى عنصراً واحداً في منظومة المدرسة لكنه عنصر مهم ، لذا فقد حرصنا على تركيز الضوء على دور القيادة في الإدارة المدرسية حسب الاتجاهات العالمية المعاصرة للإدارة المدرسية فنأمل أن يكون مشروعنا مشروعاً متكاملاً نكون قد استشرفنا فيه الإدارة المدرسية في مدرسة المستقبل .

تعريف الإدارة الناجحة

تطبيق مجموعة من المعايير والمواصفات التعليمية والتربوية وتنظيم جهود العاملين وتنسيقها والرقي بها لتنمية الفرد تنمية شاملة بما يتناسب مع متطلبات المجتمع

أهداف الإدارة الناجحة

- مواكبة التطورات والتغيرات المتسارعة في عصر العولمة وثورة المعلومات وعالم الاتصالات .

- استغلال الطاقات المبدعة والمتميزة وتفجير الطاقات الكامنة

- تطوير أساليب الإدارة المدرسية في علاج المشكلات والتغيرات التي تؤثر على البيئة المدرسية

- المنافسة الواعية لمسايرة ركب التطور لخدمة الأهداف التربوية وقيمنا الإسلامية

- بناء مناخ مدرسي يساعد على التجديد والإبداع والذي يرتكز على العمل بروح الفريق الواحد

مقترحات لتطوير الادارة المدرسية

1- تفريغ مديري المدارس لحضور البرامج والدورات التدريبية (سنة أو فصل دراسي) .

2- تنفيذ مشروع التطوير بشكل تدريجي بحيث يبدأ في المناطق المؤهلة من حيث توفر الكوادر والموارد والبنية التحتية الجيدة للاتصالات

3- بث الوعي بالتغيير والتطوير والاقتناع بضرورته ومضامينه ودواعيه وأسبابه وذلك من خلال وسائل التثقيف المختلفة

4- رصد ميزانية خاصة بمشروع التطوير على امتداد السنوات القادمة.

5- تحديث الأنظمة واللوائح التربوية بما يتناسب مع الاتجاهات التربوية

6- الإدارة التربوية الواعية تتحقق من خلال رفع كفاءة إدارة المدارس وتأهيلها مسبقاً للعمل الإداري ومراعاة إلمامها بسياسة التعليم وأهداف المراحل والصلاحية

وكيفية تطبيقها

7- استكمال الكوادر البشرية من المعلمين والإداريين والمستخدمين

8- تأهيل الكوادر البشرية القائمة على العملية التعليمية في المؤسسة التعليمية من جميع الجوانب

9- إلمام منسوبات المدرسة مديرة ومعلمات بالمناهج المدرسية والجدية في تطويرها والتواصل مع

جهات التطوير وإدخال التقنية في التدريس

10- إشراف تربوي مؤهل يساعد على تحقيق أهداف تطوير المدرسة والارتقاء بها

11- إعادة هيكلة المدرسة لتعزيز دورها التربوي والاستفادة من الإمكانيات التقنية الحديثة لتخفيف

الضغوط الوظيفية

12- منح مدراء المدارس صلاحيات أكثر في النواحي الإدارية والمالية ومراعاة واقعيتهن في التنفيذ.

13- منح مدراء المدارس صلاحيات أكثر في النواحي الإدارية والمالية ومراعاة واقعيتهن في التنفيذ.

14- تزويد المدارس بالوسائل التعليمية وتقنيات التدريس الحديثة

15- توفير المباني المدرسية المناسبة لتفعيل عملية التعليم على الوجه المطلوب

16- التقليص من السجلات المدرسية والأعمال المكتبية والالتفات إلى الجوانب الميدانية.

الفصل الحادي عشر
إدارة الجودة الشاملة في التعليم

- الجودة في القران والسنة
- المفهوم المعاصر للجودة
- إدارة الجودة الشاملة في التعليم
- أهمية إدارة الجودة الشاملة في التعليم
- أهداف إدارة الجودة الشاملة المدرسة
- قيادة الجودة الشاملة في المدرسة
- متطلبات تطبيق الجودة الشاملة في المدرسة
- مراحل تطبيق الجودة الشاملة في المدرسة
- معوقات تطبيق الجودة الشاملة في المدرسة

الجودة الشاملة في التربية والتعليم

تضمنت شريعتنا الإسلامية منظومة متكاملة وفريدة من القواعد والتوجيهات وردت في القرآن الكريم والسنة النبوية الشريفة تنظم جميع مناحي حياتنا وهي بذلك منهج حياة يوازن بين المتطلبات الروحية والجسدية ليحقق المسلم من خلالها إتقان وإحسان العمل في الدنيا ليحصد الأجر والمثوبة في الآخرة بمشيئة اللـه .

بِسْمِ اللـه الرَّحْمَنِ الرَّحِيمِ (مَا فَرَّطْنَا فِي الْكِتَابِ مِنْ شَيْءٍ) سورة الأنعام: من الآية 38

لم ترد كلمة " الجودة " في القرآن الكريم أو السنة النبوية إنما ورد ما يفوق الجودة مفهوماً ونتائجاً وهو : (الإتقان) ، (الإحسان) .

فالإتقان هو الإحكام ، وأتقن العمل أي أحكمه . أما الإحسان فهو إتقان العمل والوفاء بمتطلباته على أحسن وجه بعطاء فوق الواجب بمعنى التفضل .وانظروا ما وعد اللـه به المحسنين في الآيات الكريمة التالية

بِسْمِ اللـه الرَّحْمَنِ الرَّحِيمِ (لَيْسَ عَلَى الَّذِينَ آمَنُوا وَعَمِلُوا الصَّالِحَاتِ جُنَاحٌ فِيمَا طَعِمُوا إِذَا مَا اتَّقَوْا وَآمَنُوا وَعَمِلُوا الصَّالِحَاتِ ثُمَّ اتَّقَوْا وَآمَنُوا ثُمَّ اتَّقَوْا وَأَحْسَنُوا وَاللـه يُحِبُّ الْمُحْسِنِينَ) سورة المائدة: الآية 93)

بِسْمِ اللـه الرَّحْمَنِ الرَّحِيمِ (بَلَى مَنْ أَسْلَمَ وَجْهَهُ لـله وَهُوَ مُحْسِنٌ فَلَهُ أَجْرُهُ عِنْدَ رَبِّهِ وَلا خَوْفٌ عَلَيْهِمْ وَلا هُمْ يَحْزَنُونَ) سورة البقرة: الآية 112

بِسْمِ اللـه الرَّحْمَنِ الرَّحِيمِ(لِلَّذِينَ أَحْسَنُوا الْحُسْنَى وَزِيَادَةٌ وَلا يَرْهَقُ وُجُوهَهُمْ قَتَرٌ وَلا ذِلَّةٌ أُولَئِكَ أَصْحَابُ الْجَنَّةِ هُمْ فِيهَا خَالِدُونَ) سورة يونس: الآية 26

وجاءت السنة النبوية الشريفة تؤكد وتوجب إتقان العمل والإحسان فيه :

قال رسول الله صلى الله عليه وسلم (إن الله يحب إذا عمل أحدكم عملاً أن يتقنه) شعب الإيمان للبيهقي

وعَنْ شَدَّادِ بْنِ أَوْسٍ قَالَ ثِنْتَانِ حَفِظْتُهُمَا عَنْ رَسُولِ الله صلى الله عليه وسلم قَالَ:(إِنَّ الله كَتَبَ الإِحْسَانَ عَلَى كُلِّ شَيْءٍ فَإِذَا قَتَلْتُمْ فَأَحْسِنُوا الْقِتْلَةَ وَإِذَا ذَبَحْتُمْ فَأَحْسِنُوا الذَّبْحَ وَلْيُحِدَّ أَحَدُكُمْ شَفْرَتَهُ فَلْيُرِحْ ذَبِيحَتَهُ) رواه مسلم

مفهوم الجودة الشاملة :-

إذاً الجودة الشاملة في مفهومنا المعاصر هي مفتاح إتقان العمل والإحسان فيه ، فهي ليست تجربة غربيه نطمح إلى مجاراتها ولا شعارات عصرية نلهث ورائها ، بل هي من صميم واجباتنا الدينية التي أُمرنا بها ، ولعل الزخم الذي نشهده من تجارب وتوصيات والخوض في عمليات التطوير غير المقننة كل ذلك ساهم في تناسينا لتلك الواجبات فهل نتنبه لذلك ونجعل عمليات التغيير المستقبلية نابعة من صميم مبادئنا الإسلامية .

بِسْمِ الله الرَّحْمَنِ الرَّحِيمِ(قَدْ جَاءَكُمْ مِنَ الله نُورٌ وَكِتَابٌ مُبِينٌ يَهْدِي بِهِ الله مَنِ اتَّبَعَ رِضْوَانَهُ سُبُلَ السَّلامِ وَيُخْرِجُهُمْ مِنَ الظُّلُمَاتِ إِلَى النُّورِ بِإِذْنِهِ وَيَهْدِيهِمْ إِلَى صِرَاطٍ مُسْتَقِيمٍ) سورة المائدة: الآيات 15 ، 16

مفهوم إدارة الجودة الشاملة في التعليم :

تعتبر إدارة الجودة الشاملة أسلوب إداري حديث ذو فلسفة واضحة يعمل على إيجاد بيئة مناسبة لتحسين مهارات العاملين ومراجعة آليات العمل بشكل مستمر باستخدام جملة من الوسائل و العمليات تحقق أعلى درجة ممكنة من الجودة والتميز في الأداء للوصول إلى مخرجات ترضي المستفيدين ، وذلك من خلال تنمية الرقابة الذاتية ، وتشجيع العمل الجماعي ، والتركيز على الأدوات والعمليات

والمخرجات ، والإسهام في اندماج العاملين ، وتحقيق المرونة في الأنظمة ، والاهتمام بالمستفيد الداخلي والخارجي ، والتأكيد على أهمية توفر متطلبات العمل لدى العاملين ، والتدريب وفقاً للاحتياج ، وتعزيز التحفيز الجماعي ، والتحسين المستمر .

تعريف الجودة الشاملة في التعليم :-

وقد عرف " Cheng " الجودة الشاملة في التعليم بأنها مجموعة الخصائص والمميزات في مدخلات وعمليات ومخرجات نظام التعليم التي تلبي الاحتياجات الآنية والمستقبلية والتطلعات الإستراتيجية للمستفيد الداخلي والخارجي" .

وأرى أنه يمكن تعريف إدارة الجودة الشاملة في المدرسة بأنها " جملة الأساليب والإجراءات المنبثقة من ثقافة القيادة التربوية للمدرسة لتحقيق أهدافها من خلال تفويض الصلاحيات للعاملين "معلمين وإداريين" والاستفادة من قدراتهم ومشاركتهم في تحسين الخدمات وتطويرها بصورة مستمرة للوصول إلى أعلى درجات التميز في إنجاز العمل بشكل صحيح من المرة الأولى وبصفة دائمة ، وملامسة احتياجات المستفيدين لتحقيق الرضا والسعادة من الخدمات والإنجازات التي تقدمها المدرسة للمجتمع "

أهمية إدارة الجودة الشاملة في التعليم :

تأتي أهمية الجودة الشاملة كونها منهج شامل للتغيير أبعد من كونها نظاماً يتبع أساليب مدونة بشكل إجراءات وقرارات لذلك فهي تنظر إلى ما يقدم من خدمات ككل متكامل بحيث تؤلف الجودة المحصلة النهائية لجهود العاملين وتسهم في تحسين الروح المعنوية وتنمية روح الفريق والإحساس بالفخر والاعتزاز ، وتكمن أهمية الجودة الشاملة في التعليم فيما يلي :

1- ضبط وتطوير النظام القيادي والتعليمي داخل المدرسة .

2- الارتقاء بالمستوى المعرفي والمهاري والنفسي والاجتماعي للطلاب .

3- رفع كفاءة ومستوى أداء المعلمين والإداريين .

4- توفير التعاون والتفاهم وبناء العلاقات الإنسانية بين جميع منسوبي المدرسة بما فيهم الطلاب .

5- مشاركة جميع منسوبي المدرسة في اتخاذ القرار وتطوير الأداء بعيداً عن المركزية .

6- رفع مستوى الوعي والإدراك لدى المعلمين و الطلاب تجاه عمليات التعليم والتعلم .

7- تطوير وتحسين المخرجات التعليمية بما يتماشى مع السياسات والأنظمة وإرضاء جميع المستفيدين

8- إيجاد الثقة المتبادلة بين المدرسة والمسئولين والمجتمع .

9- إيجاد بيئة داعمة للتطوير المستمر .

10- خفض الهدر والاستخدام الأمثل للمدخلات البشرية والمادية .

القائد التربوي ومدخله لتطبيق الجودة الشاملة :

ترتبط الجودة الشاملة بالقيادة التربوية ارتباطاً مباشراً وتتأثر بممارسات القائد وسوف نأتي على ذكر ذلك في طيات هذه الورقة ، وهناك عدة مداخل لتطبيق الجودة الشاملة في المدرسة وقد اخترت هذا المدخل المسمى بـ (مدخل السبعة اس) The seven "S" approach لوضوحه وسهولة تطبيقه ، ويتمثل مدخل السبعة إس بما يلي :

1- الإستراتيجية Strategy :

أن يكون لدى القيادة التربوية خطة عن مستقبل المدرسة في السنوات الثلاث إلى خمس القادمة .

2- الهياكل Structure :

تنظيم الهيكل المدرسي مع تغيير المسئوليات والوظائف والأدوار وبناء فرق العمل.

3- النظام System :

إعداد نظام جديد لتحسين المخرجات وزيادة فاعلية التدريس مع إضافة ابتكارات جديدة تسهم في تحسين المدخلات وبالتالي تحسين فاعلية النظام المدرسي .

4- العاملون Staff :

معاملة العاملين "المعلمين والإداريين" بشكل لائق ومناسب لإشباع احتياجاتهم وتحقيق طموحاتهم من خلال استخدام أسلوب العلاقات الإنسانية في العمل .

5- المهارات Skills :

تحسين قدرات ومهارات العاملين من خلال التدريب المستمر لابتكار أساليب جديدة في العملية التربوية والتعليمية قادرة على المنافسة وتحقيق احتياجات المجتمع.

6- النمط Style :

إتباع الأنماط الإدارية والقيادية التي تقود إدارة الجودة الشاملة في المدرسة .

7- القيم المشتركة Shared Value :

إيجاد ثقافة تنظيمية جديدة وتحديد القيم السائدة وتبديلها بثقافة وقائية تلائم التطور المستمر .

أهداف الجودة الشاملة في المدرسة :

لتحويل فلسفة الجودة الشاملة إلى حقيقة في المدرسة ، يجب ألا تبقى هذه الفلسفة مجرد نظرية دون تطبيق عملي ، ولذلك فبمجرد استيعاب مفهوم الجودة الشاملة يجب أن يصبح جـزءاً مـن القيـادة التربويـة للمدرسة ، وإدارة الجودة الشاملة عملية طويلة الأمد وتتكون من مراحل محدَّدة بشكل جيد وتتبع إحداها الأخرى ويتم تنفيذها باستمرار ، وتهدف إدارة الجودة الشاملة في المدرسة إلى :

1- إحداث نقلة نوعية في عملية التربية والتعليم .

2- تحقيق التكامل في العمليات المدرسية من خلال تنمية العمل بروح الفريق الواحد.

3- اتخاذ إجراءات وقائية لتلافي الأخطاء قبل وقوعها .

4- الاهتمام بمستوى الأداء وتنمية الكفاءة التعليمية للعاملين بالمدرسة .

5- تدريب العاملين وفقاً لاحتياجاتهم الفعلية .

6- تعزيز الاتصال الفعال بين المدرسة والمستفيدين من خدماتها .

7- تطوير النظام الإداري بالمدرسة .

8- الارتقاء بالجوانب الجسمية والاجتماعية والنفسية والروحية للطلاب .

9- توفير بيئة مدرسية يسودها التفاهم والعلاقات الإنسانية بين جميع العاملين .

10- استخدام الطرق العلمية لتحليل المشكلات .

11- تحفيز العاملين على التميز وتبني الابتكار والإبداع .

12- تعزيز الانتماء والولاء للمدرسة .

قيادة الجودة الشاملة في المدرسة :

تتطلب قيادة عمليات الجودة الشاملة في المدرسة توفر السمات العامة للقائد التربوي مثل الخبرة والمنافسة والاستقامة والثبات على المبدأ والثقة العالية ، بالإضافة إلى الوعي التام بالجودة وشمولها لكافة الأنشطة والمهام ، والرؤية الواضحة لعملية تحسين الجودة ، والمثابرة والتصميم للحصول على الأشياء الصحيحة من البداية ، ومهارات الاتصال مع الآخر والمرونة في التعامل مع النوعيات المختلفة للعاملين من أجل تحقيق النتائج التي تتناسب مع إمكانياتهم ، ومعالجة الخلافات والصراعات واتخاذ القرارات في الوقت المناسب .

متطلبات تطبيق الجودة الشاملة في المدرسة :

إدارة الجودة الشاملة أسلوب إداري حديث ذو فلسفة واضحة يعمل على إيجاد بيئة مناسبة لتحسين مهارات العاملين ومراجعة آليات العمل بشكل مستمر باستخدام جملة من الوسائل والعمليات تحقق أعلى درجة ممكنة من الجودة والتميز في الأداء للوصول إلى مخرجات ترضي المستفيدين ، لذلك فإن إدارة الجودة الشاملة في التعليم لها متطلبات يجب أن يستوفى الحد الأدنى منها لتكون بداية التطبيق جيدة وقابلة للاستمرار ؛ وهي كما يلي :

1- الوعي بمفهوم إدارة الجودة الشاملة :

من خلال إدراك جميع منسوبي المدرسة بأن الجودة يمكن قياسها ، وهي معيار لتقديم الخدمات بأفضل أسلوب وأحسن نوعية لتحقيق رضا وسعادة المستفيد الداخلي (منسوبي المدرسة ، والطالب) ، والمستفيد الخارجي (ولي أمر الطلاب ، والمجتمع بصفة عامة) من خدمات المدرسة .

2- دعم وقناعة القائد التربوي للمدرسة :

قناعة القائد التربوي للمدرسة بفلسفة الجودة الشاملة يؤدي إلى دعمه لها من خلال مشاركته ذهنياً وعاطفياً لمنسوبي المدرسة ، وتهيئة المناخ التنظيمي الذي يجعلهم يؤدون أعمالهم وفقاً للمعايير المحددة وبحماس متأثرين بالقائد .

3- الاهتمام بالمستفيدين :

يعتبر إرضاء المستفيد " الداخلي والخارجي " من مرتكزات الجودة الشاملة ، ويقاس به نجاح المدرسة أو فشلها ، ولتحقيق الجودة ينبغي على المدرسة توفير متطلبات واحتياجات المستفيدين والتعرف على مدى رضاؤهم وسعادتهم بالخدمات التي تقدمها المدرسة ، بالإضافة إلى تطلعاتهم المستقبلية .

4- مشاركة منسوبي المدرسة :

تمثل مشاركة منسوبي المدرسة في اتخاذ القرار واقتراح الحلول من المبادئ الأساسية لإدارة الجودة الشاملة ، وتؤدي المشاركة إلى تشجيع الإبداع ورفع الروح المعنوية لديهم مما يزيد من ولائهم وأدائهم للأعمال .

5- تشكيل فرق العمل :

يعتبر تشكل فرق العمل من أهم الخطوات التنظيمية في إدارة الجودة الشاملة ، وينبغي أن يكون أعضاء فريق العمل من الموثوق بهم وممن لديهم الرغبة في المشاركة ولديهم الاستعداد

ما يناط بهم من مهام ، كما ينبغي أن يمثلوا جميع المستويات بالمدرسة ، ولديهم القدرة على التحليل ويملكون الصلاحيات ، وجعل فرق العمل من التنظيمات الأساسية لنشر ثقافة الجودة الشاملة وتطبيقها إلى أن تتم مشاركة جميع منسوبي المدرسة في تلك الفرق بصورة تدريجية .

6- تدريب منسوبي المدرسة :

يعتبر التدريب محور التطوير المهم لجميع العمليات ، وهو يمكن جميع العاملين بالمدرسة من القيام بأعمالهم بنجاح محققين بذلك جودة الخدمة ، نظراً لحاجة العاملين إلى اكتساب المهارات بصفة مستمرة نتيجة للتغيير المطرد في احتياجات العمل والتطور التقني ، وينبغي ملاحظة أن يكون التدريب شاملاً لجميع منسوبي المدرسة وفقاً لاحتياجاتهم الفعلية .

7- احترام وتقدير منسوبي المدرسة :

تقدير الأداء واحترام الأفكار من مقومات بناء الثقة المتبادلة بين المدير ومنسوبي المدرسة ، مما ينتج عنه استمرار العطاء المتميز وتحقيق مستويات مرتفعة من الإتقان ؛ يواكب ذلك تنمية العلاقات الإيجابية وتشجيع العاملين بالمدرسة وتحويل توجهاتهم نحو إدارة الجودة الشاملة .

8- التحسين المستمر :

إن الرضا والاستحسان للخدمة من قبل المستفيدين من الأمور غير الثابتة ، فالرضا عامل متغير بصفة مستمرة ، ولنحقق مفهوم إرضاء المستفيدين يجب أن نعمل على استمرار تحسين وتطوير الأداء مهما بلغت الكفاءة والفعالية الحالية ، فالجودة سباق له بداية ولكن ليس له نهاية .

9- التنبؤ بالأخطاء ومنع حدوثها :

يمثل التنبؤ بالأخطاء فرصة لتطوير الأداء ، فبدلاً من تطبيق معايير الجودة عند حدوث الأخطاء يبغي الالتزام بالأداء الصحيح من المرة الأولى وفي كل مرة لأن تكلفة الوقاية أقل بكثير من تكلفة المعالجة والداعم في ذلك تحليل المهام وتوفير المعلومات عن متطلبات الأداء لكل مهمة .

10- التحفيز :

المتطلبات التسع السابقة (الوعي بمفهوم إدارة الجودة الشاملة ، دعم وقناعة مدير المدرسة ، الاهتمام بالمستفيدين ، مشاركة منسوبي المدرسة ، تشكيل فرق العمل ، تدريب منسوبي المدرسة ، احترام وتقدير منسوبي المدرسة ، التحسين المستمر ، التنبؤ بالأخطاء ومنع حدوثها) لا يمكن تحقيقها في غياب الحوافز التي تدفع العاملين وتوجههم إلى إدارة الجودة الشاملة ، فالحوافز قوى خارجية تؤثر بشكل أو بآخر في السلوك الإنساني ، وتتبنى إدارة الجودة الشاملة الحافز الجماعي لتأكيد المشاركة والتعاون بين جميع العاملين .

عناصر نجاح تطبيق الجودة الشاملة في المدرسة :

هناك سبع عناصر في حال توفرها تؤكد نجاح الجودة الشاملة في المدرسة ، وتتمثل هذه العناصر بما يلي

1- فلسفة واضحة تؤمن بها المدرسة ومنسوبيها .

2- رؤية محدد ومعلنة تشير إلى الطموح المراد الوصول إليه .

3- خطة إستراتيجية تلبي احتياجات المستقبل ويمكن تطبيقها .

4- مهارات العاملين ملبية لاحتياجات العمليات التربوية والتعليمية .

5- موارد مالية وبشرية ملبية للمتطلبات .

6- مكافآت مالية ومعنوية لتحفيز العاملين .

7- تنظيم إداري يحقق متطلبات الجودة الشاملة .

مراحل تطبيق الجودة الشاملة في المدرسة :

لتحويل فلسفة الجودة الشاملة إلى حقيقة ملموسة في المدرسة يجب ألا تبقى هذه الفلسفة معرفية لدى منسوبي المدرسة يتم التباهي بها دون تطبيق إجرائي ، لذلك

فبمجرد استيعاب المفهوم النظري للجودة الشاملة يجب البدء في تطبيقها والعمل على أن تصبح مبدأ أساسياً لجميع أعمال المدرسة ، ولكن تطبيق إدارة الجودة الشاملة في المدرسة عملية طويلة الأمد تتكون من مراحل تكاملية تلازمية ولكل مرحلة إجراءات ينبغي التقيد بها بصورة مستمرة للانطلاق بخطى واثقة نحو تطبيق إدارة الجودة الشاملة ، وتتكون تلك المراحل مما يلي :

أولاً- المرحلة الصفرية :

ويمكن اعتبارها مرحلة الإعداد للجودة وتتمثل فيما يلي :

1- نشر ثقافة الجودة الشاملة وأهمية التغيير بين منسوبي المدرسة .

2- وضع خطة لحضور منسوبي المدرسة برامج تدريبية عن إدارة الجودة الشاملة.

3- إصدار قرار في المدرسة بتطبيق إدارة الجودة الشاملة .

4- العمل على تحديد رؤية ورسالة وقيم المدرسة .

5- إعداد خطة إستراتيجية محددة الأهداف وقابلة للتطوير .

6- إعداد الخطط التشغيلية المحققة للأهداف المحددة .

7- وضع خطة لتحديد سياسات تطبيق إدارة الجودة الشاملة في جميع عمليات المدرسة .

ثانياً- مرحلة التخطيط للجودة :

ولا بد أن يشارك جميع منسوبي المدرسة في هذه المرحلة للقيام بالإجراءات التالية :

1- اختيار النموذج المناسب لإدارة الجودة الشاملة في المدرسة .

2- تحديد الموارد اللازمة للتطبيق .

3- ترشيح أعضاء المجلس الاستشاري للجودة في المدرسة .

4- اختيار منسق الجودة في المدرسة .

5- إعداد خطة تفصيلية لتحسين جودة الخدمات التي تقدمها المدرسة بصياغة سهلة ومفهومة للجميع

ثالثاً- مرحلة تقويم وضع المدرسة بعد المرحلتين الأولى والثانية :

تهدف هذه المرحلة إلى تحديد نقاط القوة والضعف في المدرسة عن طريق التغذية الراجعة ، وذلك من

خلال الإجابة على الأسئلة التالية :

1- هل تم اتخاذ مبادرات لتحسين العمل في المدرسة ؟ وما هي تلك المبادرات؟

2- هل الأهداف التي تم اعتمادها محددة ؟ وما هي معوقات عدم تحقيقها ؟

3- ما العقبات التي واجهت تطبيق المرحلتين الأولى والثانية ؟

4- ما الفوائد المترتبة على تطبيق إدارة الجودة الشاملة ؟

5- ما المعايير المعتمدة لقياس اتجاه إدارة الجودة الشاملة في المدرسة ؟

6- ما هي أفضل الوسائل لتحديد رضا المستفيدين " داخل وخارج المدرسة " ؟

رابعاً- مرحلة التنفيذ :

وتتمثل هذه المرحلة في اختيار المنفذين وتنمية مهارات منسوبي المدرسة وتشمل :

1- تشكيل فرق عمل الجودة بالمدرسة ، والعمل على تنمية مهاراتهم في تحليل المعلومات ومعالجتها

إحصائياً ، وعمليات التقويم ، وعرض النتائج .

2- تدريب جميع منسوبي المدرسة على مبادىء ومداخل وعمليات وأهمية الجودة الشاملة وفقاً للخطة

التي تم وضعها في المرحلة الأولى .

3- تدريب جميع منسوبي المدرسة على أساليب الاتصال والعلاقات الإنسانية وفقاً للخطة التي تم وضعها

في المرحلة الأولى .

4- تعريف جميع العاملين والطلاب في المدرسة بأهدافها ومشاركتهم في عمليات التطوير .

خامساً- مرحلة الانتشار :

وتبدأ هذه المرحلة عندما يُعزز الإنتماء للمدرسة من قِبل منسوبيها ويـشعر الجميع بالمـسئولية الفردية والجماعية ويعملون ضمن فريق عمل واحد بعيداً عن الذاتية ، وذلك لتنفيذ ما تم التخطيط لـه في المراحـل الأولى ، ويتطلب ذلك ما يلي :

1- تدريب جميع منسوبي المدرسة على خدمة المستفيد وتحقيق متطلباته .

2- استثمار الخبرات والنجاحات وتعميمها على باقي خدمات المدرسة .

3- عرض التجربة على المستفيدين (المعلمين ، الطلاب ، أولياء أمور الطلاب ، رجال الأعمال . . . الـخ) لتحقيق المشاركة الإيجابية .

4- تنمية الولاء للمدرسة من خلال مـشاركة الطـلاب وأوليـاء أمـورهم والمجتمـع في عمليـات التطـوير في المدرسة ، لتعزيز المشاركة وتحقيق التكامل .

سادساً- مرحلة التطوير المستمر :

يعتبر التحسين المستمر أحد أهم مبادىء إدارة الجودة الشاملة ، وانطلاقاً من مبدأ أن الجودة عمليـة غـير منتهية ، فإن أهم متطلبات هذه المرحلة :

1- استمرار البحث في تحسين المدخلات والعمليات في المدرسة .

2- استمرار التدريب بشكل مستمر لجميع منسوبي المدرسة .

3- مراجعة أهدف التحسين إذا تطلب الأمر ذلك .

4- الأخذ بمبدأ التحفيز الجماعي .

5- الاستفادة من النجاحات التي تم تحقيقها وتعميمها على باقي العمليات .

إن ما سبق من مراحل وإجراءات لن يتم تنفيذها " في يوم وليلة " بل تتطلب مثابرة ووقت وإمكانيات واكتمال العناصر للانتقال من مرحلة إلى أخرى .

كيف تعزز القيادة التربوية للمدرسة تطبيق الجودة الشاملة

إن تطبيق الجودة الشاملة في المدرسة يتطلب من القيادة التربوية مراعاة جملة من الأمور التي في مجملها تمثل تعزيزاً للتوجه نحو تطبيق الجودة الشاملة وهي كما يلي:

1- اعتماد الجودة كنظام إداري في المدرسة لا بديل عنه .

2- تشكيل فريق الجودة والتميز في المدرسة .

3- تعزيز انتماء العاملين للمدرسة .

4- نشر ثقافة الجودة والأداء المتميز بين جميع العاملين بالمدرسة .

5- تحديد معايير الأداء لجميع العمليات المدرسية .

6- اعتماد المشاركة والعمل بروح الفريق في جميع العمليات المدرسية .

7- التدريب المستمر للعاملين وفقاً لاحتياجاتهم .

8- اعتماد التقويم الذاتي من قبل جميع العاملين بالمدرسة .

9- تفعيل الاتصال بين المدرسة داخلياً وخارجياً .

10- تحسين مخرجات التعليم بما يتوافق واحتياجات المجتمع .

11- تعزيز السلوكيات الإيجابية وتبني المبادرات المبتكرة والإبداعية .

12- استخدام الطرق العلمية لتحليل البيانات لجميع العمليات المدرسية .

13- تدريب وصقل مهارات الطلاب .

معوقات تطبيق الجودة الشاملة في المدرسة :

على الرغم من النجاحات التي حققتها بعض المؤسسات التربوية المتبنية لإدارة الجودة الشاملة ، نجد أن هناك مؤسسات تربوية أخرى لم تستفيد من كامل مميزات إدارة الجودة الشاملة ، وقد يكون السبب في ذلك ظهور مجموعة من الصعوبات التي أعاقت النجاح ولعل من أبرز تلك المعوقات ما يلي :

1- عدم استقرار القيادة التربوية للمدرسة وتغييرها الدائم .

2- صعوبة تحديد الأولويات نظراً لتعدد المستفيدين من الخدمات التي تقدمها المدرسة .

3- محدودية الموارد المالية والبشرية والمعلوماتية .

4- عدم وجود خطة إستراتيجية تطويرية للمدرسة والتركيز على الأهداف قصيرة المدى .

5- تعجل الحصول على نتائج الجودة .

6- مقاومة التغيير نحو الجودة الشاملة .

7- عدم وجود معايير للعمليات في المدرسة .

8- غياب مفهوم التطوير المستمر .

9- الاهتمام بالمستفيد الخارجي وإهمال المستفيد الداخلي .

10- ضعف مشاركة العاملين في المدرسة عند اتخاذ القرار .

11- ضعف العلاقات الإنسانية بين العاملين بالمدرسة .

الفصل الثاني عشر
الإدارة بالأهداف

❖ مفهوم الإدارة بالأهداف

❖ مبادئ الإدارة بالأهداف

❖ أهمية الإدارة بالأهداف

الإدارة بالأهداف (MBO)(Management by Objectives)

الإدارة بالأهـداف هـي مـن الطـرق الحديثـة لإدارة المشروع أو المنـشأة وتعتمـد الإدارة بالأهـداف عـلى تعريف الأهداف لكل موظف وبعد ذلك المقارنة بين أهداف المنشأة والموظفين ومـن ثـم توجيـه اهـتمامهم نحو الأهداف التي حددت لضمان الأداء الأفضل مـن قبـل الجميـع حيـث تتـضمن الإدارة بالأهـداف الرقابـة المستمرة للأنشطة ومراجعة ردود الأفعال للوصول للأهداف وتقييم الأداء .

مفهوم الإدارة بالأهداف:

إن الإدارة عن طريق الأهداف تعد إحدى الاستراتيجيات الإدارية الفعالة التي تتيح المجال لتوظيف كافـة الموارد المتوفرة، ويمنح في نفس الوقت توجيها مشتركا للجهود نحو الرؤية، وأيضا خلق روح الفريـق ومواءمـة أهداف الفرد «الموظف» مع المصلحة المشتركة والعامة للمنشأة , ولخصت الإدارة بالأهـداف مـن قبـل (بيـتر دريكر ,

في عام 1954م في كتابه ممارسة الإدارة) وهو أول من أشار إلى هذا الأسلوب الجديد"يجب على المـديرين تلافي "مصيدة النشاط" بحيث يندمج المدراء في أنشطتهم اليومية والذي يجعلهم يتناسون هدفهم أو غرضـهم الرئيسي " أي أن عملية التخطيط الاستراتيجي لن يكون مقصور على فئة الإدارة العليا فقط - كما هو معروف عليه-مما يجعل جميع المدراء والموظفين يشتركون في تحديد الأهداف..

كذلك هناك تعريفات كثيرة للإدارة بالأهداف ف "مجريجور" عندما فكر في الإدارة بالأهداف ليعالج أصلا مشكلة تقويم الأداء , يشير إلى الدور الذي يلعبه هذا الأسلوب في تحسين الأداء المستقبل للأفـراد , وقـدراتهم على تحديد الأهداف ومعايير قياس الإنجازات واكتشاف الفرص والمجالات التي تطور الأداء .

مبادئ الإدارة بالأهداف:

- تعاقب الأهداف والأهداف التنظيمية.
- أهداف معينة لكل عضو.
- المشاركة في اتخاذ القرارات.
- فترة زمنية واضحة.
- تقييم الأداء وتوفير ردود الأفعال.

لكن أرى أنه يجب أن تكون الأهداف محددة , وواضحة , وقابلة للقياس , وممكنة أي واقعية ويمكن تحقيقها على المستوى الزمني المتوقع والمحدد.

ما هي الأهداف objectives

الأهداف هي التي النتائج يؤمل تحقيقها من وراء البرنامج التدريبي , وهذه الأهداف هي عبارة عن نتائج يجري تصميمها و إقرارها مقدما (في مرحلة التخطيط) وتوضح الأهداف ما يراد إحداثه من تغيير في مستوى أداء الأفراد , واتجاههم وسلوكهم , وفي ضوئها يتم وضع المادة التدريبية . ويتم وضع أهداف البرنامج التدريبي في ضوء تحديد الاحتياجات التدريبية .

الإدارة بالأهداف كإحدى الطرق الحديثة لقياس وتقويم الأداء:

تقويم الأداء هو الإجراء الذي بموجبه تقوم الإدارة -ممثلة بالرئيس المباشر- بمراجعة وتقويم أداء الموظف , ومدى تقدمه في عمله , وتحديد صلا حيته مستقبلا لشغل الوظيفة الأعلى عن طريق الترقية .

إن تقييم الأداء يختلف في معناه عن تقويم الأداء فتقييم الأداء هو عملية فحص للأداء ومعرفة مدى تطابقه مع ما هو مخطط له , أما تقويم الأداء هو عملية تصحيحية للأداء .

فالتقويم يتبع التقييم حيث أن التقييم عملية فحص والتقويم عملية علاج .

فعند استخدام أسلوب الإدارة بالأهداف لقياس أداء العملين فقد أصبح من المألوف أن يشترك العاملون مع رئيسهم في تحديد الأهداف التي سيقومون بتحقيقها وإنجازها , أو حتى قد يطلب من العاملين وضع هذه الأهداف والتي تعبر عن معايير الإنجاز أو أداء العمل. وقد أصبح هذا الأسلوب شائع الاستخدام خلال السنوات الأخيرة لدرجة أنه أصبح ينظر إليه أنه بدعة تلك الفترة ؛ حيث لم يكن من المقبول أن يقوم العاملون في المستويات التنظيمية الدنيا بتحديد ووضع أهدافهم بالعمل. إن عملية التعاون في وضع أهداف المنشأة بين الرئيس والمرؤوس يكون محورها مدى قابلية المرؤوس نحو تحقيق الأهداف التي اشترك في تحديدها وبالتالي تقييم أدائه وتقويمه.

أهمية الإدارة بالأهداف (MBO):

إنه يتوجب على كل منشأة تهدف إلى النجاح إشاعة روح الفريق لكي تحول الجهود الفردية إلى جهد عام يسهم في تحقيق أهداف واضحة ومحددة.

والإدارة الفعالة لابد أن توجه كافة الموارد والجهود نحو تحقيق الأهداف المرسومة، وأن تغرس روح الانتماء والولاء لدى كافة الموظفين وعلى مختلف المستويات الإدارية للمنشأة وأن تستثمر في العنصر البشري بإتاحة فرص التدريب والتأهيل وكسب الخبرات والمعرفة، مع عدم إغفال التحفيز وإشاعة مناخ الابتكار والإبداع.

تطوير الإدارة بالأهداف :

الواقع أنه يمكن النظر إلى الإدارة بالأهداف من ثلاث زوايا تعبر في حد ذاتها التطور الذي مر به هذا الأسلوب خلال الثلاثين عام الماضية .

-3- عملية إدارية شاملة (وظائف الإدارة)	-2- التخطيط والرقابة (التحديد المشترك للأهداف والمعايير)	-1- تقويم الأداء (تحسين الإنتاجية)

فأما **الزاوية الأولى** فهي تقويم الأداء فقد نشأت الإدارة بالأهداف للوصول لتقويم واقعي وموضوعي لتقويم أداء الأفراد يضمن حصولهم على حقوقهم ويحقق زيادة الإنتاجية في نفس الوقت .

والزاوية الثانية تدل على انه يتم وضع الأهداف بالاشتراك -الرئيس مع المرؤوس- وكذلك المعايير التي تحدد الأداء .

أما **الزاوية الثالثة** فهي المفهوم الشامل للإدارة بالأهداف وهو أن الإدارة بالأهداف عملية إدارية شاملة ترتبط بالتطور التنظيمي للجهاز في مجمله .

أصبحت الإدارة بالأهداف اليوم نهجا واسع الانتشار حيث أنها نوع من أنواع الإدارة المستحدثة الجديدة التي ينظر إليها كافة المنظمات والمنشآت الحديثة والمتقدمة , فهي تنظر للمنشاة من جميع الجوانب (التخطيط – التنظيم – التوجيه – الرقابة – القيادة) وتعالج المشاكل بين الرئيس والمرؤوسين على كافة المستويات التنظيمية فهي تعمل على الجانب الإنساني والتنظيمي والإداري فهي عملية إدارية متكاملة أنصح كافة المنشآت بإتباعها .

المصادر

- القرآن الكريم .

- السنة النبوية .

قائمة المراجع العربية

- الجضعي ، خالد سعد ، الإدارة : النظريات والوظائف ، الطبعة الأولى ، 1427هـ .

- الخطيب ، محمد شحات وآخرون ، أصول التربية الإسلامية ، دار الخريجي للنشر والتوزيع ، الطبعة الأولى ، 1415 ، هـ .

- السواط ، طلق عوض الله وآخرون ، الإدارة العامة : المفاهيم والوظائف والأنشطة ، دار النوابغ للنشر والتوزيع ، الطبعة الأولى ، 1416هـ .

- الشلعوط ، فريز محمود ، نظريات في الإدارة التربوية ، مكتبة الرشد للنشر والتوزيع ، 1423هـ

- الصباب ، أحمد عبد الله ، أصول الإدارة الحديثة ، الطبعة الرابعة ، 1413هـ .

- عريفج ، سامي سلطي ، الإدارة التربوية المعاصرة الطبعة الثانية 1425 هـ .

- عمر محمد التومي الشيباني، الفكر التربوي بين النظرية والتطبيق ، المنشأة العامة للنشر والتوزيع والإعلان ، طرابلس ، 1985م .

- مرسي ، محمد منير ، الإدارة التعليمية : أصولها وتطبيقاتها ، عالم الكتب ، القاهرة ، 1422هـ .

- مساد، عمر حسن ، الإدارة المدرسية ، دار صفاء للنشر والتوزيع ، الطبعة الأولى، عمان، 1425هـ .

- النمر ، سعود وآخرون ، الإدارة العامة . الأسس والوظائف ، الطبعة الخامسة ، الرياض ، 1422هـ .

- عطوي , جودت عزت (2001) : الإدارة التعليمية والإشراف التربوي وأصولها وتطبيقاتها . الطبعة الأولى . عمان . دار الثقافة

- الخطيب, رداح واخرون. الإدارة والإشراف التربوي : اتجاهات حديثة. اربد – الأردن, دار الأمل. ط.3. 2000م.

- الدويك ,تيسير وآخرون. أسس الإدارة التربوية والمدرسية والإشراف التربوي . عمان : دار الفكر. (2001م) .

- الأغبري ، عبد الصمد . الادارة المدرسية البعد التخطيطي والتنظيمي المعاصر . بيروت : دار النهضة العربية . 2000م .

- أحمد , أحمد إبراهيم .تحديث الإدارة التعليمية . الإسكندرية: مكتبة المعارف الحديثة .1998م

- البريت , ماري و كار , كلاي . ترجمة : مكتبة جرير . 101 من أكبر الأخطاء التي يقع فيها المديرون وكيفية تجنبها . الرياض : مكتبة جرير .1999 .

- بامشموس , سعيد محمد. المقدمة في الإدارة المدرسية. جدة : كنوز المعرفة. (1423هـ).

- البليهشي ، محمد صالح .. الإدارة المدرسية بين النظرية والتطبيق . الرياض: المؤلف . (1991م).

- البوهي , فاروق شوقي. الإدارة التعليمية والمدرسية . القاهرة : دار قباء . (2003م).

- الجبر ، زينب علي . الادارة المدرسية الحديثة من منظور علم النظم. الكويت : مكتبة الفلاح للنشر والتوزيع . 2002م .
- الجندي ، عادل السيد محمد . الادارة والتخطيط التعليمي الاستراتيجي رؤية معاصرة . الرياض : مكتبة الرشد للنشر والتوزيع . 2002م
- حجى , أحمد إسماعيل. الإدارة التعليمية والإدارة المدرسية . القاهرة : دار الفكر العربي . (2001م).
- الحقيل، سليمان عبد الرحمن .. الإدارة المدرسية وتعبئة قواها البشرية في المملكة العربية السعودية . الرياض : مطبعة بحر العلوم ، الطبعة 4 . (1993م).
- دياب , إسماعيل محمد. الإدارة المدرسية. الإسكندرية : دار الجامعة الجديدة للنشر . (2001م).
- الرفاعي ، سعد سعيد . اجراءات الادراة المدرسية في المملكة العربية السعودية . الرياض : مكتبة الملك فهد الوطنية . 2001م .
- زيدان ، محمد مصطفى . (دون تاريخ). الإدارة المدرسية بالمملكة العربية السعودية. الرياض : دار المجمع العلمي .
- سليمان ، عرفات عبد العزيز. الإدارة المدرسية في ضوء الفكر الإداري الاسلامي المعاصر . القاهرة : مكتبة الانجلو المصرية . (1988م).
- السويد ، فائز عبد اللـه . خبرتي في الإدارة المدرسية . الرياض :مكتبة العبيكان. (1995م).
- الشلعوط ، فريز محمود احمد . نظريات في الادارة التربوية . الرياض : مكتبة الرشد للنشر والتوزيع .2002م

- عابدين ، محمد عبد القادر . الادارة المدرسية الحديثة . عمان : دار الشروق . 2001م .
- عطوي ، جودت عزت (2001) : الإدارة التعليمية والإشراف التربوي وأصولها وتطبيقاتها . الطبعة الأولى . عمان . دار الثقافة
- العجمي ، محمد حسنين . الادارة المدرسية. القاهرة : دار الفكر العربي . 2000م .
- العرفي ، عبد الله بالقاسم. الإدارة المدرسية أصولها وتطبيقاتها. بنغازي : جامعة قاريونس .(1993م).
- العمايرة ، محمد حسن . (1999م) . مبادئ الإدارة المدرسية . عّمان : دار المسيرة للنشر والتوزيع ، الطبعة الأولى .
- الفايز , د. عبدالله بن عبدالرحمن . الإدارة التعليمية والإدارة المدرسية. الرياض.مطبعة سفير.1413هـ .
- أبوفروة , إبراهيم محمد .الإدارة المدرسية . طرابلس: الجامعة المفتوحة . 1997.
- الفقي ، عبد المؤمن فرج . (1994م) الإدارة المدرسية المعاصرة . بنغازي : جامعة قاريونس .
- فهمي ، محمد سيف الدين. وحسن، محمود . (1993م). تطوير الإدارة المدرسية في دول الخليج العربي . الرياض : مكتب التربية العربي لدول الخليج .
- القوزي , بلغيث بن حمد . الإدارة المدرسية ميادينها النظرية والعملية . الرياض: مطابع الفرزدق . 1410 هـ

- كنعان , د. نواف . <u>اتخاذ القرارات الإدارية (بين النظرية والتطبيق)</u>. الأردن :دار الثقافة للنشر والتوزيع . 1998 .

- مرسي , د. محمد منير . <u>الإدارة المدرسية الحديثة</u> . القاهرة: عالم الكتب . 1995 م .

- مصطفى ، صلاح عبد الحميد . (1987م) . <u>الإدارة المدرسية في ضوء الفكر الإداري المعاصر</u> . الرياض : دار المريخ، الطبعة 3 .

- مصطفى , صلاح عبدالحميد .<u>الإدارة والتخطيط التربوي</u> , المفاهيم - الأسس - التطبيقات . دبي : دار القلم للنشر والتوزيع . 1422 هـ

- المنيف , محمد صالح عبد الله (2002) :<u>المهارات الأساسية لمدير الإدارة المدرسية</u> . الطبعة الأولى . الرياض . فهرسة الملك الوطنية أثناء النشر .

- نبراي ، يوسف إبراهيم . (1990م) <u>الإدارة المدرسية الحديثة</u> . الكويت مكتبة الفلاح ، الطبعة

- هوانة ، وليد ، وتقي ، علي . مدخل الى الادارة التربوية (الوظائف والمهارات) . الكويت : مكتبة الفلاح للنشر والتوزيع . 2001م.

- نشوان ، يعقوب . الادارة والاشراف التربوي بين النظرية والتطبيق .عمان : دار الفرقان . 1982 م .

- عطوي, جودت عزت. الإدارة المدرسية الحديثة: مفاهيمها النظرية وتطبيقاتها العملية. ط1. الأردن: الدار العلمية الدولية ومكتبة دار الثقافة للنشر والتوزيع. 2001م.

- عطوي, جودت عزت. الإدارة التعليمية والإشراف التربوي: اصولها وتطبيقاتها. ط1. الأردن: الدار العلمية الدولية ومكتبة دار الثقافة للنشر والتوزيع. 2001م.

- الأغبري, عبد الصمد. الإدارة المدرسية: البعد التخطيطي والتنظيمي المعاصر. ط1. بيروت: دار النهضة العربية للطباعة والنشر. 2000م.

- الجندي, عادل السيد. الإدارة والتخطيط التعليمي الإستراتيجي: رؤية معاصرة. الرياض: مكتبة الرشد للنشر والتوزيع.2003م.

- نشوان, يعقوب حسين. الإدارة والإشراف التربوي. الأردن:دار الفرقان.1992م.

- فهمي, محمد سيف الدين و حسن عبد الملك محمود. تطوير الإدارة المدرسية في دول الخليج العربية. ط2. مكتب التربية العربي لدول الخليج. 1994م.

- الخواجا، عبدالفتاح (2004). تطوير الإدارة المدرسية، دار الثقافة، عمان.

- الزبيدي، سلمان عاشور (2001). الإدارة الصفية الفعالة في ضوء الإدارة المدرسية الحديثة، مطابع الثورة العربية الليبية، طرابلس، ليبيا.

- سلامة، ياسر (2003). الإدارة المدرسية الحديثة، دار عالم الثقافة، عمان.

- صالح، هاني عبد الرحمن (د. ت) الإدارة التربوية، بحوث ودراسات، عمان.

- عريفج، سامي سلطي (2001). الإدارة التربوية المعاصرة، دار الفكر للطباعة والنشر، عمان.

- عطوي، جودت (2001). الإدارة التعليمية والإشراف التربوي: أصولها وتطبيقاتها، الدار العلمية الدولية، عمان.

- العمايرة، محمد حسن (2002) مبادىء الإدارة المدرسية، ط 3، دار المسيرة، عمان.

- الفريجات، غالب (2000). الإدارة والتخطيط التربوي: تجارب عربية متنوعة، عمان.

- مرسي، محمد منير (1977). الإدارة التعليمية أصولها وتطبيقاتها، عالم الكتب، القاهرة.

- العبد اللطيف, عبد الحليم. مدير المدرسة صفاته وسماته. الرياض: دار الكتاب السعودي. 1994م.

- احمد, احمد ابراهيم. رفع كفاءة الإدارة المدرسية. مكتبة المعارف الحديثة. 1998 م.

- قراقرة, محمود. نحو إدارة تربوية واعية. بيروت- لبنان, دار الوسام. 1987م.

- الطخيس؛ ابراهيم. الإدارة التربوية. الرياض: دار ابن سينا للنشر. 1418هـ

- أسس الإدارة التربوية والمدرسية والإشراف التربوي ، تيسير الدويك وحسين ياسين وغيرهما ،دار الفكر .

- الإدارة التعليمية أصولها وتطبيقاتها،د محمد منير مرسى (1404هـ)عالم الكتب.

- الإدارة والإشراف التربوي ، محمد عدس ومحمد الدويك وغيره .

- الجامع الصحيح المختصر (صحيح البخاري) ، أبو عبدالله البخاري ، دار ابن كثير، 1407هـ بيروت ، الطبعة الثالثة .

- خبرتي في الادارة المدرسية، فايز بن عبدالـلـه السويد ، 1416هـ ، الطبعة الأولى.
- التوجيه التربوي ، د. عبدالحليم بن ابراهيم العبداللطيف ، 1416هـ ، دار المسلم ، الطبعة الأولى.
- العلاقات الأنسانية في الإسلام ، خالد المنصور ، مكتبة التوبة ، الطبعة الثانية، 1423هـ .
- صحيح مسلم ، مسلم بن الحجاج ، دار إحياء التراث العربي ، بيروت .
- الأشراف التربوي ، د.محمد الأفندي ، عالم الكتب ، الطبعة الثانية .
- 1سنن أبي داود ، سليمان بن الأشعث أبو داود ، دار الفكر .
- موقع وزارة التربية والتعليم .
- الإدارة التعليمية أصولها وتطبيقاتها للدكتور محمد منير مرسي -عالم الكتب - القاهرة -الطبعة الثانية
- الإدارة المدرسية الحديثة للدكتور وهيب سمعان والدكتور محمد منير.عالم الكتب - القاهرة - الطبعة الأولى
- اتجاهات جديدة في الإدارة المدرسية لحسن مصطفى ومحمد عاشور ورياض معوض.مكتبة انجلو المصرية- القاهرة
- الإدارة المدرسية المعاصرة وتطبيقاتها الميدانية للدكتور أحمد البستان - الطبعة الثانية - 1995م - مؤسسة البستان للطباعة والنشر - الشامية - الكويت
- الإدارة التعليميـــة والإدارة المدرســـية للـــدكتور أحمـــد إســـماعيل حجـــي.دار الفكر العربي - القاهرة 1998م

- إدارة التربية في عالم متغير للدكتور عبد الغني عبود.دار الفكر العربي - القاهرة - الطبعة الأولى - 1992م

- ناظر المدرسة الناجح للدكتور جاسونت سنج ترجمة صدقي حطاب .طبعة وزارة التربية دولة الكويت - الطبعة الأولى

- الإدارة المدرسية مبادئها وعملياتها لجيمس فوكس ترجمة وهيب سمعان

- صفات المربي لعلي الشوبكي. طبعة وزارة المعارف العراقية - بغداد - الطبعة الأولى - 1955م

- الإدارة المدرسية في ضوء الفكر الإداري المعاصر للدكتور صلاح عبد الحميد

- مفاهيم ومبادئ تربوية للدكتور علي راشد - دار الفكر العربي - مصر - 1993م

قائمة المراجع الانجليزية

- Hampton,Bill R. and Lauer ,Robert H(1981): SOLVING IN SECONDARY SCHOOL ADMINI STRATION. Boston ,London, Sydey, Toronto. Allyn AND Bacon , Inc

Introduction, Advisement, The curriculum, Administration

- Hegarty , Seamus . Training for Management in School . Great Britain : NFER – Nelson Publishing Company . 1983 .

- Maurer, Richard E .Management conflict: tactics for school administrators. New York: Allyn and Bacon.1991.

- Silver, Paula .Educational Administration: Theoretical Perspectives on Practice Research. New York: Harper and Row publishers. 1983.

- Betty ,J, (2001): Management of the Business Classroom, (editor), national Business Education Association.

- Bush,T. (1986): Theory of Educational Management, London: Harber Row Publisher.

- Kizlik,   Robert.   (1999):   Classroom   and   Behavior Management, U.S.A :university of neworleans

- MacCabe, P. (1999): The Role of the School Pricipal. From Int. Site: www. Paperwriters.com/aftersale.htm

- Katz, D.&Kahan .R.L. : The social Psychology of organizations N.Y.John Wiley&Sons Inc.

- Mc Cleary, L. E. And Henley, S. P.: Secondary School Administration. Theoretical Bases for Professional Practice. Dodd, Mead &Company Inc.

- Stogdill ,R.: Personal Factors Associated with leadership. Survey of the Leadership. Journal of Psychology.

- Sears J. The Nature Of the Administration process.

- R. Gregg. The Administration process – Administrative Behavior in Education Macmillan Comp. 1957

الفهرس

Printed in the United States
By Bookmasters